Breitschuh · Augenthaler

„Herr Augenthaler, was würden Sie als Bundesligatrainer tun, wenn fünf Meter vor Ihrer Bank ein Spieler Ihrer Mannschaft so gefoult würde, dass er einen offenen Schien- und Wadenbeinbruch hätte?"

„Ich würde ihn auswechseln."

(Abschlussprüfung zur DFB-Trainerlizenz, Fachbereich Psychologie. Augenthaler bestand mit der Note 1,4; die beiden Psychologen wollten ihn durchfallen lassen.)

Albrecht Breitschuh

„Immer nur rot-weiß gedacht“

Klaus Augenthaler

Arete Verlag Hildesheim

Über den Autor:
Albrecht Breitschuh ist Hörfunkjournalist beim Norddeutschen Rundfunk. Viele Jahre hat er für den NDR live aus den Fußball-Stadien des Nordens berichtet und war Teil der legendären Bundesliga-Schlusskonferenz. Heute ist er neben seiner Arbeit für NDR 2 und NDR Info gelegentlich für das Audio-Angebot von sportschau.de als Live-Reporter bei Spielen der 1. und 2. Liga tätig.

Bibliografische Information der Deutschen Nationalbibliothek
Die Deutsche Bibliothek verzeichnet diese Publikation in der Deutschen Nationalbibliografie; detaillierte bibliografische Daten sind im Internet über http://dnb.ddb.de abrufbar.

Umschlagfoto: imago images/Horstmüller
Layout, Satz und Umschlaggestaltung: Composizione Katrin Rampp, Kempten
Druck und Verarbeitung: Plump, Rheinbreitbach
ISBN 978-3-96423-128-4

Inhaltsverzeichnis

Vorwort 6

1 „Die wichtigste Lektion: Du musst dich wehren!"
1974–1978 14

2 „Unsere Mannschaft damals war schon klasse"
1978–1980 31

3 „Ich hätte am liebsten die Möbel aus dem Zimmer geschmissen"
1980–1982 48

4 „Ein ganz toller Mensch – Aber auch ein fauler Hund!"
1982–1983 64

5 „Wohin ich schießen sollte, wusste ich auch nicht mehr!"
1983–1984 80

6 „Ich hatte unglaublich viel Glück gehabt"
1984–1985 97

7 „Ich war der Buhmann. Das Arschloch. Der Mörder!"
1985–1986 117

8 „Ich schämte mich wegen meiner Roten Karte"
1986–1987 138

9 „Ich hatte zwar noch den gleichen Namen, aber nicht mehr den gleichen Stellenwert"
1987–1988 157

10 „Die größte Persönlichkeit der Bundesliga"
1988–1989 175

11 „Was haben wir da nur geschafft?"
1989–1990 195

12 „Das war's für mich!"
1990–1992 210

13 „Ich habe nie daran gedacht, Chef-Trainer beim FC Bayern zu werden" 222

Epilog 238

Danksagung 245

Vorwort

Der Ball hatte seine Reiseflughöhe verlassen und sich zur Landung bereit gemacht, als Uli Stein mehr als nur eine Ahnung befiel, dass es gleich unangenehm für ihn werden könnte. Der Torwart von Eintracht Frankfurt gehörte nicht zu jenen damals üblichen Vertretern seiner Zunft, die ihren Strafraum ausschließlich zur Halbzeit oder nach dem Schlusspfiff verließen. Vielmehr nahm Stein aktiv am Spielgeschehen teil, unterband die gegnerischen Angriffe oft weit vor dem eigenen 16er, um dann persönlich den Konter einzuleiten. Das mit seinen Ausflügen verbundene Risiko nahm er gern in Kauf. Nicht nur weil es seinem draufgängerischen Naturell entsprach, sondern auch weil Steins fußballerische Möglichkeiten für diese Art von Torwartspiel locker ausreichten und er den Nutzen deshalb zu Recht deutlich höher einschätzte.

Vor wenigen Augenblicken stand er noch in der Mitte der eigenen Hälfte und hatte von dort recht entspannt das Spielgeschehen verfolgt. Die Eintracht traf in der ersten Runde des DFB-Pokals auf den FC Bayern, viel war noch nicht passiert, 0:0 stand es nach gut einer halben Stunde, keines der beiden Teams wagte sich so richtig aus der Deckung. Plötzlich stieg der Lärmpegel im mit 50.000 Zuschauern gut gefüllten Waldstadion. Ein langer Pass in die Hälfte der Gäste, der Frankfurter Mittelfeldspieler Uwe Bein musste jetzt nur noch als Erster an den Ball kommen, um freie Bahn auf dem Weg zum Tor der Bayern zu haben. Doch die Aufregung legte sich schnell wieder. Der seitlich herbeieilende Klaus Augenthaler hatte die Situation früh erkannt, war einen Tick eher als Bein am Ball und konnte klären, bevor es vielleicht gefährlich wurde. Anschließend ließ er auch den von hinten anrückenden Jörn Andersen mit einer eleganten Körpertäuschung ins Leere laufen und hatte nun, noch tief in der eigenen Hälfte stehend, keinen Gegenspieler mehr vor sich. Bis auf Bein und Andersen hatte sich die komplette Frankfurter Mannschaft wieder in die eigene Hälfte zurückgezogen. Augenthaler schaute kurz nach links und rechts, schien zu überlegen, ob er vielleicht abspielen sollte, entschied sich dann aber dafür, den vor ihm liegenden freien Raum zu nutzen, erhöhte das Tempo und hatte wenige Sekunden später den Mittelkreis erreicht.

Rechts von ihm war Olaf Thon mitgelaufen. Ab hier fühlte sich der Mittelfeldmann für die Fortsetzung des Angriffs zuständig und forderte den Ball: „Spiel, spiel!“, rief er seinem Mannschaftskapitän zu, aber der verfolgte seine eigenen Pläne und hatte längst erkannt, dass sich der Frankfurter Keeper ziemlich weit vor seinem Kasten befand, vermutlich sogar eine Idee zu weit. Schon einmal war Augenthaler ein Treffer aus dieser Entfernung geglückt, bei einem Freundschaftsspiel der Bayern in Marokko. Kaum einer hatte damals Notiz davon genommen. Nun war der Moment günstig, diese Nummer auf größerer Bühne zu präsentieren. Mit der Wucht und der Präzision, für die seine Schüsse so legendär wie gefürchtet waren, Ergebnis jahrelanger Extraschichten nach dem Training, in denen er die Bälle reihenweise aus 20 oder 25 Metern in den Winkel setzte, drosch Augenthaler kurz hinter der Mittellinie mit dem Vollspann auf das Frankfurter Tor und brachte seinen alten Kumpel Uli Stein damit in größtmögliche Verlegenheit.

Denn auch für Stein wiederholte sich in diesem Moment ein Stück Fußballgeschichte. Drei Jahre vorher hatte ihn der Uerdinger Matthias Herget aus ähnlicher Distanz überrascht: „Deswegen ändere ich doch meine Spielweise nicht“, versicherte der seinerzeit noch beim HSV unter Vertrag stehende Torwart. „So ein Tor kommt höchstens alle Jubeljahre vor.“ Jetzt war es mal wieder soweit. Obwohl er so schnell es ging Richtung Fünfmeterraum zurückeilte und mit einem geradezu verzweifelten Hechtsprung noch versuchte, den sich ganz spät senkenden Ball zu erreichen, schnappte Stein ins Leere.

Und während die Fans im Gästeblock völlig aus dem Häuschen waren und sich die übrigen Zuschauer im Stadion fragten, wann oder ob sie so etwas überhaupt schon einmal gesehen hatten, trabte der

Bayern-Libero ungerührt zurück in die eigene Hälfte. Auch die Gratulationen seiner Mitspieler fielen nicht gerade überschwänglich aus. Ein paar Schulterklopfer, die der Torschütze ohne erkennbare Emotionen über sich ergehen ließ, dann waren auch die Kollegen bereit für die Fortsetzung des Spiels: „Ich war schon immer ein Typ, der sich mehr nach innen freut", erklärt Klaus Augenthaler über 30 Jahre später, warum er selbst nach diesem Moment höchster Fußballkunst ganz bei sich blieb.

Da an diesem Nachmittag keine weiteren Tore fielen, endete für die Bayern eine Serie von 20 sieglosen und zum Teil demütigenden Auftritten im Waldstadion. Sie hatten die erste Runde des DFB-Pokals überstanden, ohne in diesem Wettbewerb aber weiter auffällig zu werden. Zwei Runden später war nach einem 0:3 beim VfB Stuttgart Endstation, was aber außer den Zuschauern im Neckarstadion kaum einer mitbekam, da an jenem 9. November 1989 in anderen Teilen der Republik Dinge passierten, deren historische Dimension durchaus an eine Pokal-Niederlage des Rekordmeisters heranreichte.

Trotzdem wurde es noch eine erfolgreiche Saison – für die Bayern und vor allem für Klaus Augenthaler. Dass sein Treffer gegen Uli Stein mit großem Vorsprung zum „Tor des Monats" und „Tor des Jahres" gewählt wurde, war keine so große Überraschung, aber das reichte den Zuschauern der ARD-Sportschau nicht. Sie bestimmten diesen Präzisionsschuss aus rund 50 Metern wenig später auch noch zum „Tor des Jahrzehnts". Seines Jahrzehnts, wie man mit einigem Recht sagen kann. Denn als diese Dekade mit dem Ende der Saison 1989/90 reif für Bilanzen war, standen für Augenthaler sieben deutsche Meisterschaften, drei Erfolge im DFB-Pokal und als Krönung der Gewinn der Weltmeisterschaft zu Buche. Nach Titeln gerechnet, der immer noch härtesten Währung im Profi-Fußball, war er im bald wiedervereinigten Deutschland der Erfolgreichste seiner Branche.

Klaus Augenthaler war auch der einzige Spieler des FC Bayern, der diese ungewöhnlich erfolgreiche Zeit der Münchner von 1979/80 bis 1989/90 komplett miterlebte, als der Verein nach einigen Jahren des

Mittelmaßes wieder zu alter Größe fand. Drehte sich am Anfang noch alles um das kongeniale Duo Paul Breitner und Karl-Heinz Rummenigge, deren Führungsrolle vom Rest der Mannschaft nie ernsthaft in Frage gestellt wurde, übernahm „Auge" spätestens 1984, nach dem Wechsel Rummenigges zu Inter Mailand, Verantwortung fürs große Ganze. Nicht ganz freiwillig, gedrängt hatte es ihn nie, Mannschaftskapitän zu werden. Die Liste seiner Vorgänger war schließlich prominent besetzt: Vor Rummenigge und Breitner trugen Gerd Müller, Sepp Maier und der über allen thronende Franz Beckenbauer die Binde. Letzterer hatte Augenthaler am Anfang seiner Karriere, als er bei einem Freundschaftsspiel in Zürich eingewechselt wurde, mit den Worten „Jetzt kommt schon wieder so ein Blinder" recht deutlich zu verstehen gegeben, dass im Profisport vor allem Nehmerqualitäten gefragt waren. Augenthaler lernte seine Lektion schnell. Als zwei Jahre später, nach Beckenbauers Wechsel zu Cosmos New York, die Rückennummern neu verteilt wurden, griff er sich das Trikot mit der Nummer 5. Vor ihm hatte das der Weltmeister „Katsche" Schwarzenbeck abgelehnt, aus Ehrfurcht vor der Vereinsikone. Augenthaler sah das pragmatischer: Dass er nie die Leichtigkeit und Eleganz eines Franz Beckenbauers ausstrahlen würde, musste ihm niemand sagen. Aber weil er seinen Anspruch auf einen Stammplatz unterstreichen wollte, sah er in der Rückennummer des großen Vorgängers nur das, was sie bei näherer Betrachtung auch war: eben eine Nummer.

Und nun sollte also dieser „Blinde" die Mannschaft führen. Augenthaler entwickelte dabei seinen eigenen Stil. Anders als die meisten seiner Vorgänger, die den Fußball auch als Teil der Unterhaltungsbranche schätzten und sich entsprechend in Szene zu setzen wussten, war dem eher wortkargen Niederbayern jede Form von Selbstdarstellung fremd. Er war keiner, der nach dem Spiel in der Nähe von Kameras oder Mikrophonen noch einmal die zweite Luft bekam und zu Hochform auflief, auch Einladungen ins „Sportstudio" nahm er nur an, wenn sie sich nicht vermeiden ließen. Die Mannschaft und der Verein standen im Vordergrund. Ein Verein, der sehr viel mehr war als ein Arbeitgeber und den zu verlassen für ihn nie ernsthaft in Frage kam.

Er habe zu Uli Hoeneß immer ein gutes Verhältnis gehabt, erzählte mir Augenthaler während unserer zahlreichen Gespräche, und habe ihn als knallharten Geschäftsmann mit großem Herzen erlebt. Nur einmal hätte es Probleme gegeben: „Da ging es um eine Vertragsverlängerung. Ich hatte keinen Berater und Uli fragte mich nach meinen Vorstellungen. Als er sie hörte, sagte er, das kannst du vergessen, daraus wird nichts. Vielleicht findest du ja einen Verein, der für dich über eine Million Mark Ablöse zahlt. Damals war das ein Riesenbetrag. Also habe ich gekuscht, denn ich wollte ja gar nicht weg. Und das wusste der Uli auch."

Mit schon damals nicht mehr selbstverständlichen und heute fast in Verruf geratenen Tugenden hielt Augenthaler den Laden über viele Jahre zusammen. Neben seiner Bodenständigkeit waren das Einsatzbereitschaft, Leidensfähigkeit, Fleiß, Siegeswillen und Geradlinigkeit. Für ein „bayerisches Urviech", wie er auch genannt wurde, fast schon preußische Tugenden, wären nicht Weißbier und Zigarette treue Begleiter seiner Karriere gewesen und eindeutige Hinweise darauf, dass er für das Leben als Profifußballer vieles, aber eben nicht alles zu opfern bereit war. Es war auch so schwer genug, oben zu bleiben.

Das galt auch für seinen Verein. Als Paul Breitner Ende der 70er-Jahre zum FC Bayern zurückkehrte, den Klub nach seinen Vorstellungen ummodelte und die Meisterschaft als das selbstverständlichste aller Ziele ausgab, begegnete ihm innerhalb der Mannschaft eine gewisse Skepsis: „Keiner glaubte ernsthaft an den Titel", sagte Klaus Augenthaler einmal im Rückblick auf die Saison 1979/80. „Wir hatten viele Neuzugänge. Niemand konnte wissen, ob sie wirklich in die Mannschaft passen würden. Gegen Ende der Vorrunde dämmerte uns, dass wir durchaus Meister werden könnten. Für mich war dieses Gefühl neu, denn als ich zum FC Bayern kam, mischten wir zwar im Europacup noch kräftig mit, waren aber in der Bundesliga nahezu chancenlos."

Die von Augenthaler angesprochenen Neuzugänge hießen Hans Weiner, Wolfgang Dremmler, Dieter Hoeneß oder Wolfgang Kraus. Solide und für den Verein bald äußerst wertvolle Profis, um die sich die Konkurrenz aber nicht gerade gerissen hatte. Schillernde, die Phantasie der Fans beflügelnde Transfers waren in dieser Zeit die Ausnahme, nicht zuletzt deswegen, weil auch ein FC Bayern aufs Geld schauen musste. Haupteinnahmequelle waren die Heimspiele, aber die angebliche „Goldgrube" Olympiastadion war oft nur spärlich gefüllt und warf bei weitem nicht so viel Bares ab, um mit den europäischen Schwergewichten aus Spanien oder Italien konkurrieren zu können.

Die 80er waren aber auch ein Jahrzehnt, in dem in der Kabine des heutigen Serienmeisters noch hörbar bayerisch oder zumindest verwandte Dialekte gesprochen wurden. Die Spieler kamen ohne größere Umwege aus Kirchanschöring, Freising, Memmingen, Fürstenzell, Undorf, Penzberg, Holzkirchen oder Augsburg in die Landeshauptstadt und hießen Bernd Dürnberger, Hansi Pflügler, Reinhold Mathy, Helmut Winklhofer, Hansi Dorfner, Ludwig Kögl, Manfred Schwabl und Raimond Aumann. Einige von ihnen kommen noch ausführlich zu Wort. Selbst der Franke Lothar Matthäus ging für die meisten noch als Bayer durch, zumindest außerhalb des Freistaats, wo man es mit der landsmannschaftlichen Zuordnung noch nie so genau nahm. Sie alle hatten ihren Anteil an den zahlreichen Triumphen dieser Zeit und waren schon aufgrund ihrer Herkunft glaubwürdige Vertreter des heute eher zu einem Markenclaim herabgestuften „Mia san Mia".

Kaum einer verkörperte oder lebte dieses Motto aber so wie der Mann, der 1975 als knapp 18-Jähriger vom FC Vilshofen an die Säbener Straße kam, und um den es in diesem Buch hauptsächlich gehen soll: Klaus Augenthaler. Seine Karriere beim FC Bayern war keineswegs eine geradlinige Erfolgsgeschichte und weitaus mehr als die Summe ihrer Titelgewinne. Sie hatte bei allem Glanz auch Enttäuschungen und Krisen im Angebot: sei es nach dem Foul an Rudi Völler, als Augenthaler eine Zeitlang der wohl meistgehasste Spieler der Bundesliga war; sei es im wiederholten, und fast schon tragischen

Scheitern im Europapokal der Landesmeister, häufig dann, wenn der Triumph zum Greifen nah schien; oder sei es gegen Ende seiner Laufbahn, als er sich nach Verletzungen wieder mühsam an sein altes Niveau herankämpfen musste und sich während seiner Abwesenheit die Machtverhältnisse innerhalb des Teams verschoben hatten. Zu seinen Ungunsten.

Bei der Entstehung dieses Buches war auch der Zufall beteiligt, denn einen seit langer Zeit verfolgten Plan, irgendwann einmal eine Biographie über diesen außergewöhnlichen Spieler zu schreiben, hatte ich nicht. Was ich stattdessen hatte, waren zwei dicke Ordner mit niedergeschriebenen Fußballer-Interviews, die noch von anderen Buchprojekten stammten und von mir eigentlich die Freigabe für die Altpapiersammlung bekommen hatten. Manchmal glaubt man ja, ohne Rücksicht auf Verluste um sich herum ein bisschen Platz schaffen zu müssen. Zum Glück war diese Eingebung nicht besonders hartnäckig. Ich blätterte ein wenig in einem dieser Ordner, stieß auf ein Gespräch mit der Bayern-Legende und auf ein Zitat, das ich mir sogar dick unterstrichen hatte: „Immer nur rot-weiß gedacht!“ Wäre doch ein schöner Buchtitel, dachte ich mir, war aber sicher, dass es über Augenthaler längst ein Buch geben müsste. Gab es zu meiner Überraschung aber nicht.

Nachdem ich mich ein paar Wochen damit beschäftigt hatte und mir die Idee zu einem Buch immer mehr einleuchtete, war es langsam an der Zeit, auch die Hauptperson in meine Überlegungen einzubeziehen. Augenthaler reagierte freundlich zurückhaltend, was schon mal mehr war, als ich zu hoffen gewagt hatte. Immerhin keine Absage! Es folgten ein paar vertrauensbildende Maßnahmen in Form von Telefonaten, und als die Zusammenarbeit mehr und mehr Gestalt annahm, hielten wir es für angebracht, uns auch einmal persönlich kennenzulernen. Das Treffen in einem Café im Westend dauerte so lange, dass auch die Stadt München etwas davon hatte. Ein engagierter Parkwächter ließ sich von Augenthaler nämlich nicht überzeugen, das wegen einer Ordnungswidrigkeit ausgestellte Knöllchen wieder zurückzunehmen. Zuvor hatten wir viel, aber nicht ausschließlich über Fußball und den FC Bayern gesprochen und am Ende beide den Eindruck, dass wir es einfach mal versuchen sollten.

Vor seinem Abschiedsspiel im August 1992 meldete sich auch der Mann zu Wort, dessen Anteil am „Tor des Jahrzehnts" eingangs geschildert wurde, Uli Stein: „Eine der ganz großen Persönlichkeiten der Bundesliga verlässt die Bühne", schrieb der immer noch für Eintracht Frankfurt spielende Torwart. „Schade, denn Typen wie der ‚Auge' sterben leider aus." Umso wichtiger, an sie zu erinnern. Dass die Bundesliga im Allgemeinen und der FC Bayern im Besonderen trotz mancher Durchhänger von ihrer Strahlkraft kaum etwas verloren haben, ist in hohem Maße diesen Typen zu verdanken. Typen wie Klaus Augenthaler.

1

„Die wichtigste Lektion: Du musst dich wehren!“ 1974–1978

Fußball oder Eishockey? Augenthaler kann sich lange nicht entscheiden / Seine Vilshofener A-Jugend sorgt für Furore, wird aber im entscheidenden Spiel verpfiffen / Wechsel zum FC Bayern: Augenthaler soll erst einmal „richtig deutsch“ lernen / Jedes Training ein Wettkampf: Der Neuling aus Niederbayern setzt seine Ellenbogen ein

Klaus Augenthaler war schon nicht mehr im Stadion, als eines der wichtigsten Tore in der Geschichte des FC Bayern München fiel. Der Gegner führte kurz vor Ende der Verlängerung mit 1:0, und dass sich an diesem Spielstand noch etwas ändern würde, glaubten nur die ganz unverbesserlichen Optimisten. Zu denen gehörte Augenthaler nicht. Also machte sich der damals 16 Jahre alte Junge aus Niederbayern zusammen mit einem Kumpel auf den Weg zum Parkplatz, wo schon der Bus wartete, der sie von Brüssel zusammen mit ein paar weiteren Freunden zurück in die Heimat bringen sollte. Nach Vilshofen, um genau zu sein. Knapp 1.000 Kilometer lagen vor ihnen, wenn alles glatt lief, wären sie morgen Mittag wieder zu Hause. Augenthaler war nicht besonders enttäuscht oder gar niedergeschlagen, auch wenn es mit dem erhofften Europapokalsieg nicht geklappt hatte. Anders als seine Freunde war er dem FC Bayern zwar freundlich gesonnen, als richtigen Fan des Vereins hätte er sich aber nicht bezeichnet, obwohl dort mit Beckenbauer, Müller, Maier oder wem auch immer das Tafelsilber des deutschen Fußballs unter Vertrag stand.

Überhaupt interessierte ihn der große Fußball, und das hieß vor allem die Bundesliga, nur am Rande. Ja, bei der „Sportschau“ am Samstag saß er hin und wieder vor dem Farbfernseher seines Großvaters, von einem Pflichtprogramm konnte allerdings keine Rede sein.

Selber spielen war ihm wichtiger! Und wenn es überhaupt so etwas wie einen Lieblingsverein gab, dann waren es nicht die Bayern, sondern Borussia Dortmund. Die Jungens auf dem heimischen Bolzplatz hatten ihm immer eine gewisse Ähnlichkeit mit dem Borussen Siggi Held nachgesagt, was aber nicht in erster Linie an Augenthalers fußballerischen Qualitäten lag, sondern an seiner Frisur. Hinzu kam, dass er von Held eine Autogrammkarte mit Originalunterschrift besaß, ebenso von Lothar Emmerich. Alles Gründe, um den Klub aus dem Westen zumindest sympathisch zu finden, ohne ihm gleich zu verfallen. Und auch bei der Reise nach Brüssel zum Finale des Europapokals der Landesmeister ging es um mehr als Fußball oder die Bayern: Wann komme ich schon einmal ins Ausland, hatte sich Augenthaler gefragt, bevor er schließlich zusagte. Viel herumgekommen war er bis dahin tatsächlich noch nicht, sah man einmal von ein paar Ausflügen kurz über die Grenze nach Österreich ab. Aber zählten die wirklich?

Er hatte mit seinem Kumpel, der ebenfalls in der A-Jugend des FC Vilshofen spielte, den Bus fast erreicht, als es im Heysel-Stadion noch einmal laut wurde. Irgendeine Mannschaft musste ein Tor erzielt haben, da waren sich die beiden schnell einig. Nur wer da jubelte, die Fans von Atletico über die endgültige Entscheidung in einem nicht besonders prickelnden Finale oder die der Bayern, weil ihrer Mannschaft doch noch der Ausgleich gelungen war, das konnten sie nicht heraushören. Keine ganz unwichtige Frage, deren Antwort auch darüber entschied, in welcher Stimmung die Reisegruppe die lange Rückfahrt antreten würde. Da es kein Zurück mehr ins Stadion gab, mussten sie wohl oder übel warten, bis auch die große Mehrzahl derer den Bus erreicht hatte, die bis zum Schlusspfiff standhaft geblieben waren und später in allen Einzelheiten erzählten, was sich in der letzten Minute der Nachspielzeit ereignete. Als Hans-Georg Schwarzenbeck, den alle nur „Katsche“ nannten, mit einem, so schien es, eher aus Verzweiflung abgefeuerten Distanzschuss das kaum noch für möglich gehaltene 1:1 gelang. Ein Tor, das ihn sofort und ohne komplizierte Genehmigungsverfahren oder Mitgliederbeschlüsse in die

Legendengalerie seines Vereins beförderte. Und dem FC Bayern ein Wiederholungsspiel ermöglichte, in dem der deutsche Meister seinen Kontrahenten aus Spanien mit 4:0 abfertigte. Zum ersten Mal in seiner Geschichte hatte der Verein damit den Europapokal der Landesmeister gewonnen.

Diesen Triumph – ein Elfmeterschießen nach Verlängerung war im Finale noch nicht vorgesehen – erlebte Augenthaler daheim vor dem Fernseher, für zwei weitere Tage in Brüssel auf eigene Faust reichte die Reisekasse nicht. Ärgerlich, aber im Rückblick auch irgendwie passend: Jedes Mal kam ihm in diesem Wettbewerb etwas dazwischen. Jedes Mal fehlte eine Kleinigkeit, bevor es so richtig schön hätte werden können. Der eine, ganz große Glücksmoment sollte ihm im europäischen Vereinsfußball verwehrt bleiben.

Zu den Details später mehr, denn noch befinden wir uns in der Gegenwart des Frühsommers 1974. Die sah für den Fußballspieler Klaus Augenthaler so aus: Er war Mittelstürmer der A-Jugend des FC Vilshofen und stand mit seiner Mannschaft vor einer herausfordernden Saison. Sie starteten in der neu gegründeten Bayernliga, der höchsten Spielklasse des Freistaats, und wollten mehr als nur Kanonenfutter für die Großen sein. Die Großen dieser Liga, das waren der Nachwuchs von 1860 München, dem FC Augsburg – und vor allem der von Bayern München. Beste Gelegenheiten, auch einmal überregionales Interesse auf sich zu ziehen. Vielleicht würde es ja doch mit dem Profifußball klappen, dieser Wunsch nahm bei Augenthaler langsam Gestalt an. Er hing ihn aber bis auf weiteres nicht an die große Glocke, auch weil seine Eltern andere Pläne verfolgten: Der Großvater leitete ein Versicherungsbüro und sie wünschten, dass ihr Sohn nach einer entsprechenden Ausbildung irgendwann einmal die Nachfolge antreten würde. Wäre doch schön, wenn alles in der Familie bliebe.

*****

„Wenn Vilshofen einen Eishockey-Verein gehabt hätte, wäre ich sofort eingetreten“, erinnert sich Augenthaler an die Zeiten, in denen er fast lieber auf dem Eis als auf dem Rasen stand. Er spielte auch leidenschaftlich gerne Fußball, gar keine Frage, nahezu täglich sogar, mit mehr oder weniger Gleichaltrigen auf irgendeiner Wiese. Ohne Tor, ohne Linien oder sonstwie begrenztem Spielfeld, und natürlich auch ohne Schiedsrichter. Einfach so. Darüber hinaus war er auch noch ein mehr als nur passabler alpiner Ski-Fahrer, gewann im Slalom bei den niederbayerischen Schulmeisterschaften. Andere schulische Verpflichtungen erledigte er mit weniger großem Ehrgeiz. Meistens reichte das, um sich einigermaßen über Wasser zu halten: „In der siebten oder achten Klasse machte mich mein Lehrer darauf aufmerksam, dass meine Leistungen in letzter Zeit erheblich nachgelassen hätten. Es wäre wohl an der Zeit, mit den Eltern ein ernstes Wort zu reden, sagte er. Sollten wir allerdings das Spiel gegen die Parallelklasse gewinnen, würde er es sich noch einmal überlegen.“

Augenthalers Mannschaft gewann so überzeugend, dass sein Lehrer auf das Elterngespräch verzichtete. Sein Talent blieb auch zwei Brüdern aus der Nachbarschaft nicht verborgen. Den könnten wir bei uns gut gebrauchen, waren sich die beiden einig und bearbeiteten ihn hartnäckig, doch endlich den Bolzplatz hinter sich zu lassen, um mit ihnen im Verein Fußball zu spielen: „Will ich nicht, brauch ich nicht“, ließ der Umworbene sie mehrfach ohne große Worte abblitzen. Für den Spaß am Kicken brauchte er keinen geregelten Spielbetrieb.

Beim Eishockey lagen die Dinge ein wenig anders: „Als Kind war ich ein paarmal beim EV Landshut, auch später noch, als ich schon Profi bei den Bayern war. Da hab ich mich oft direkt nach den Heimspielen ins Auto gesetzt, um pünktlich zum ersten Bully in der Halle zu sein. Erich Kühnhackl war mein großes Idol, mit seiner Größe, mit seiner Wucht. Ich habe tatsächlich eine Zeitlang damit geliebäugelt, Eishockey-Profi zu werden. Wenn im Winter die Vils zugefroren und meistens auch zugeschneit war, schaufelten wir uns ein Spielfeld frei. Und dann ging es los: zwei Stunden, drei Stunden, meistens bis es dunkel wurde. Ohne Ausrüstung! Ich weiß gar nicht, wie oft ich mit Platzwunden nach Hause gekommen bin. Das hat mir fast mehr Spaß gemacht als Fußball, weil es immer zur Sache ging. Wirklich wildes Eishockey! Wenn in dieser Zeit jemand vom EV Landshut gekommen wäre, hätte ich ganz bestimmt zugesagt. Das hätte mich gereizt."

Doch es kam niemand aus Landshut. Stattdessen machten die Fußballer vom FC Vilshofen das Rennen, auch weil die beiden Brüder aus der Nachbarschaft Verstärkung mitbrachten bei ihrem nächsten Besuch in der Fischerzeile. Dort lebte Augenthaler mit seiner Mutter bei den Großeltern. Als die Mutter seinen Stiefvater kennenlernte und mit dem Halbbruder Manfred Nachwuchs zur Welt kam, zog die größer gewordene Familie ins Haus des Stiefvaters. Eigentlich keine große Sache, sie blieben in der Fischerzeile, statt der Hausnummer 3 war es nun die 13. Aber ganz so einfach war es auch wieder nicht, jedenfalls nicht für Klaus. Er hatte ein inniges Verhältnis zu seinen Großeltern, ein wesentlicher Grund, weshalb er mit der neuen Bleibe lange fremdelte.

Eines Tages standen die beiden Jungen mit dem Jugendleiter des Vereins vor der Tür. Und der ließ sich nicht so leicht abfertigen, hatte, um die Ernsthaftigkeit seines Anliegens zu unterstreichen, auch gleich die nötigen Formulare mitgebracht. Um weitere Hausbesuche zu vermeiden, gab Augenthaler seinen Widerstand auf, ließ den Aufnahmeantrag unterschreiben und spielte ab sofort für die C-Jugend des Vereins. In seiner ersten Saison wurde er auch gleich Torschützenkönig.

Gut zwei Jahre später in der A-Jugend waren die Zeiten des zwanglosen Kickens auf irgendwelchen Wiesen endgültig vorbei. Mindestens zweimal Training in der Woche, dazu lange Reisen zu den Auswärtsspielen. Bis nach Memmingen waren es 300 Kilometer, nach Augsburg nicht viel weniger – der organisierte Fußball in der höchsten Leistungsklasse war für Augenthaler und seine Mannschaftskameraden eine zeitraubende und für den Verein eine teure Angelegenheit. Rund 7.000 Mark betrug der Etat für die Jugendlichen, wegen der gestiegenen Fahrkosten mussten die Eintrittspreise für Nichtmitglieder auf vier Mark angehoben werden. Mitglieder zahlten weiter drei Mark, deren Frauen hatten freien Eintritt. Dass die Jugendlichen diese Kosten mehr als nur einspielen würden, erwartete niemand.

Zum Auftakt kamen sie in Landshut mit 0:4 unter die Räder, Augenthaler verschoss einen Elfmeter – übrigens nicht den letzten seiner Laufbahn, außerhalb des Strafraums war er deutlich treffsicherer –, und seine Mannschaft startete als Tabellenletzter in die Saison. Es folgten vier Siege in Serie, danach wieder ein paar Niederlagen, die Grün-Weißen vom FC Vilshofen schienen sich im Mittelfeld halten zu können. Das war mehr, als viele ihnen zugetraut hatten. Trotzdem wurde nach dem neunten Spieltag der Trainer gewechselt, die Mannschaft weigerte sich, unter ihm weiterzumachen. Er hatte, wie man heute sagen würde, „die Kabine verloren". Atmosphärische Störungen gab es auch im Jugendfußball.

Mit einer Doppellösung ging es weiter, unter Jugendleiter Franz Eiler und Trainer Egon Zillinger wurde ab sofort auf Auswärtsfahrten gesungen, eine Sofortmaßnahme gegen die schlechte Stimmung. Und eine Reise führte gleich nach München, zum ersten richtig großen Duell in der neuen Liga: „Für die Jugendfußballer des FC Vilshofen ist das heutige Punktspiel beim FC Bayern München eine Begegnung mit besonderem Pfiff", blickte der „Vilshofener Anzeiger" voraus. „Sie bestreiten das Vorspiel zum Bundesligatreffen FC Bayern gegen Rotweiss Essen. Die Vilshofener Jugend hat also die Gelegenheit, vor einer stattlichen Kulisse im Olympia-Stadion zu zeigen, dass das Formtief der letzten Wochen (1:7 Punkte) der Vergangenheit angehört. Dass dieses Vorhaben in München zu realisieren ist, darf jedoch bezweifelt werden. Der Tabellendritte ist seit zwei Monaten ohne Niederlage."

Trotz dieser wenig zuversichtlichen Prognose feierten die Vilshofener einen 2:0-Sieg, und ihr Mittelstürmer Klaus Augenthaler gehörte zu den Torschützen. Allerdings nicht vor der erhofften großen Kulisse: „Wir hatten uns wochenlang auf dieses Spiel gefreut. Dann regnete es in den Tagen davor durchgängig, so dass wir auf einen Nebenplatz ausweichen mussten. Die hatten wohl Bedenken, wir würden ihnen den

Rasen umpflügen. Aber auch der auf dem Nebenplatz war wie ein Teppich, etwas ganz Neues für uns. Und nach dem Spiel sind wir, warum auch immer, sofort nach Hause gefahren. Ich stand also nie als Fan in einem Bundesligaspiel in der Kurve. Mein erstes Spiel im Olympiastadion erlebte ich als Profi.“

Viel war es übrigens nicht, was ihm und seinen Mannschaftskameraden damals entging. Die Bayern trennten sich 2:2 von Rot-Weiss Essen und erinnerten nur noch in Spurenelementen an die stolzen Sieger aus dem Brüsseler Finale wenige Monate zuvor. Das Fazit des Trainers las sich wie eine Bankrotterklärung: „Ich kann mich nicht erinnern, dass wir einmal so schlecht gespielt haben wie heute. Die Mannschaft ist ausgepumpt und hat keine Substanz mehr.“ Kurz darauf wurde Udo Lattek entlassen.

Die A-Jugend des FC Vilshofen dagegen marschierte nach diesem 2:0 durch die Liga, verlor kein Spiel mehr und löste in der kleinen Stadt in Niederbayern so etwas wie eine Fußball-Euphorie aus. Das 3:1 in der Rückrunde gegen die Bayern sahen 1.500 Zuschauer, kurz darauf sicherte sich die Mannschaft den Titel in der Gruppe Süd. Um sich für die Endrunde zur deutschen Meisterschaft zu qualifizieren, musste sie aber noch gegen den Ersten der Nordgruppe bestehen, den 1. FC Nürnberg. Inzwischen hatte Klaus Augenthaler das Interesse der Bayern geweckt. Der in der Bundesliga schwer angeschlagene deutsche Meister und Europapokalsieger schickte seinen Co-Trainer und früheren Spielführer Werner Olk zum Finale gegen den „Club“ nach Maxhütte in der Oberpfalz, um sich das Talent einmal genauer anzuschauen: „Der stand die ganze Zeit in unserer Nähe, sogar bei der Mannschaftsbesprechung. Das hat mir gar nicht gepasst“, erinnert sich sein Jugendtrainer Egon Zillinger, mit dem Augenthaler immer noch freundschaftlich verbunden ist. Sonderlich begeistert war Zillinger über den Besuch aus München jedenfalls nicht. „Schließlich bin ich zu ihm hingegangen und habe gefragt, ob dass denn wirklich nötig sei. Meine Jungens sollten sich doch auf das Endspiel konzentrieren.“ Doch Olk blieb standhaft. Das müsse Augenthaler schon aushalten, beschied er seinem Vilshofener Trainerkollegen. Wer Nervosität zeige, nur weil er beobachtet wird, der sei auch nichts für den FC Bayern.

Die Nürnberger gewannen vor über 3.000 Zuschauern mit 2:1 nach Verlängerung, ohne sich durch diesen Erfolg große Sympathien erworben zu haben: „Der ‚Club' spielte mit höchstem körperlichen Einsatz, wobei aber in mehreren Situationen das Maß des Erlaubten überschritten wurde", urteilte die Zeitung „Bayernsport". Und der „Vilshofener Anzeiger" hob hervor: „Dreh- und Angelpunkt der Niederbayern war einmal mehr Klaus Augenthaler, der den Spielrhythmus bestimmte und mit seinem enormen Laufpensum bestach."

Einig waren sich die Beobachter auch, dass der unterlegenen Mannschaft zwei klare Elfmeter verweigert wurden: „Jahre später", erzählt Augenthaler, „ich hatte mit dem FC Bayern schon die ersten Meisterschaften gewonnen, traf ich den Schiedsrichter wieder und sprach ihn auf das Finale an: ‚Sie haben uns doch damals beschissen mit den Elfmetern?', fragte ich ihn und er war ehrlich genug, es zuzugeben. Er antwortete sinngemäß, vom Verband habe es diskrete Hinweise gegeben, die Nürnberger gewinnen zu lassen. Es könne doch nicht sein, einen kleinen Verein wie den FC Vilshofen um die deutsche Meisterschaft mitspielen zu lassen, die wären doch chancenlos. Deswegen schaute er in einigen Situationen wohl nicht so genau hin."

Kurz nach dem Finale erhielt Augenthaler Post aus München, eine Einladung zum Probetraining: „Drei Tage lang, bei Temperaturen über 30 Grad, es war wirklich brütend heiß. Ich war nervös, ich war platt, aber ich habe alles rausgehauen. Zwischendurch war ich so fertig, dass ich eine kurze Pause einlegen musste. Da kam Dettmar Cramer auf mich zu und sagte: ‚Wenn du Profi werden willst, darfst du nicht stehen bleiben.' Also ging es weiter."

Wenig später meldeten sich die Bayern erneut mit der frohen Botschaft, Probetraining bestanden, sie würden ihn gerne unter Vertrag nehmen. Da er noch keine 18 Jahre alt war, begleiteten ihn seine Eltern an die Säbener Straße zur Vertragsunterzeichnung. Fast hätten sie den Termin in den Sand gesetzt, denn vor lauter Aufregung war sein Stiefvater irgendwo falsch abgebogen und wusste plötzlich nicht mehr weiter. Glücklicherweise hielten sie an der nächsten Ampel neben einem Auto, und der Mann hinterm Steuer war genau der Mann, mit dem sie gleich einen Termin hatten: Bayern Münchens Manager Robert Schwan. Zumindest sah er Schwan so ähnlich, dass Augenthalers Stiefvater entschied, diesem Wagen jetzt hinterherzufahren, um pünktlich ans Ziel zu kommen. Doch je länger sie dem Auto folgten, desto größer wurden die Zweifel an der zunächst wirklich verblüffenden Ähnlichkeit mit Robert Schwan, bis sich irgendwann bei allen die Gewissheit einstellte, dass sie sich ziemlich weit von ihrem ursprünglichen Ziel entfernt hatten und Robert Schwan eigentlich auch ganz anders aussähe.

Als sie schließlich doch noch auf letztem Drücker die Geschäftsstelle erreichten, lag der Vertrag schon unterschriftsbereit auf dem Schreibtisch des Managers: „Da stand etwas von 4.000 Mark brutto, eine unvorstellbar große Summe für einen 17-jährigen. Auch meinem Stiefvater gingen die Augen über, das war deutlich mehr, als er selbst verdiente. Verhandelt wurde gar nichts, entweder man unterschrieb das Papier oder die Sache hatte sich erledigt. Von Prämien war auch nicht die Rede, vermutlich rechnete niemand damit, dass ich dafür in Frage kommen würde. Bei dem Kader war das auch verständlich."

Augenthaler durfte zwar mit den Profis trainieren, galt aber als „Olympia-Amateur". Er war einer von insgesamt zehn Nachwuchsspielern in der „Fohlenmannschaft", einer Idee von Dettmar Cramer, dem Nachfolger Udo Latteks. Cramer wollte all jenen, die nicht oder nur selten in der Bundesliga aufliefen, die Chance auf Spielpraxis geben. Außerdem konnte ein bisschen Konkurrenzkampf innerhalb der Profitruppe nicht schaden. Die Kadergröße war überschaubar, kaum einer musste im Training an seine Grenzen gehen, um sich seines Stammplatzes sicher sein. Für Cramer ein ganz wesentlicher Grund, warum der FC Bayern in der Bundesliga ins untere Mittelmaß gerutscht war: „Ihr seid eine sterbende Mannschaft", hatte er bei seinem Amtsantritt Anfang 1975 festgestellt. Nun sollte wieder ein bisschen Leben in die Bude kommen: Cramer ließ zumeist jüngere Spieler einkaufen, denen er zutraute, den Etablierten Dampf zu machen. Anders als die Bayern-Amateure, die ihr Eigenleben führten und von denen niemand erwartete, dass sie Bäume ausrissen, waren die „Fohlen“ so etwas wie eine zweite Profimannschaft, kochten allerdings auf deutlich kleinerer Flamme. Sie spielten in der Landesliga Süd außer Konkurrenz und traten zu Auswärtsspielen nur an, wenn sich die Gastgeber mit 1.000 Mark an den Reisekosten beteiligten: „Gespannt darf man sein, ob einer, und wenn, dann wer, den Durchbruch schafft“, berichtete der „kicker“ über dieses ungewöhnliche Konstrukt, zu dem nun auch Augenthaler zählte: „Einer allein würde sich schon bezahlt machen.“

*****

„Lern erst mal richtig Deutsch!“ Dass er bei einem Verein wie dem FC Bayern zunächst einen Platz am Ende der Nahrungskette einnehmen würde, hatte Klaus Augenthaler erwartet. Dass ihn jemand wegen seines niederbayerischen Dialekts anpflaumte, schon weniger. Dazu noch ein Rheinländer. Aber eben auch nicht irgendeiner! Als Jupp Kapellmann zwei Jahre vorher vom 1. FC Köln verpflichtet worden war, war er mit knapp 900.000 Mark der bis dahin teuerste Transfer innerhalb der Bundesliga. Schon deshalb mangelte es „Millionen-Jupp“, wie er auch genannt wurde, nicht an Selbstbewusstsein, mochte er auch nicht zu den ganz schillernden Persönlichkeiten dieser mit großen Namen reichlich versehenen Mannschaft zählen. Kapellmann beherrschte mehrere Fremdsprachen, studierte Medizin und hatte sich von den Bayern vertraglich zusichern lassen, seinem Studium im erforderlichen Umfang nachgehen zu dürfen. Auch auf dem Spielfeld ging er keinem Zweikampf aus dem Weg und konnte dabei ziemlich giftig sein, außerhalb des Platzes dagegen zeigte Kapellmann seine mildtätigen Seiten und organisierte Wohltätigkeitsveranstaltungen. Er war das exakte Gegenteil vom stromlinienförmigen Profi, einer der sich nichts sagen ließ und auch deshalb Probleme mit Paul Breitner bekommen sollte, als dieser ein paar Jahre später nach München zurückkehrte.

Kapellmann empfahl Augenthaler nicht nur, hochdeutsch zu lernen, auch beim Essen mit Messer und Gabel hatte er beim Neuzugang aus Vilshofen Verbesserungsbedarf festgestellt. Und die Mängelliste schien täglich länger zu werden: „Ich schämte mich damals fast wegen meines Dialekts. Im Trainingslager in Herzogenaurach musste ich auch noch ein Zimmer mit Kapellmann teilen. Zwei Wochen lang! Das war wie Einzelhaft, ich hatte einen unglaublichen Respekt vor ihm: Er war Stammspieler, hatte schon einige Titel geholt und gehörte zum Kreis der Nationalmannschaft. In seiner Gegenwart habe mich gerade getraut, zu atmen. Viel mehr aber auch nicht."

Sich erst einmal zurechtfinden, einigermaßen Fuß fassen, bloß nicht weiter auffallen – es war ja nicht so, dass Augenthaler seinen neuen Verein im Sturm einnehmen wollte, aber selbst diese bescheidenen ersten Ziele waren offensichtlich schwerer zu erreichen als gedacht. Niemand in der Mannschaft hatte auf einen wie ihn gewartet. Der Betrieb lief routiniert weiter, entweder er setzte sich hier durch oder eben nicht. Und sollte er scheitern, würden es die meisten nicht einmal bemerken. Dass jemand gewogen und für zu leicht befunden wurde, kam beim FC Bayern häufiger vor: „Für mich war es ein riesiger Schritt von Vilshofen nach München, fast eine Weltreise. Ich würde mich schon als sehr heimatverbunden bezeichnen, München war eine ganz andere Welt. Ich kannte bis dahin nur mein kleines Städtchen mit seinen 7.000 Einwohnern, wo es mir an nichts gefehlt hatte, wo ich die Leute kannte, wo ich mich zu Hause fühlte. Plötzlich war ich auf mich allein gestellt."

Es waren mehr als nur die feinen Unterschiede, mit denen er nun täglich konfrontiert wurde. Die meisten Kollegen lebten in den gediegenen Villenvierteln der Stadt und fuhren teuer motorisiert zum Training an die Säbener Straße. Augenthaler wartete noch auf seinen Führerschein und lebte bei einer Witwe zur Untermiete. Gemeinsam mit Alfred Arbinger, der ebenfalls von der Vilshofener A-Jugend nach

München gekommen war. Die kleine Wohnung hatte der Verein vermittelt. Und auf dem Trainingsgelände blieben die Stars so lange unter sich, bis sich auf dem Platz der Kontakt zum Fußvolk nicht mehr vermeiden ließ: Die erste Kabine war für den Trainer reserviert, die zweite für Kaliber wie Beckenbauer, Maier und Müller, in der dritten saßen anerkannte Stammkräfte wie „Bulle" Roth oder Rainer Zobel und in der letzten war gleich neben der Toilette für all jene Platz, die noch nichts zu melden hatten. Für Spieler wie Klaus Augenthaler, von denen verlangt wurde, dass sie sich hinten anstellten und die ungeschriebenen Gesetze innerhalb dieser Hierarchie akzeptierten, die sich aber andererseits auch nicht verstecken durften, wenn sie irgendwann einmal die Kabine wechseln wollten. Wie fand man sich in diesem Umfeld zurecht? Wie verschaffte man sich den nötigen Respekt? Wie selbstbewusst durfte man auftreten, ohne die Etablierten zu reizen?

Augenthaler hatte seinen Weg noch nicht gefunden, vielleicht sogar den falschen eingeschlagen. Das erkannte auch Werner Olk. Der Co-Trainer der Bayern erklärte ihm, warum er eine gewisse Zurückhaltung bei jungen Leuten zwar grundsätzlich schätzte, diese Tugend im Profifußball aber für problematisch hielt: „Du musst dich schon ein bisschen wehren. Sonst kannst du gleich wieder nach Hause fahren."

Vor diese Alternative gestellt, entschied sich Augenthaler dafür, den Ballast übergroßer Ehrfurcht abzuwerfen. Als sich Kapellmann im nächsten Training erneut über ihn lustig machte, präsentierte er ihm die Gesamtrechnung für alle bis dahin erduldeten Sticheleien. Er setzte in einem Zweikampf seinen Ellenbogen so gezielt ein, dass Kapellmann anschließend mehr mit sich selbst beschäftigt war als mit von ihm festgestellten Mängeln jüngerer Kollegen. Und um diesen Lernerfolg nicht zu gefährden, langte Augenthaler kurz darauf gleich noch einmal hin.

So entwickelte sich zwischen den beiden ein produktives Miteinander. Für Augenthaler war dieses Erlebnis gleichsam der eigentliche Startschuss seiner Karriere, denn von nun an ging er in jeder Einheit voll zur Sache: „Rückblickend bin ich dem Jupp Kapellmann sogar dankbar. Denn durch ihn lernte ich meine erste Lektion im Profifußball, vielleicht sogar die wichtigste: Du musst dich wehren und deine Ellenbogen ausfahren. Und zwar nicht nur für vier Wochen, sondern immer. So habe ich mir auch Respekt in der Mannschaft verschafft."

„Pass auf, das ist hier Training und kein Wettkampf", maulte ihn Gerd Müller später einmal an, aber diesen Anschiss empfand Augenthaler schon als Lob. Eines mit Folgen: Der Weltmeister war es nämlich, der Augenthaler damit Wettkampftauglichkeit attestierte. Als sich Dettmar Cramer am Tag vor dem Heimspiel gegen Borussia Dortmund mit Müller über die Aufstellung beriet, erinnerte sich der Mannschaftskapitän an die schmerzhaften Begegnungen mit dem inzwischen 20 Jahre alten Niederbayern und schlug ihn für die Defensive vor. Die Bayern hatte wie immer vor einem Heimspiel ihr Quartier am Tegernsee bezogen, als Dettmar Cramer um kurz vor elf an die Zimmertür klopfte und Augenthaler eine schlaflose Nacht bescherte: „Junge, bereite dich gut vor. Du spielst morgen."

*****

„Augenthaler schlug ein!", lobte der „kicker" nach dem 3:0-Erfolg über Borussia Dortmund, auch weil dem Neuling bei seinem Einstand am 12.10.1977 gleich der Treffer zum 1:0 gelungen war. Doch das erfreuliche Debüt und der Sieg konnten nicht kaschieren, dass der FC Bayern die Souveränität und den Glanz früherer Jahre weitestgehend eingebüßt hatte. Es war die erste Saison nach dem Wechsel von Franz Beckenbauer zu Cosmos New York, in europäischen Wettbewerben spielten die Bayern nur noch eine Nebenrolle und in der Bundesliga hatten ihnen nicht nur der 1. FC Köln und der alte Rivale Borussia Mönchengladbach den Rang abgelaufen. Beide Klubs lieferten sich ein packendes Duell um die Meisterschaft, das erst am letzten Spieltag zugunsten der Kölner entschieden wurde. Die Bayern fegten zwar an guten Tagen Schalke 04 in Unterzahl mit 7:1 vom Platz, an weniger guten verloren sie dafür im Pokal beim Zweitligisten FC Homburg oder kassierten in Duisburg sechs und in Kaiserslautern fünf Gegentore. 64 waren es am Ende der Saison und der daraus resultierende 12. Platz zeigte mehr als deutlich, dass beim mehrfachen Meister und Europapokalsieger der Lack erst einmal ab war.

Für Augenthaler nicht die schlechtesten Voraussetzungen, um weiter auf sich aufmerksam zu machen. Anders als bei seinem Wechsel nach München gut zwei Jahre zuvor war die mannschaftsinterne Konkurrenz um die Stammplätze nicht mehr übermächtig. Am Ende der Vorrunde kassierten die Bayern innerhalb einer Woche zwei deftige 0:4-Niederlagen bei Eintracht Frankfurt, eine in der Meisterschaft, die andere im UEFA-Pokal. Darauf kam es zu einem spektakulären Trainertausch, Cramer ging zur Eintracht und deren bis dahin sehr erfolgreicher Coach Gyula Lorant zum FC Bayern. Von diesem Tausch profitierte auch Augenthaler: „Ich mochte Dettmar Cramer, vor allem, weil er immer für uns junge Spieler da war. Nicht nur, wenn es um den Fußball ging. Cramer wies mich sogar darauf hin, wenn mein Hemdkragen nicht richtig saß und sagte dann: ‚Junge, so kannst du nicht herumlaufen.' Stammspieler wurde ich aber erst unter Lorant. Und der hatte nun wirklich Probleme mit der deutschen Sprache. Mich nannte er andauernd ‚Gurkenthaler', aber nicht, weil er mich damit provozieren wollte. Lorant kannte die Mannschaft noch nicht so genau und hörte sich erst einmal an, was die Stars sagten. Gerd Müller empfahl mich als Abwehrspieler, wohl auch, weil ich ihm wegen meines harten Einsteigens im Training unangenehm aufgefallen war. Vorher hieß es ja immer, ich sei der neue Gerd Müller. Und ich hätte auch gerne im Sturm gespielt, aber viel wichtiger als die Position war es für mich, überhaupt einen Platz in der Mannschaft zu haben."

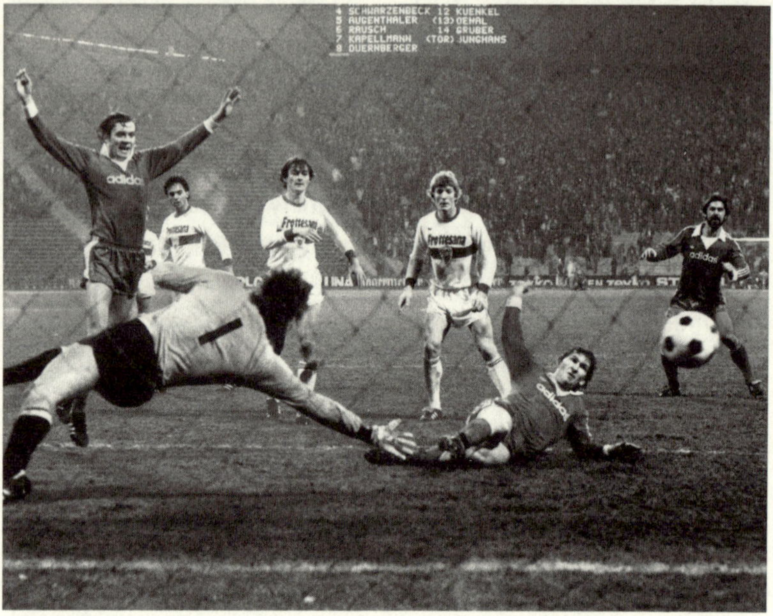

Kam eigentlich als Stürmer zu den Bayern und traf auch gleich wie Gerd Müller. (Foto: IMAGO/WEREK)

*****

Seine Zeit als Olympiaamateur war damit abgelaufen, vor Beginn der Saison 78/79 unterschrieb Augenthaler seinen ersten „richtigen" Profivertrag. Es wurde eine denkwürdige Saison. Paul Breitner war nach drei überwiegend erfolgreichen Jahren bei Real Madrid sowie einem enttäuschenden Gastspiel bei Eintracht Braunschweig für knapp zwei Millionen Mark zu den Bayern zurückgekehrt und ließ erst gar keinen Zweifel aufkommen, dass er kein Mann fürs Mittelmaß sei: „Wir müssen wieder deutscher Meister werden. Ich glaube felsenfest daran. Alles andere interessiert mich nicht."

Für den Titel kamen die Bayern allerdings nie ernsthaft in Frage, auch wenn es zu Beginn gar nicht einmal schlecht lief und die Mannschaft von Gyula Lorant nach dem siebten Spieltag sogar an der Tabellenspitze stand. Das Verhältnis zwischen dem Trainer und Paul Breitner war aber schon zu diesem Zeitpunkt kompliziert, bevor es im weiteren Verlauf der Hinrunde völlig den Bach runterging. Nach einem 4:5 im DFB-Pokal gegen den Zweitligaklub VfL Osnabrück trugen beide ihre gegenseitige Abneigung in die Öffentlichkeit. Lorant nannte Breitner einen „sogenannten Weltklassespieler", der zwar am meisten verdiene, sich aber nicht quälen könne: „Ich hätte ihn schon nach zehn Minuten auswechseln können." Breitners giftige Antwort: „Was für ein Glück für Lorant, dass wir ihn nicht austauschen können. So schlechte Augen hätte ich ihm gar nicht zugetraut."

Das anschließende 1:7 bei Fortuna Düsseldorf war das letzte Spiel für Gyula Lorant auf der Bank. Offiziell galt er zunächst als krank geschrieben und zeigte sich kämpferisch („Ich komme mit der Peitsche zurück!"), doch diese Rückkehr stand nie ernsthaft zu Debatte. Sein ebenfalls aus Ungarn stammender Assistent Pal Csernai übernahm die Mannschaft. Ob er eine Dauerlösung sein würde, stand zunächst nicht fest: „Ich begann damals beim FC Bayern mit einem Trümmerhaufen", schilderte der Ungar ein paar Jahre später im „kicker" die Eindrücke seiner Anfangszeit. „Als ich die Verantwortung übernahm, herrschte fast Chaos. Drei Gruppen spielten nicht Fußball, sondern gegeneinander." Mittendrin der meinungsstarke Paul Breitner: „Ich habe so lange Stunk gemacht, bis der Trainer gehen musste. Ich habe nachdrücklich gesagt, dass unter der Leitung von Lorant keine Chance besteht, sich zu entwickeln."

Der eigentliche Höhepunkt des ganzen Theaters stand noch bevor: Als die Bayern in der Rückrunde zu Hause mit 0:4 gegen Arminia Bielefeld baden gingen, war sich der Präsident sicher, dass Csernai nicht der passende Trainer sei. Vielmehr fand Wilhelm Neudecker, die Herren Profis bräuchten zur Abwechslung mal wieder einen richtigen Schleifer, einen wie Max Merkel. Die Mannschaft stand jedoch hinter Csernai und handelte eine Art Gnadenfrist heraus: Drei Punkte aus den beiden anstehenden Auswärtsspielen in Braunschweig und Mönchengladbach. Das bei der Eintracht endete 0:0, man war also noch im Soll, als durchsickerte, dass sich Neudecker mit Merkel bereits einig sei. Erneut war es Breitner, der an vorderster Front kämpfte: „Hier geht es nicht um die Person Merkel, sondern um die Zusage des Präsidenten. Und der hat gelogen." Breitner teilte Neudecker mit, dass sich die Mannschaft einstimmig gegen Merkel ausgesprochen hatte und zum nächsten Training nicht erscheinen würde. Dem Präsidenten legte er den Rücktritt nahe.

Klaus Augenthaler hatte sich dem Votum gegen Merkel zwar angeschlossen, ganz wohl war ihm dabei aber nicht: „Ich kann mich noch gut erinnern, dass Sepp Maier bei mir anrief und sagte, wenn sie den Merkel holen, gehen wir morgen nicht zum Training. Ich war noch nicht lange Stammspieler, gerade 21 Jahre alt, und dachte mir, du kannst doch nicht einfach das Training sausen lassen."

Schließlich entschied Breitner auch diese Machtprobe für sich: Neudecker trat zurück, Pal Csernai blieb Trainer, die Bayern gewannen das nächste Spiel in Gladbach mit 7:1 und beendeten die Saison noch auf einem respektablen vierten Platz. Paul Breitner wurde vom „kicker" zum „stärksten Mann der Bundesliga" ernannt und Klaus Augenthaler wusste nun, bei einem Verein angestellt zu sein, dessen Unterhaltungswert er möglicherweise unterschätzt hatte. Auf die ganz großen Erfolge wartete er zwar noch, aber er befand sich ja auch erst am Anfang seiner Karriere.

2

„Unsere Mannschaft damals war schon klasse"
1978–1980

Wiedersehen macht Freude: Klaus Augenthaler und Udo Horsmann begeben sich auf eine „Sentimental Journey" / Die Angst des Torwarts vor seinem Trainer: Walter Junghans fühlt sich von Pal Csernai unter Druck gesetzt / Aber auch die Mannschaft bekommt regelmäßig ihr Fett weg. Außer Breitner und Rummenigge

Ist es zehn Jahre her? Fünfzehn? Oder sogar noch länger? Sie wissen es beide nicht. Keine Ahnung, nichts zu machen. Einig sind sich Klaus Augenthaler und Udo Horsmann nur, dass seit ihrem letzten Treffen eine Menge Zeit vergangen ist, die Zeit ohnehin rasend schnell vergeht und sich daran vermutlich auch nichts mehr ändern wird. „Ich darf aber noch ‚Auge' zu dir sagen?", versucht Horsmann den irritierenden Befund, sich so lange nicht gesehen zu haben, mit Humor zu nehmen. Augenthaler lacht und ist einverstanden. Wir sitzen in einem Strandcafé am Ammersee, der frühere Kapitän des FC Bayern hat hier ein Heimspiel, wohnt mehr oder weniger gleich um die Ecke. Horsmann ist aus München gekommen, er lebt in Schwabing, hat dort eine kleine Werkstatt und arbeitet als Möbeltischler, aber mehr so nach Lust und Laune, wie er später erzählt. Wie sagt man doch immer: Er muss niemandem mehr etwas beweisen. Zwei reich dekorierte Fußballprofis kramen im gemeinsamen Erinnerungsvorrat („Waren wir beide nicht mal zusammen im Urlaub?", „Stimmt, in Griechenland."), kommen auf Privates zu sprechen („Du hast doch auch noch einmal geheiratet?"), schauen sich von Horsmann mitgebrachte Fotos aus ihrer gemeinsamen Zeit beim FC Bayern an („Hier, das sind noch die Trikots mit Iveco Magirus drauf." „Welche hatten wir eigentlich davor? Die mit Adidas?" „Nee, ich glaube, dazwischen kam noch Magirus Deutz." „Stimmt, in denen sind wir ja auch Meister geworden!“), und landen schließlich bei den unvermeidlichen „Was macht eigentlich?“-Fragen.

Zu deren Klärung kann Udo Horsmann nicht sehr viel beitragen, er hat sich nach dem Ende seiner Karriere ziemlich rar gemacht. Groß in die Öffentlichkeit drängte es ihn ohnehin nie, aber auch die Kontakte zu früheren Kollegen sind mehr oder weniger eingeschlafen. Das wenige, was er weiß, weiß er aus Zeitungen. Klaus Augenthaler läuft Vereinsgranden wie Uli Hoeneß oder Karl-Heinz Rummenigge zwar immer noch hin und wieder über den Weg, meistens in der Allianz-Arena oder an der Säbener Straße, aber so kurz wie früher sind die Drähte längst nicht mehr. Paul Breitner und er gratulieren sich noch jedes Jahr zum Geburtstag, Wolfgang Dremmler, der jahrelang als Scout für die Bayern tätig war, hat den Verein inzwischen verlassen und auch zu Dieter Hoeneß, mit dem Augenthaler befreundet war und deren Familien gemeinsam ihren Urlaub verbrachten, sind die Kontakte eingeschlafen.

„Eigentlich schade“, wird Horsmann ein bisschen melancholisch. „Unsere Mannschaft damals war schon klasse, wir kamen doch auch ganz gut miteinander aus. Dremmler und Kraus waren wie Brüder. Ich habe viel mit Kurt Niedermayer, Hanne Weiner und Wolfgang Kraus unternommen. Niedermayer kam aus einer Weingegend in Baden. Irgendwann hatte er die Idee, wir sollten uns einmal im Monat zur Weinprobe treffen, mit den Frauen. Das hielt auch ziemlich lange, es waren wirklich lustige Treffen. Ich habe uns jedenfalls nicht als eiskalte Profis in Erinnerung, die nur an das nächste Spiel oder den Erfolg dachten.“

„Wir hatten unsere Runde in Schwabing“, erinnert sich Augenthaler und fragt seinen früheren Kollegen: „Kannst du dir vorstellen, dass sich aus dem aktuellen Kader zwei oder drei Spieler abends in Schwabing auf ein Bier treffen? Mittwochs war bei uns ja immer trainingsfrei, deshalb zogen wir dienstags nach dem zweiten Training in eine Kellerbar zum Kartenspielen und Würfeln. Ich bin da manchmal regelrecht versumpft. Wir kannten den Wirt, der nahm es mit der Polizeistunde nicht so genau. Um eins hätte er uns rausschmeißen müssen, aber wir saßen da häufig noch um vier oder fünf. Bis einer aus der Runde sagte, er müsse jetzt los, gleich beginnt die Arbeit. Wieso, fragten wir ihn, wir haben doch heute frei. Aber der arbeitete noch bei der Post und musste wirklich los. Lange habe ich das aber nicht durchgehalten, meine Trainingsleistungen wurden immer schlechter und irgendwann stellte ich mir die Frage, willst du Profifußballer bleiben oder eine Kneipe in Schwabing aufmachen?"

„Ich war anfangs viel mit Rummenigge unterwegs", übernimmt Horsmann. „Wir kommen ja beide aus Westfalen, er aus Lippstadt und ich aus Beckum. Rummenigge wechselte ein Jahr vor mir, wurde aber von den Älteren in der Mannschaft zunächst gar nicht für voll genommen, die nannten ihn Rotbäckchen. Das hat sich aber schnell anders entwickelt, weil ihn auf dem Platz kein Mensch halten konnte. Was für ein Fußballspieler! Ich erinnere mich, dass ich mit Rummenigge einmal zum Straftraining musste, nur wir beide. Dettmar Cramer war noch Trainer und rief nach einem Spiel mitten in der Nacht bei uns an. Er wirkte angeschlagen, kann sein, dass er etwas getrunken hatte. Der war gar nicht so beherrscht, wie er immer wirkte, auch Cramer stand enorm unter Stress."

„Du hast dich aber gut gehalten. Wenn man dich so sieht, vergeht einem die Angst vor dem Alter", lacht Augenthaler und das Kompliment ist keineswegs übertrieben. Abgesehen davon, dass die Haare an den üblichen Stellen ihren geordneten Rückzug angetreten haben, finden sich wenig bis gar keine Hinweise darauf, dass Udo Horsmann die 70 Jahre hinter sich gelassen hat: „Wie hast du das hingekriegt?

Der frühere linke Verteidiger der Bayern nimmt die Blumen dankend an, kann aber auch nicht so richtig erklären, warum die Jahrzehnte bei ihm vergleichsweise wenig Spuren hinterlassen hätten. Sport treibe er schon seit langem nur noch in Maßen, etwas Golf, ab und zu eine Runde laufen, daran könne es eigentlich nicht liegen: „Vielleicht, weil ich mit 50 aufgehört habe zu arbeiten", antwortet er und erzählt dann ausführlich, warum die Jahre nach seiner Profilaufbahn nicht zu den erfreulichsten seines Lebens zählten. Beruflich jedenfalls: „Ich wusste damals nicht so recht, was ich machen sollte und bekam einen Job bei PUMA. War ja nicht so ungewöhnlich für einen Fußballer nach dem Ende seiner Karriere. Acht Jahre hielt ich es dort aus, es war furchtbar. Danach acht Jahre bei Mercedes im Vertrieb – genau so ein Scheiß! Tut mir leid, aber anders kann ich es einfach nicht sagen. Irgendwas musste ich ja machen, mein Konto war nicht so gefüllt wie heute bei Profis nach ihrer Laufbahn. Ich merkte, wie schwer es ist, etwas zu finden, das mich so ausfüllt wie der Fußball. Denn obwohl ich mich bei den Bayern oft geärgert habe, war es doch eine wunderbare Zeit! Besser wurde es erst wieder, als ich kurz vor meinem 50. Geburtstag bei Mercedes die Brocken hinschmiss. Bevor ich dort mit einem Herzinfarkt auf dem Schreibtisch liege, höre ich lieber auf, sagte ich mir. Und dann habe ich die Tischlerei für mich wiederentdeckt, meinen ersten Beruf, ich arbeite immer noch in meiner eigenen Werkstatt. Es ging schon alles sehr rauf und runter nach dem Fußball, aber mittlerweile kann ich sagen, dass ich ein glücklicher Mensch bin."

*****

Augenthaler hört sich das alles aufmerksam an. Bei ihm stellten sich solche Fragen nicht. Er blieb, wie man so sagt, dem Fußball verbunden. Als Trainer, ein nahtloser Übergang, aber auch einer mit vielen Höhen und Tiefen. Etwas ganz anderes zu machen, stand nie ernsthaft zur Debatte, dafür liebt er den Sport immer noch zu sehr. Den „ewigen Fußballer" hat ihn Carlo Wild einmal im „kicker" genannt. Das trifft es ziemlich gut, findet Augenthaler. Und Fußball heißt für ihn nach wie vor Bayern München, sein Verein. Bei dem ist er immer noch angestellt, kümmert sich um die Talentsichtung und lässt kaum ein Legenden- oder Altherrenspiel aus. Trotz künstlicher Hüfte und schmerzenden Gelenken.

Anders als viele seiner Kollegen, die nach ihrer aktiven Zeit schnell an Körperfülle zulegten, ist Augenthaler Sportler geblieben und hat sein Gewicht gehalten, ohne allerdings die jugendliche Aura des fünf Jahre älteren Horsmann auszustrahlen. Wäre auch ein bisschen zu viel verlangt. Dass er eine ehrliche Haut sei, wurde Augenthaler oft bescheinigt, heute ist er eine ehrliche Haut mit vielen Falten. Eine gewisse Ähnlichkeit zu Keith Richards drängt sich auf, die leicht vorgezogene Kinnpartie und ein Gesicht, das von einem intensiv gelebten Leben erzählt. Aber die Ähnlichkeit geht über das Äußerliche hinaus. Ohne es mit den Exzessen des Stones-Gitarristen aufnehmen zu können, zählte auch Augenthaler nie zu den Vertretern seiner Zunft, die sich große Gedanken über ihren Lebenswandel machten. Bei aller Leistungsbereitschaft, ohne die auch er es nicht so weit nach oben gebracht hätte, war er keiner dieser unheilbar gesunden Selbstoptimierer, die auch im Urlaub streng Diät hielten, um mit Idealgewicht am ersten Trainingstag wieder die Arbeit aufzunehmen. Was andere ihm rieten, nahm er zur Kenntnis, um sich anschließend doch wieder eine anzustecken. Wie Keith Richards umgibt ihn eine Aura der Lässigkeit, Unabhängigkeit, Selbstsicherheit oder von mir aus auch Coolness, eben all das, was sich nicht antrainieren lässt. Und da ist noch etwas: Den glamourösen Auftritt auf der Bühne oder auf dem Platz überließen beide gerne und freiwillig denen, die dafür mehr Talent hatten. Sie mussten nicht unbedingt das große Wort führen, um den Ton anzugeben oder die Richtung zu weisen.

Nachdem die ersten Anekdoten ausgetauscht sind und die beiden sich über Privates gegenseitig auf den neuesten Stand gebracht haben, versuche ich, das Gespräch auf die Saison 1979/80 zu lenken. Als die Bayern nach für ihre Verhältnisse schier endlos langen sechs Jahren mal wieder die deutsche Meisterschaft holten. Als Augenthaler und Horsmann – der vorher schon den Europapokal der Landesmeister gewonnen hatte und sich auch Weltpokalsieger nennen durfte – Stammspieler waren und alle 34 Partien bestritten, dabei aber wie die meisten Mitglieder dieses Ensembles im Schatten der beiden Hauptdarsteller standen. Die hießen Paul Breitner und Karl-Heinz Rummenigge.

„Wir hatten innerhalb der Mannschaft eine Zwei-Klassengesellschaft", beginnt Horsmann. „Die beiden da oben, also Rummenigge und Breitner, deren Status auch akzeptiert wurde. Dieter Hoeneß dachte übrigens eine Zeit lang, er gehöre auch dazu, aber das stimmte nicht. Der Rest folgte dann auf einer Ebene, würde ich sagen. Dadurch waren wir sehr geschlossen. Breitner gab den Ton an, Rummenigge schoss die Tore, die anderen funktionierten auf ihren Positionen. So in etwa muss man sich die Arbeitsteilung vorstellen. Breitner war wirklich einer, der die Ärmel hochkrempelte und die Mannschaft mitriss, da war er vorbildlich. Es gibt bei ihm zwei Seiten: die sportliche, die man nur bewundern kann. Sein Durchsetzungsvermögen, seine spielerische Klasse, sein Zusammenspiel mit Rummenigge. Und den Breitner, der auch abseits des Platzes sehr meinungsfreudig war. Der hat nicht jedem gefallen, aber jedem gefallen wollte der Paul auch gar nicht. Wie bist du denn mit ihm ausgekommen?"

Augenthaler überlegt nicht lange: „Ich hatte nie Probleme mit ihm, auch weil er sich um die jungen Spieler kümmerte und mal fragte, wie es uns geht. Nach außen kam er vielleicht nicht so gut rüber, wirkte immer ein bisschen grantig oder arrogant. Aber als Spieler, Kapitän und Mensch konnte ich überhaupt nichts gegen ihn sagen. Ich habe sogar vieles von ihm übernommen, als ich ein paar Jahre später selbst Mannschaftsführer wurde. Es stimmt aber schon, Breitner und Rummenigge gingen voran, wir waren die Zuarbeiter. Wobei Breitner eindeutig der Wortführer war, bei Rummenigge war es die spielerische Klasse."

„Ich hatte trotzdem immer eine gewisse Distanz zu ihm", entgegnet Horsmann. „Aber das hatte wahrscheinlich weniger mit Breitner zu tun gehabt als mit mir und meinem Problem mit Autoritäten. Mit Leuten, die mir sagen wollten, wo es lang geht. Da kommt in mir heute noch der kleine Revoluzzer hoch, obwohl ich mich eigentlich als sehr zurückhaltenden Typen bezeichnen würde."

„Stimmt, du warst wirklich so. Während andere zu allem Ja und Amen sagten, hast du andauernd hinterfragt."

„Ich konnte Ungerechtigkeiten in der Mannschaft nicht ertragen, zum Beispiel, wenn Breitner vom Csernai mal wieder zwei Tage frei bekam. Über so etwas habe ich mich aufgeregt. Aber das legte sich dann auch wieder."

„Siehst du", lacht Augenthaler, „das war der Unterschied zwischen uns. Ich habe mich dann immer gefragt, wie muss ich spielen, damit ich auch mal zwei Tage frei bekomme."

„Oder nehmen wir das Geld. Ich war bei Bayern acht Jahre Stammspieler. Aber wenn es ums Geld ging, fühlte ich mich nie gerecht bewertet. Vielleicht hatte das auch mit meiner Position zu tun, als linker Verteidiger wurde man ja nicht so richtig wahrgenommen. Plötzlich kamen Spieler wie Janzon oder Del'Haye, die saßen häufig auf der Bank. Ich wusste aber, dass sie mehr verdienen. Und komischerweise behielten die ihre Wertigkeit, egal ob oder wie sie spielten. Ich fand das alles sehr ungerecht."

„Mich hat es nie groß interessiert, was die anderen bekamen. Und ich habe mir auch nie Gedanken darüber gemacht, wie lange ich spiele, was ich danach mache oder ob das Geld reicht. Ich weiß noch, dass ich 250.000 Mark in dem Jahr verdiente, als wir zum ersten Mal die Meisterschaft holten. Eine Wahnsinnssumme! Ich hatte einen Freund, der arbeitete in einem Elektrofachgeschäft und bekam 2.000 Mark monatlich. Wir lebten schon in einer anderen Welt. Mit ihren eigenen Maßstäben. Und die sahen bei den Bayern so aus, dass sich Neuzugänge wie wir, die von kleinen Amateurklubs kamen, erst einmal hochdienen mussten. Wenn jemand von einem Bundesligaverein kam, zahlten die gleich mehr."

In der Saison 1979/80 kamen mit Wolfgang Dremmler, Hans Weiner, Wolfgang Kraus und Dieter Hoeneß vier gestandene Bundesligaspieler von der Konkurrenz, aber dass sie alle auf Anhieb einschlagen würden, war keineswegs zu erwarten. Wie überhaupt trotz des vierten Platzes in der Saison davor die Voraussetzungen für einen Angriff auf die Tabellenspitze nicht gerade günstig waren. Wohin man schaute, überall im Verein war Veränderung: Präsident (Willi O. Hoffmann), Manager (Uli Hoeneß) und Trainer gingen in ihre erste komplette Saison. Und galt Pal Csernai als Assistent seines Vorgängers Gyula Lorant noch als Verfechter von moderner Mannschaftsführung und Mitbestimmung, ging er als Chef zunehmend auf Distanz, tauschte sich fast nur noch mit Paul Breitner aus. In seiner Kritik konnte er gnadenlos sein. Einer der Leidtragenden war der Torhüter Walter Junghans. Kurz vor Beginn der Meistersaison hatte sich Sepp Maier bei einem Autounfall so schwer verletzt, dass die Klub-Ikone ihre Karriere beenden musste. Seinen Nachfolger hatte er bereits als „Althans" verspottet, und der war tatsächlich nicht darauf vorbereitet, auf einmal selbst im Rampenlicht zu stehen.

*****

„Mir kommt das heute alles so unwirklich vor", beginnt Walter Junghans sehr bedächtig und nach den richtigen Worten suchend, als er auf die Saison 79/80 zu sprechen kommt. Dann aber nimmt er richtig Fahrt auf: „Das kann man sich gar nicht mehr vorstellen, ein Verein wie der FC Bayern geht in die neue Spielzeit mit einem Torhüter, der noch nicht ein einziges Bundesligaspiel absolviert hat, der noch ohne jede Erfahrung als Nummer eins ist. Ich hatte mir ein halbes Jahr vorher den Arm gebrochen, es war alles andere als sicher, dass ich überhaupt mal wieder im Tor stehe. In der Hinrunde spielte ich noch mit einer Platte im Arm. Das war so verrückt, dass die auf einen wie mich setzten. Meine Karriere nahm auf einmal ein irrsinniges Tempo auf, es prasselte viel auf mich ein. Das konnte ich alles gar nicht schaffen. Ein paar gute Spiele traute ich mir schon zu. Oder auch über einen längeren Zeitraum meinen Platz zu behaupten. Aber eine Legende wie Sepp Maier abzulösen, das war etwas ganz anderes. Ich wurde auf einmal mit jemandem verglichen, der einzigartig war. Und mir war klar, dass ich mir keinen Fehler erlauben durfte."

Ab und zu kämen noch Glücksgefühle in ihm hoch, aber insgesamt sei ihm die Zeit fremd geworden. „Habe ich wirklich in dieser Mannschaft gespielt?", fragt sich Junghans manchmal. Er habe einiges vergessen, vieles aber auch verdrängt. Sein kompliziertes Verhältnis zu Pal Csernai ist dagegen noch sehr präsent, einem Trainer, der die Überforderung seines Torhüters nicht sah oder sehen wollte: „Damals gab es keinen Psychologen, da musste sich jeder schon selbst helfen. Er verlangte sehr viel mehr von mir, als ich zu diesem Zeitpunkt geben konnte. Mich kostete es schon Überwindung, die Abwehr zu dirigieren, dass ich es plötzlich war, der die Anweisungen geben musste. Csernai hatte schon seine Qualitäten, aber für meine Entwicklung hätte ich einen anderen gebraucht."

Spezielles Torwarttraining war auch bei den Bayern noch weitgehend unbekannt. Sprungtraining, Krafttraining? Kein Thema! Niemand arbeitete mit Walter Junghans an seinem Stellungsspiel: „Strafraumbeherrschung bedeutet ja nicht, dass ich mir jede Flanke hole. Es geht darum zu erkennen, wann man rausgeht und wann man lieber im Kasten bleibt. Ich war häufig unsicher in solchen Situationen, lief raus, wenn ich besser auf der Linie geblieben wäre, und umgekehrt. Ich verhielt mich eben wie ein unerfahrener Torwart."

Statt seine Position entsprechend zu trainieren, musste Junghans mit der Mannschaft Kondition bolzen: „Csernai legte anfangs unheimlich viel Wert auf Ausdauer, wir mussten brutal viel laufen. Wenn man das heute von einem Keeper verlangte, würde der einen für blöd halten. Mein bester Torwarttrainer, ich muss es so sagen, war Klaus Augenthaler. Der hat mir mit seinem harten und platzierten Schuss die Bälle vor und nach dem Training um die Ohren gehauen. Wir hatten richtig Spaß daran: er zu schießen und ich zu halten. Aber das war es dann auch."

Wie die bereits erwähnten anderen vier Neuzugänge Dremmler, Weiner, Kraus und Dieter Hoeneß machte auch mit Walter Junghans der faktisch fünfte seine Sache mehr als nur ordentlich, zumindest in seinem ersten Jahr. Er wurde nicht nur Meister, sondern fuhr als Stammtorhüter der Bayern auch mit der Nationalmannschaft zur EM nach Italien, ohne dort allerdings zum Einsatz zu kommen. In den beiden folgenden Jahren kam mal Junghans, mal Manfred Müller zum Einsatz. Uneingeschränktes Vertrauen schenkte Csernai keinem der beiden: „Es war in unserer ersten Meistersaison", erinnert sich Junghans an eine der vielen Demütigungen, die er unter Csernai hinnehmen musste. „Wir standen im Halbfinale des UEFA-Cups, hatten das Hinspiel gegen Frankfurt 2:0 gewonnen und flogen trotzdem raus. Die Eintracht gewann 5:1 nach Verlängerung, ich sah bei den ersten beiden Toren sehr schlecht aus. Und was macht unser Trainer? Das klingt jetzt vielleicht ein bisschen verrückt oder unglaublich, aber er stand eine Stunde lang an der Außenlinie und hatte nur mich im Visier. Er fixierte mich die gesamte Zeit und bewegte sich keinen Meter. Immer wenn ich einen Blick zur Seite warf, stand er noch genauso da und schaute mich an. Kann sein, dass er testen wollte, wie stabil ich war. Kann aber auch sein, dass er mich einfach nur fertig machen wollte." Nach dem Spiel empfahl Csernai Junghans, er möge doch in seinen Nachtlokalen bleiben. Ein Satz, für den er sich später entschuldigte.

*****

„Der konnte einen vor versammelter Truppe so richtig zusammenfalten." Auch Udo Horsmann und Klaus Augenthaler geraten bei ihrem Wiedersehen nicht gerade ins Schwärmen, wenn sie auf den Mann zu sprechen kommen, der die Bayern wieder zur deutschen Meisterschaft führte: „Csernai war menschlich schwierig, aber fachlich sensationell. Der sah innerhalb einer Viertelstunde all deine Stärken und Schwächen, auch die der Mannschaft und des Gegners. Der analysierte das Spiel wie ein Computer, ohne erkennbare Emotion."

Horsmann nickt: „Ich kann mich noch gut daran erinnern, als er Assistent unter Lorant war. Der versuchte uns mit seinem gebrochenen Deutsch die Raumdeckung zu erklären, übersetzen musste dann

Csernai. Er war das Hirn dieses Gespanns, Lorant war noch mehr vom alten Schlag."

„Jedenfalls war er nicht so penibel wie Csernai, Lorant ließ auch mal das Training ausfallen und ging mit uns frühstücken. Wenn wir zur Halbzeit zurücklagen, sagte er häufig: ‚Macht nichts, können die anderen nicht durchhalten. Werden müde, werden müde.' Am Ende verloren wir trotzdem."

„Aber irgendwie war Lorant auch modern. Als er zu uns kam, hat er sich bei jedem zum Kaffee eingeladen, um die Mannschaft kennenzulernen. Das fand ich damals fast schon revolutionär. Bei mir war er auch. Für Csernai wäre so etwas undenkbar gewesen." Horsmann macht eine kurze Pause und legt dann nach: „Ich hätte ihn allerdings auch nicht zu mir ins Haus gelassen. Menschlich war er nicht zugänglich."

„Ganz selten hat er einmal gefragt, wie es einem geht", bestätigt Augenthaler. „Am schlimmsten war es immer montags, wenn er mit uns nach dem Training das letzte Spiel durchging. Man saß immer da und hoffte, nicht allzu sehr in die Mangel genommen zu werden. Er sprach dann immer schneller und schneller, bis er irgendwann ins Ungarische wechselte und wir überhaupt nicht mehr verstanden, was er von uns wollte."

„Stimmt! Er konnte sich richtig überschlagen und in Rage reden. Und das alles in einer kleinen Kabine, vor fast 20 Leuten, dem gesamten Kader. Da wurde das Samstagsspiel in alle Einzelteile zerlegt. Pädagogisch völlig daneben, das passte auch gar nicht zu ihm. Der war doch auch Lehrer."

Meinen Einwand an dieser Stelle, es sei doch auch eine Form von Gerechtigkeit, wenn jeder nach dem Spiel seinen Einlauf bekam, lässt Augenthaler nicht gelten: „So war es aber nicht! Der Paul hat nie etwas zu hören gekriegt, der Kalle auch nicht." „Dafür Hans Weiner umso mehr", ergänzt Horsmann. „Der war so ein Kandidat. Kurt Niedermayer auch. Aber noch einmal: fachlich konnte man ihm nichts vorwerfen. Der hatte wirklich was drauf. Auch was die Trainingssteuerung betraf. Ich war nie müde, immer gut in Form. Und mit seiner Raumdeckung war er der Zeit ein paar Jahre voraus."

„An Motivationsreden von ihm kann ich mich aber nicht erinnern", schließt Augenthaler dieses Kapitel. „Er blieb auf der analytischen Ebene, womit er uns ja schon unglaublich weit brachte. Gepusht hat uns Breitner. Was der sagte, klang für uns alle schon deshalb überzeugend, weil er bei Real Madrid gespielt hatte. Das ganz große, damals aber auch unerreichbare Vorbild für den FC Bayern. Breitner impfte uns ein, dass dieser Verein wieder nach oben gehört, dass wir viel zu gut sind, um im Mittelfeld der Tabelle zu versauern. Das haben wir ihm irgendwann nicht nur geglaubt, sonder auch umgesetzt."

*****

Die Konkurrenz hatte jedoch keinen Grund, in Ehrfurcht zu erstarren und den Bayern das Feld zu überlassen. Deren Saisonstart war alles andere als berauschend, nach der 1:2-Heimniederlage am 10. Spieltag gegen den 1. FC Köln standen höchst durchschnittliche 11:9 Punkte auf dem Konto. Sie seien nur Meister im Auslassen von Torchancen, spottete der „Münchner Merkur", der „kicker" nannte Karl-Heinz Rummenigge vor dem Tor einen „Versager" und rechnete ihm vor, dass Gerd Müller aus diesen Chancen vermutlich ein halbes Dutzend Tore gemacht hätte. Wenn es nicht lief, wurden die Heroen ruhmreicherer Tage gerne vor die Schranke gerufen. Die mittlerweile in den USA spielenden Müller und Beckenbauer schauten ab und zu im Olympiastadion vorbei und waren vor allem deshalb gefragte Interviewpartner, weil ihre Kommentare zu den Vorstellungen ihres früheren Klubs gewöhnlich sehr meinungsstark waren. Bei Müller kam noch eine persönliche Note hinzu, er machte Csernai für sein Ende bei den Bayern verantwortlich: „Die haben ohne System gespielt", lästerte der „Bomber" nach einem 2:1 im Derby gegen 1860. „Und mit so einer Chaostaktik will der Csernai Meister werden!?"

Aber die Bayern hatten schon damals die Eigenschaft, immer dann ins Leben zurückzukehren, wenn um sie herum die Abgesänge angestimmt wurden. Die Mannschaft fing sich wieder, gewann nach der Niederlage gegen Köln sechs Spiele in Serie und wurde Herbstmeister. Die Zeitungen verneigten sich vor Paul Breitner als „absolutem König" und „unumschränktem Herrscher", auch Rummenigges Torjägerinstinkt wurde auf einmal hervorgehoben. Bei Klaus Augenthaler war es sogar der Trainer selbst, der ihn zumindest vorrübergehend in den fußballerischen Adelsstand erhob: „Wenn er seine Form stabilisieren kann, gibt es keinen besseren Vorstopper in Deutschland", lobte Csernai und sprach ihm in der Abwehr die Führungsrolle zu.

Dass der gerade einmal 22 Jahre alte Augenthaler spürbar an Statur gewonnen hatte, sich zu Wort meldete, wenn er es für nötig hielt und sein Wort auch etwas zählte, zeigte sich zu Beginn der Rückrunde, als die Bayern drauf und dran waren, ihre gute Ausgangsposition zu verspielen. Zunächst zeigten sie sich in Bayreuth wenig winterfest und flogen beim fränkischen Zweitligisten auf schneebedecktem Boden mit 0:1 aus dem DFB-Pokal. Für sich genommen nichts Ungewöhnliches, auch in den Jahren zuvor scheiterten sie in Homburg und gegen den VfL Osnabrück an klassentieferen Mannschaften. Aber auch in der Bundesliga begann das neue Jahr wenig verheißungsvoll. Besonders schmerzhaft war das 1:3 beim Hamburger Sport-Verein, dem Titelverteidiger und großem Widersacher um die deutsche Meisterschaft. Der Herbstmeister war damit auf Platz drei abgerutscht. Während sich Paul Breitner nach dem Spiel im Volksparkstadion vom Schiedsrichter betrogen fühlte und Karl-Heinz Rummenigge kein Verständnis dafür hatte, dass bei derart winterlichen Bedingungen überhaupt angepfiffen wurde, stellte Klaus Augenthaler in einem ausführlichen Interview mit dem „kicker" Grundsätzliches in Frage – die Einstellung seiner Mitspieler: „Schlimm, wie sich einige von uns, ich würde sagen, zwei, drei, vom schlechten Boden entmutigen lassen. Diese zwei, drei Spieler gehen raus und schimpfen: ‚Mensch, unmöglicher Boden!' Durch das Gemeckere überfällt auch mich die Skepsis. Man glaubt, dass kein gescheites Spiel zustande kommen wird." Und um wirklich niemanden auszulassen, gab Augenthaler auch Pal Csernai einen mit: „Der Trainer ist in letzter Zeit ein bisschen zu nervös geworden. Schon am Montag oder Dienstag ist er nervös wegen dem nächsten Spiel. Vielleicht sollte er im Training nicht immer nur sein Schema durchziehen. Ich fänd's gut, wenn er mal sagen würde: so, heute Vormittag dürft's ihr spielen, wie ihr wollt."

Aussagen, die unter den heutigen Bedingungen medialer Rundumbeobachtung maximale Aufregung auslösen würden. „Augenthaler schießt gegen den Trainer" oder „Augenthaler watscht die Mannschaft ab", wären vermutlich noch die harmloseren Schlagzeilen gewesen, von einem „Bayern-Beben" gar nicht zu reden. Aber 1980 war die Tonlage insgesamt unaufgeregter, nicht nur im „kicker". Das Fachmagazin wählte für dieses ganzseitige Interview die Überschrift: „Franz macht uns ehrgeizig". Zu Beginn der Rückrunde trainierte Beckenbauer für zwei Wochen bei den Bayern, bei seinem Verein Cosmos New York war gerade Pause. Augenthaler hatte die Frage, ob der „Kaiser" nicht Unruhe in die Mannschaft trage, verneint und die eher leistungsfördernden Wirkungen des prominenten Gastspielers hervorgehoben.

Dass er mit dieser Einschätzung richtig lag, zeigten die nächsten Spiele: Wie in der Vorrunde brauchten die Bayern offensichtlich erst ein paar Aufmerksamkeitserreger, um so richtig in die Hufe zu kommen. Nach der Niederlage in Hamburg blieben sie zehnmal in Folge ungeschlagen, holten 18:2 Punkte und lieferten sich mit dem HSV ein packendes Titelrennen. Beide Mannschaften standen nach dem 28. Spieltag punktgleich an der Spitze, die Hamburger aber mit der deutlich besseren Tordifferenz. Doch der Abstand wurde von Woche zu Woche geringer, die Gegner im Olympiastadion kamen gleich reihenweise unter die Räder: Werder Bremen 0:7, der TSV 1860 mit 1:6 und am 32. Spieltag Fortuna Düsseldorf 0:6. Der „kicker" hob aus einer „meisterlichen" Mannschaft einen Spieler heraus: „Übertroffen freilich wurde die Leistung aller von Klaus Augenthaler. Mit einer unglaublichen physischen Stärke legte er nicht nur den laufstarken

Allofs an die Kette, sondern sorgte auch mit seinen gewaltigen Vorstößen für Verwirrung."

Zwei Spieltage vor Saisonschluss hatten die Bayern in der Tordifferenz gleichgezogen, ihre Tabellenführung verdankten die Hamburger nur noch dem Umstand, dass sie mehr Treffer erzielt hatten als die Münchner. Trotz dieser Aufholjagd schien der HSV im Finale die besseren Karten haben, er musste noch in Leverkusen und gegen Schalke antreten, zwei Mannschaften aus dem Mittelfeld, für die die Saison bereits gelaufen schien. Die Bayern dagegen reisten am vorletzten Spieltag zum Tabellendritten VfB Stuttgart. Deren Trainer Lothar Buchmann bescheinigte dem Gegner zwar eine ausgezeichnete Verfassung, erinnerte aber daran, dass sich die Bayern auswärts um einiges schwerer täten und hoffte auf deren „Nervenflattern". Aber das stellte sich vor 70.000 Zuschauern im Neckarstadion zu keiner Zeit ein. Schon gar nicht bei Udo Horsmann und Klaus Augenthaler, die beim wohl wichtigsten Spiel der Saison sogar das Duo Breitner/Rummenigge in den Schatten stellten.

*****

„Die zwei Tore in Stuttgart, das war mein Tag!" Udo Horsmann bekommt leuchtende Augen und gerät ins Schwärmen, wenn er an den 3:1-Sieg in Stuttgart denkt, mit dem die Bayern sich am vorletzten Spieltag der Saison 1979/80 dank einer Hamburger Niederlage in Leverkusen die Meisterschaft praktisch sicherten. Seinen ersten Treffer erzielte der Verteidiger kurz vor dem Halbzeitpfiff, das 2:0 nach einer Stunde. Jeweils satte Linksschüsse. Danach war die Partie gelaufen. „Schöner kann es im Leben eines Fußballers nicht sein. Vor allem, wenn man so wie ich sonst mehr im Hintergrund stand. Und auf einmal bist du da. Ich habe noch ein paar Fotos von dem Spiel und auch von der Feier danach in der Kabine, die schaue ich mir immer noch gerne an. Dann denke ich, mein Gott, ist das toll, dass du bei so etwas dabei sein konntest. Diese Emotionen bietet dir ja eigentlich nur der

Sport, dass du dich vor lauter Stolz und Freude gar nicht mehr einkriegst. Wo bekommst du so etwas sonst noch?"

„Ich habe während meiner gesamten Karriere nicht eine Sekunde daran gezweifelt, den richtigen Beruf gewählt zu haben", stimmt ihm Klaus Augenthaler sofort zu. „In den ersten zwei, drei Jahren meiner Karriere als Profi hatte ich praktisch keinen freien Tag. Ich habe aber nichts vermisst, mir hat es einfach Spaß gemacht, zu trainieren, mich zu verbessern. Mein Kopfballspiel, meine Schusstechnik. Ich habe auch nicht gezweifelt, wenn wir auf schneebedecktem Boden in Bayreuth im Pokal verloren haben oder sich im Olympiastadion gegen Duisburg, Bochum oder Offenbach ein paar tausend Zuschauer einen abfroren. Solche Spiele spornten mich immer nur an, waren kleine Etappen auf dem Weg zum großen Ziel. Und das hatten wir mit unserem Sieg in Stuttgart so gut wie erreicht."

Augenthaler habe das „Duell der Vorstopper" gegen den Stuttgarter Nationalspieler Karl-Heinz Förster klar gewonnen, hieß es hinterher.

Während der Rest der Mannschaft nach dem Sieg in Stuttgart die Sau raus ließ (mit der theoretischen Möglichkeit, am letzten Spieltag durch eine Heimniederlage gegen den Absteiger Eintracht Braunschweig den großen Triumph noch zu vermasseln, wollte sich nun wirklich niemand mehr befassen), musste Udo Horsmann noch Überstunden absolvieren. Das „Aktuelle Sportstudio" hatte ihn eingeladen, seine beiden Tore aus dem Spiel hatten ihren Preis: „Richtig glücklich war ich damit nicht. Die Mannschaft konnte sich besaufen und ich musste mich zurückhalten und mit Uli Hoeneß nach Mainz. Es war übrigens meine einzige Einladung ins „Sportstudio" und deren Not muss ziemlich groß gewesen sein. Die hatten sich eine Absage nach der anderen eingefangen. Nachdem mir versprochen wurde, mich nach der Sendung mit dem Hubschrauber sofort wieder nach München zu bringen, sagte ich dann zu. Die haben sich wirklich ins Zeug gelegt."

Viel lieber hätte der Moderator Dieter Kürten den Zuschauern an diesem Abend das Duo Paul Breitner und Karl-Heinz Rummenigge präsentiert, aber beide schlugen die Einladung aus. Angeblich war die Redaktion des Sportstudios davon ausgegangen, dass der HSV nach dem vorletzten Spieltag die deutlich besseren Karten haben würde. Man ging von einem Sieg der Norddeutschen in Leverkusen und einem Punktverlust der Bayern in Stuttgart aus. Auf dieser Annahme, so berichteten Münchener Boulevardzeitungen, hätte das ZDF seine Gästeliste erstellt: „Sollen sie doch jetzt ihren geliebten HSV einladen", ließ sich Karl-Heinz Rummenigge nicht mehr umstimmen.

Eine Woche später waren nach einem 2:1 gegen Eintracht Braunschweig auch die letzten theoretischen Zweifel an der Meisterschaft beseitigt. Passend zu den Kräfte- oder Machtverhältnissen in der Mannschaft erzielten Karl-Heinz Rummenigge und Paul Breitner die Tore zum Saisonausklang: „Dass die Meisterschale ganz schön schwer ist, habe ich erst gemerkt, als ich sie auf dem Münchener Rathaus hochreckte", erzählt Klaus Augenthaler. „Beim ersten Mal war ich vor allem stolz darauf, sie tatsächlich in der Hand zu halten. Vor tausenden Menschen, alle in rot-weiß gekleidet. Mehr und mehr wurde mir dann aber klar, welche Bedeutung unsere Fans für den Erfolg haben. Und wenn ich die Schale später als Mannschaftskapitän präsentierte, wollte ich damit auch immer sagen: Ihr habt uns unterstützt! Ihr habt mitgeholfen, sie zu gewinnen!"

*****

„Ich habe noch Geschenke mitgebracht", sagt Udo Horsmann am Ende unseres Gesprächs, greift in einen Rucksack und holt zwei von ihm selbst angefertigte Brotzeitbretter heraus, mit Namensgravur unten rechts. Echte Wertarbeit von Meisterhand! Er überreicht sie mit der eindringlichen Bitte, die Bretter niemals mit einer Geschirrspülmaschine in Berührung kommen zu lassen. Eine weitere Bitte geht nur an seinen früheren Mitspieler: Mit ihrem nächsten Treffen sollten sie sich nicht so viel Zeit lassen.

3

„Ich hätte am liebsten die Möbel aus dem Zimmer geschmissen" 1980–1982

Der schmale Grat zwischen Held und Sündenbock / Csernai zählt Augenthaler öffentlich an / Uli Hoeneß setzt aufs Merchandising, muss seinen Mitarbeitern aber noch erklären, was das ist / Das Publikum bleibt wählerisch und strömt nur zu den großen Spielen

„Wer soll diese Elf bremsen?" Udo Latteks Frage war eher rhetorischer Natur. Der frühere Bayern-Trainer, inzwischen bei Borussia Dortmund unter Vertrag, saß beim 3:0 seines Ex-Klubs zum Saisonauftakt auf der Tribüne des Karlsruher Wildparkstadions und war sich ziemlich sicher, den alten und neuen deutschen Meister gesehen zu haben: „Die spielen wie eine Maschine ihr Soll herunter. Diese Mannschaft ist kaum zu bremsen."

Das stimmte – und auch wieder nicht. Latteks Dortmunder unterlagen zwar ein paar Tage später in München mit 3:5, aber schon am folgenden Spieltag zog Fortuna Düsseldorf dieser angeblich so unaufhaltsamen Maschine den Stecker. Das 0:3 im Rheinstadion nahm Pal Csernai so persönlich, dass er seiner Mannschaft anschließend die Leistungsbereitschaft absprach. Deren Antwort: neun Siege in Serie! Das war in der Bundesliga bis dahin nur dem 1. FC Köln gelungen. Zwischendurch wurde auch noch Ajax Amsterdam im Europapokal der Landesmeister mit 5:1 abgefertigt.

Nur zwei Dinge störten ein wenig angesichts einer Tabellenführung mit fast makellosen 22:2 Punkten: der alte Rivale HSV lauerte mit 20:4 Zählern nur knapp dahinter und als nächster Gegner wartete der 1. FC Kaiserslautern: „Wenn einer diese Serie brechen kann, dann wir!“, kündigte deren Trainer Karl-Heinz Feldkamp vor dem Spiel an. Und sollte recht behalten.

Ohne den verletzten Paul Breitner verloren die Bayern 2:4, aber auch mit ihm gab es zwei Wochen später im DFB-Pokal auf dem Betzenberg nichts zu holen. Die 1:2-Niederlage hätte deutlich höher ausfallen müssen, erst kurz vor Ende einer einseitigen Partie gelang Klaus Augenthaler der Anschlusstreffer: „Kaiserslautern war immer ein besonders unangenehmes Pflaster für uns, da haben wir schon ein bisschen gezittert. Stadien ohne Laufbahn gab es ja sonst nur in Dortmund und Bochum. Aber dort hatte sich die Stimmung gegen uns nach einer Viertelstunde etwas gelegt, meistens war es Paul Breitner, der dagegen hielt und uns damit signalisierte, wir müssen jetzt mitziehen. Dadurch wachte das Publikum zwar wieder auf, aber das war Breitner egal, es war seine Art, die Mannschaft anzuführen. Er hat den Hass von den Rängen geradezu auf sich konzentrieren wollen, wurde dadurch stärker und machte auch die Mannschaft stärker. Je mehr er angefeindet wurde, desto mehr hielt er dagegen. Das klappte überall, nur nicht auf dem Betzenberg. Dort hat ihn Hans-Peter Briegel immer abgemeldet.“

Bis Breitner schließlich vor lauter Frust vorschlug, künftig Reisekosten zu sparen und die Punkte gleich per Post in die Pfalz zu schicken. „Eine Krise kann uns niemand einreden“, hielt sich Pal Csernai nach der erneuten Niederlage in Kaiserslautern mit Kritik an der eigenen Mannschaft zurück, aber die Souveränität der letzten Wochen war trotzdem dahin. Am letzten Spieltag der Vorrunde vergeigten die Bayern durch ein 2:2 in Uerdingen auch noch die Herbstmeisterschaft und als es zu Beginn der Rückrunde nur zu einem 1:1 gegen den Karlsruher SC reichte, hatte sich die Stimmung den frostig-winterlichen Bedingungen endgültig angepasst. Gerade einmal zwei Partien wurden am 18. Spieltag angepfiffen. Bei der im Olympiastadion gegen den KSC froren knapp 10.000 Zuschauer.

Mehr kamen auch zum nächsten Heimspiel gegen Fortuna Düsseldorf nicht. Die Bayern reagierten auf diese Tristesse mit freiem Eintritt für Vereinsmitglieder, Rentner, Bundeswehrsoldaten, Schwerbehinderte und Kindern unter 14 Jahren. Doch selbst umsonst oder zu stark reduzierten Preisen zog der deutsche Meister nicht so richtig, 19.000 Zuschauer erfreuten sich zwar an einem 5:1-Sieg über Arminia Bielefeld, aber nur etwas mehr als die Hälfte zahlte regulären Eintritt. Das schwankende Interesse des eigenen Anhangs sollte sich durchs gesamte Jahrzehnt ziehen: „Man darf nicht vergessen, dass wir damals im Schnitt ungefähr 30.000 Zuschauer hatten. In einem Sensationsjahr waren es vielleicht mal 35.000. Aber für einen Verein wie den FC Bayern, der hohe Gehälter zahlte und von den Einnahmen aus dem Kartenverkauf lebte, war das zu wenig", erklärt Markus Hörwick, der 1981 die Vereinszeitschrift „Bayern-Magazin" gründete und kurz darauf erster Pressesprecher des Klubs wurde.

Hörwick sollte den Verein interessanter machen, ihn in die Schlagzeilen bringen und dort nach Möglichkeit auch halten. Über den FC Bayern müsse von Montag bis Freitag gesprochen werden, damit die Leute am Samstag ins Stadion gehen, lautete sein Auftrag. Der Verein dürfe niemanden mehr kalt lassen, die eine Hälfte sollte ihn lieben, die andere gerne auch hassen, Hauptsache große Gefühle. Langeweile war ab sofort verboten: „Ich erinnere mich noch gut, als ich 1981 mit Uli Hoeneß in seinem Büro am Fenster stand und wir beide der Mannschaft beim Training zuschauten. Da stieß er mich an und sagte: ‚Der da unten von der BILD-Zeitung ist in dieser Woche schon zum dritten Mal da.' Genau so müsse es sein, die müssen alle kommen, jeden Tag, antwortete ich. Hoeneß wollte wissen, warum. Ganz einfach, sagte ich, weil die Journalisten ihren Job vom Schreibtisch machen und mit den Spielern telefonieren. Wie sollen die ihren Lesern ein lebendiges Bild vom FC Bayern liefern? Die schauen nie beim Training zu und wissen gar nicht, wie es bei uns aussieht."

Ein Fußball-Klub, erklärte Hörwick seinem aufmerksam zuhörenden Manager, sei wie ein Haus. Mit Fenstern, Türen, Balkon und einem Garten. Und vor diesem Haus stünden Leute und wollten wissen, was da drinnen so vor sich gehe. Aufgabe des FC Bayern sei es,

Fenster und Türen zu öffnen, damit alle reinschauen können. Wichtig sei nur, dass der Verein die Schlüssel behalte, um irgendwann sagen zu können: „Jetzt ist Feierabend, jetzt machen wir den Laden erst einmal wieder zu." Und da sich die Fans vor allem für die Spieler interessierten, schlug Hörwick vor, dass Journalisten künftig nach dem Training auch die Möglichkeit haben sollten, mit dem Personal zu reden: „Wenn du das schaffst, dann herzlichen Glückwunsch", sagte der Manager am Ende dieses Gesprächs.

„Uli Hoeneß war seiner Zeit voraus, immer offen für neue Ideen", betont Hörwick. „Als er von einer Art Bildungsreise aus den USA zurückkehrte, erklärte er seinen staunenden Angestellten, wie die Klubs dort das ganz große Geld verdienen: ‚Meine Herren', eröffnete er ihnen morgens um neun, ‚wir machen jetzt mal etwas ganz Neues, und zwar Merchandising.' Ich habe die ratlosen Blicke der kleinen Runde noch vor Augen, die wussten wirklich nicht, was er wollte. Eine Stunde später räumten wir die Poststelle eingangs der Säbener Straße. Hoeneß packte selbst mit an, stellte einen Tisch hin, legte 20 Poster, ein paar Trikots, Schals und Mützen darauf, ging zu einer Sekretärin und sagte ihr: ‚Sie machen jetzt da unten den Fanshop auf!' Nachmittags gegen fünf kam die Frau freudestrahlend nach oben: ‚Herr Hoeneß, wir haben Geld verdient!' Es waren 27 Mark 80. Das war die Geburtsstunde des Merchandisings beim FC Bayern. Heute machen die damit bis zu 200 Millionen Euro Umsatz im Jahr."

Bis auf weiteres waren aber die Heimspiele die mit Abstand größte Einnahmequelle. Und angesichts von rund sechs Millionen Mark Schulden ließ der damalige Schatzmeister und spätere Präsident Fritz Scherer schon einmal durchblicken, dass es mit Verstärkungen für die neue Saison schwer werden könnte.

*****

Wer nach dem 5:1 gegen Bielefeld gehofft hatte, wenigstens sportlich sei bei den Bayern wieder alles in Lot, wurde eine Woche später eines besseren belehrt. In Leverkusen wurde die Mannschaft regelrecht vorgeführt und verlor 0:3, ein noch schmeichelhaftes Ergebnis, waren sich die Beobachter einig. Übrigens gegen einen Gegner, der fast fünf Monate auf einen Sieg gewartet hatte. Die drei Treffer im Ulrich-Haberland-Stadion waren bereits nach 24 Minuten gefallen und gingen allesamt auf das Konto von Arne-Larsen Ökland. Der Norweger war jedes Mal einen Tick schneller am Ball als der Mann, der ihn eigentlich am Toreschießen hindern sollte: Klaus Augenthaler! Es war einer dieser Tage, an denen gar nichts klappte.

In der 2. Halbzeit erhöhte Ökland sogar noch auf 4:0, aber bei dem von Schiedsrichter Udo Horeis als regulär anerkannten Treffer hatte der Leverkusener Stürmer die hintere Torstange getroffen, von dort war der Ball ans Außennetz gesprungen. Kurz bevor die angesichts ihres klaren Rückstands nur sehr verhalten protestierenden Bayern wieder anstoßen wollten, wies Ökland selbst den Unparteiischen auf dessen Versehen hin. Horeis bedankte sich für die Korrektur per Handschlag und der Norweger nahm am Ende der Saison den Fairnesspreis der FIFA in Empfang.

Anders als der Schiedsrichter wurde Klaus Augenthaler für seine Fehler schwer in die Mangel genommen. Auf der Pressekonferenz steigerte sich Pal Csernai in einen minutenlangen Monolog, dessen Sinn und Zweck es einzig zu sein schien, „Augenthaler mit vernichtender Kritik fertig zu machen", wie die „tz" aus München vermutete: „Klaus war völlig indisponiert und brachte eine Einstellung, die sich kein Bundesligaspieler leisten darf. Er war eine permanente Gefahr für unsere Abwehr, die Ursache für die entscheidenden 30 Anfangsminuten. Eine derart miserable Einstellung, wie sie von Augenthaler verkörpert wurde, habe ich seit zwei Jahren nicht mehr gesehen", stempelte der Trainer seinen Vorstopper zum Alleinschuldigen dieser Niederlage. Während Augenthaler einsah, dass Widerworte zwecklos waren („Einer muss ja der Sündenbock sein"), holte Paul Breitner zum Gegenangriff aus: „Ich stelle mich vor die Mannschaft", entgegnete der Kapitän. „Jeder hat das Recht, auch einmal Fehler machen zu dürfen." Es sei „dumm und primitiv", einen Spieler derart an den Pranger zu stellen.

Sogar die Ehefrau meldete sich Wort: „Der Herr Csernai braucht immer einen Deppen und diesmal ist es mein Mann", legte Monika Augenthaler los. „Jede Woche zieht er einen anderen durch den Dreck, das kann man sich allmählich nicht mehr bieten lassen." Und mit ihrer abschließenden Warnung, Csernai möge aufpassen, dass er nicht irgendwann einmal selbst der Depp sei, nahm sie dessen Schicksal ziemlich wirklichkeitsnah vorweg.

„Der war wirklich stocksauer", hat Klaus Augenthaler diesen Einlauf seines Trainers nicht vergessen. „Auch wenn ich seinen schneidenden und oft verletzenden Ton inzwischen kannte, musste ich diese Ansprache erst einmal verdauen. In der Sache konnte ich ihm nichts vorwerfen: dass ich Fehler gemacht hatte, war offensichtlich. Aber die machst du als Spieler immer, und vergisst sie genauso schnell. Das geht auch gar nicht anders, denn das Spiel läuft ja weiter. Als Trainer vergisst du aber nichts. Wenn ich mir heute Ausschnitte einiger meiner Spiele von damals anschaue, ist mir das manchmal fast schon peinlich. ‚Wie konntest du nur so blind sein?', frage ich mich dann. Csernai wird es ähnlich ergangen sein."

Eine Woche nach der Blamage von Leverkusen gab es zu Hause gegen den VfB Stuttgart nur ein 1:1, der Abstand zum Tabellenführer HSV war damit auf drei Punkte gewachsen: „Nach den Torchancen hätte Stuttgart sogar gewinnen müssen", meinte der enttäuschte Tribünenbesucher Sepp Maier nach dem Spiel. „Jetzt sehe ich keine Meisterschaftschance mehr für uns." Und auch der „kicker" machte den Bayern-Fans nur wenig Mut auf einen erneuten Titelgewinn, obwohl noch zehn Spieltage zu absolvieren waren: „Zuviel stimmt in dieser Mannschaft im Moment nicht. Da ist kein Biß mehr, kein Selbstvertrauen. Da wird vorwiegend quer geschoben, Verantwortung abgewälzt. Spielwitz? Lange ist's her. Der FC Bayern 1981: ein finanzieller Drahtseilakt, der in Gefahr gerät, abzustürzen, weil die Balance nicht mehr stimmt."

Doch anstatt abzustürzen hoben die Bayern nun erst richtig ab. Eine weitere, bereits angesprochene Konstante in der Geschichte dieses Vereins: Die Abgesänge kamen eigentlich immer zu früh.

*****

„In Hamburg gehen wir zum ersten Mal in dieser Saison in ein Spiel, in dem wir absoluter Außenseiter sind. Der HSV ist der große Favorit, keiner erwartet, dass wir dort gewinnen. Das ist für unsere Spieler mal eine völlig neue Situation, und ich könnte mir vorstellen, dass sich jeder darauf freut, es allen Leuten zu zeigen, die glauben, am Samstag wird schon die Meisterschaft entschieden."

Ganz entspannt saß er da im Fernsehstudio des Bayerischen Rundfunks und versuchte, wenige Tage vor dem Nord-Süd-Gipfel ein bisschen Druck vom Kessel zu nehmen. Das leichte Lächeln auf seinen Lippen legte allerdings die Vermutung nahe, dass es sich eher um eine strategische Demutshaltung handelte. Der deutsche Meister als „absoluter Außenseiter"? So aussichtslos wie von Uli Hoeneß beschrieben schien die Lage nun doch nicht zu sein. Und die Wirklichkeit war dann auch eine ganz andere: Die Bayern traten im Volksparkstadion von Beginn an als dominierende Mannschaft auf und schienen tatsächlich jene von ihrem Manager vorhergesagte „diebische Freude" zu empfinden, es all jenen zu zeigen, die sie schon abgeschrieben hatten.

Noch größer wäre die Freude gewesen, hätten die Bayern in der ersten Halbzeit auch das Tor getroffen, aber sie ließen ihre Chancen ungenutzt und mussten sich mit einem 0:0 begnügen. Kurz nach dem Wechsel zeigte ihnen der Gegner, wie es geht: Felix Magath brachte den HSV in Führung und wenig später sah es so aus, als sei nicht nur diese Partie, sondern auch die deutsche Meisterschaft entschieden. Jedenfalls so gut wie. Klaus Augenthaler war tief in der eigenen Hälfte an den Ball gekommen und hatte quer auf den fast an der Seitenauslinie stehenden Paul Breitner gepasst. Der konnte mit diesem Zuspiel nicht so richtig viel anfangen und entschied sich für die vermeintliche

Sicherheitsvariante – einen Rückpass zu seinem Torhüter Manfred Müller. Doch Breitner traf den Ball nicht richtig, Horst Hrubesch lief dazwischen, schnappte sich das Ding und erhöhte auf 2:0.

Ein mehr als schmeichelhafter Zwischenstand, aber für die meisten der 61.000 Zuschauer kein hinreichender Grund für hanseatisch-diskreten Jubel. Im Volksparkstadion wurde der Gassenhauer „Wer wird deutscher Meister?" aus den Zeiten Kevin Keegans angestimmt, für die Gäste nahm das Ende aller Titelhoffnungen bei einem drohenden Rückstand von fünf Punkten realistische Formen an: „In diesem Moment hat Paul gelitten", bemerkte Pal Csernai hinterher. Doch dann zog sich eben dieser Breitner am eigenen Schopf aus dem Sumpf und seine Mannschaft gleich mit: Der Kapitän gab den entscheidenden Pass zu Rummenigges Anschlusstreffer und den Ausgleich zwei Minuten vor dem Abpfiff erzielte er selber. Der HSV hatte in der Tabelle zwar immer noch drei Punkte Vorsprung, die Bayern fühlten sich aber als moralischer Sieger: „Es gab ohnehin kaum ein Spiel, in dem der Paul aufgegeben hätte, aber bei diesem 2:2 in Hamburg zeigte sich ganz deutlich, wie sehr unser Erfolg mit ihm verknüpft war. Andere wären nach einem solchen Fehler komplett abgetaucht, aber er gab das Signal, weiter anzugreifen und gegenzuhalten. Auch deshalb war Breitner ein großes Vorbild für mich", betont Klaus Augenthaler.

Und falls dieser Mannschaft tatsächlich das Selbstvertrauen abhanden gekommen war, nach dem Unentschieden beim Tabellenführer war es wieder intakt: Aus den noch folgenden neun Spielen holten die Bayern 17:1 Punkte und entschieden den Titelkampf mit vier Zählern Vorsprung auf den HSV klar für sich. „Ausgelassene Jubelstimmung wie noch im Vorjahr wollte aber nicht aufkommen", beobachtete Werner-Johannes Müller im „kicker". „Die Startruppe hakte ihren erneuten Triumph so routiniert ab wie junge Geschäftsleute, denen niemand mehr erzählen muss, dass ihr Produkt das Beste ist. Mit ihrem zweiten Titel innerhalb von zwei Jahren konnten die Bayern rein gefühlsmäßig recht wenig anfangen."

*****

Dass die Titelverteidigung keine größeren Gefühlswallungen freisetzte, lag vor allem am Europapokal der Landesmeister. Ebenfalls eine Routine der 80er-Jahre: Auf internationalem Parkett kamen die Bayern wenige Schritte vor dem Ziel nicht nur regelmäßig ins Stolpern, anders als in der Bundesliga fielen sie auch. Oft sogar ohne größere gegnerische Einflussnahme. Wenn es die anderen schon nicht taten, schafften es die Bayern irgendwie immer, sich selbst ein Bein zu stellen.

In der Saison 1980/81 scheiterten sie im Halbfinale am FC Liverpool. Nach einem 0:0 an der Anfield Road war von einem „Traumergebnis" die Rede gewesen. „Eines der wenigen Spiele, die ich als außergewöhnlich gelungen bezeichnen würde", ordnet Walter Junghans dieses torlose Unentschieden für sich ein. Gelungen auch deshalb, weil in diesem Spiel eines der berühmtesten Fotos der Fußball-Geschichte geschossen wurde. Es zeigt den Torwart der Bayern in einem Zustand äußerster Konzentration, hinter ihm eine Wand von Liverpool-Fans, die ebenso gebannt das Spielgeschehen verfolgen und mit denen Junghans in diesem Moment trotz unterschiedlicher Ziele oder Wünsche eine Einheit zu bilden scheint. Er hat dieses Foto bei sich zu Hause im Wohnzimmer hängen, es erinnert ihn an die schönen Zeiten bei seinem alten Verein.

„Starke Bayern mit einem Bein im Finale" lautete die Überschrift der „tz". Das andere Bein, da waren sich die meisten sicher, würde 14 Tage später im Olympiastadion schon folgen. Um auch ganz sicher vor ausverkauftem Haus den Einzug ins Endspiel feiern zu können, erlaubte der FC Bayern dem Bayerischen Rundfunk die Live-Übertragung nur unter der Bedingung, dass die erforderliche Programmänderung erst zwei Stunden vor dem Anstoß bekanntgegeben werden dürfe. Die Befürchtung, dass sonst zu viele Leute zu Hause bleiben würden, war nur zu begründet. Die Rechnung ging zwar auf und das Stadion war voll, mehr Grund zur Freude gab es aber nicht.

„Ich kann mir auch nicht erklären, warum ich in der zweiten Hälfte so durcheinander war. Ich weiß nur, dass ich vom Spielbeginn an bis zum Spielschluss total nervös war“, schüttelte ein ratloser und vor allem von sich enttäuschter Klaus Augenthaler nach dem Abpfiff sein Haupt. Er war zwar beileibe nicht der einzige, der an diesem Abend unter seinen Möglichkeiten blieb, aber ihm unterlief in der Schlussphase der spielentscheidende Fehler, wie der „kicker“ schonungslos festhielt: „In der 83. Minute ‚krönte‘ Augenthaler seine indiskutable Leistung, indem er einen Zweikampf gegen den humpelnden Johnson verlor. Johnson flankte zum freistehenden Ray Kennedy, der eiskalt einschoß – die Entscheidung für Liverpool!“

Karl-Heinz Rummenigge traf drei Minuten vor dem Abpfiff noch zum 1:1, aber das erzielte Auswärtstor reichte den Briten zum Einzug ins Finale. Dort setzten sie sich gegen Real Madrid mit 1:0 durch, damals über viele Jahre so etwas wie ein Standardergebnis in den Endspielen dieses Wettbewerbs. Pal Csernai zeigte sich „tief enttäuscht“, nicht nur Augenthalers Fehler zum 0:1 war ihm auf den Magen geschlagen, auch die ängstliche Spielweise seiner Mannschaft: „Die Aufgabe wäre lösbar gewesen, das Endspiel war sehr nahe. Man weiß nie, ob so eine Chance überhaupt wiederkehrt.“

*****

Nur ein Jahr später kam diese Chance tatsächlich wieder, blieb aber erneut ungenutzt: „Dieses Finale war eines meiner besten Spiele überhaupt“, denkt Klaus Augenthaler mit etwas mehr als nur ein bisschen Wehmut zurück. „Ich hatte zwei Riesenchancen, einmal ging der Ball knapp vorbei, dann wurde er von der Linie gekratzt. Es war zum Verzweifeln. Ich habe nie von einem Spiel geträumt, aber das ging mir wochenlang nicht aus dem Kopf. Und immer diese Fragen: Warum ist der Ball nicht reingegangen? Habe ich einen Fehler gemacht beim 0:1? Warum haben wir aus unserer Überlegenheit so wenig gemacht?“

Nicht, dass ihn diese Fragen auch heute noch intensiv beschäftigen würden, aber abrufbereit sind sie allemal, wenn vom Spiel gegen Aston Villa die Rede ist. Und da die Aussichten auf überzeugende Antworten mit den Jahren nicht größer werden, enden Gespräche über dieses Finale mit der so banalen wie wahren Feststellung: „So ist eben Fußball!" Nie mehr sollte Augenthaler dem Gewinn dieses Pokals näher kommen als an jenem 26. Mai 1982.

Dass die Bayern überhaupt im Endspiel standen, war alles andere als selbstverständlich. Im Halbfinale hieß der Gegner ZSKA Sofia, nach Universitatea Craiova in der Runde davor erneut eine Mannschaft aus dem Ostblock. Unangenehme Spiele, erinnert sich Augenthaler: „Nach Bulgarien, Polen, Rumänien oder in die Sowjetunion sind wir immer mit einem mulmigen Gefühl gefahren. Alles war anders – die Anreise, die Hotels, das Essen. In der Vereinsführung gab es ja auch Befürchtungen, die würden uns etwas in die Mahlzeiten mischen. Deswegen hatten wir manchmal den Alfons Schubeck mit an Bord, der alles kontrollierte. Und über die Mannschaften wussten wir zwar, dass die was können, aber so richtig gut informiert waren wir nicht. Weder gab es Video-Analysen, noch hatten wir ein paar Scouts zur Beobachtung hingeschickt. Manchmal wurden ein paar Fernsehbilder zusammengestellt, aber das war es dann auch schon an Vorbereitung."

Die verbliebenen Wissenslücken füllten sich in der Regel während des Spiels, manchmal sogar schneller, als es den Bayern lieb sein konnte. Gegen ZSKA Sofia war ihnen bereits nach 18 Minuten klar, dass sie es mit einem ernst zu nehmenden Gegner zu tun hatten. Der bulgarische Meister führte mit 3:0, die 70.000 Zuschauer peitschten ihre Mannschaft regelrecht nach vorne, wie im Vorjahr schien für die Münchner im Halbfinale Endstation zu sein. Mit dem Unterschied, dass diesmal wohl niemand von einer im Grunde lösbaren Aufgabe sprechen würde, auch Pal Csernai nicht. Der hatte aus taktischen Gründen überraschend auf Dieter Hoeneß verzichtet und Asgeir Sigurvinsson in die Startelf berufen. Der Isländer war vor Saisonbeginn für rund eine Million Mark von Standard Lüttich an die

Isar gewechselt, seine Ansprüche deckten sich mit der hohen Ablösesumme: „Der neue Chef im Mittelfeld bin ich“, hatte Sigurvinsson gleich einmal klargestellt. Aber gegen Ende seiner ersten und zugleich einzigen Saison in München schien sich dann doch die Prognose von Karl-Heinz Rummenigge zu bewahrheiten, der dem Neuzugang ebenfalls eine Chefrolle zugetraut hatte: Allerdings nur auf der Ersatzbank! Und auch in Sofia gab es für ihn keine Gelegenheit, sich auszuzeichnen. Nach einer Viertelstunde zog sich Dieter Hoeneß um, kurz vor seiner Einwechslung für Sigurvinsson fiel das dritte Tor für die Bulgaren. Dass die Bayern am Ende mit einer 3:4-Niederlage noch halbwegs glimpflich davon kamen, lag auch an ihrem Mittelstürmer, der nicht nur unter den Torschützen war, sondern auch „um Klassen besser spielte als in der Bundesliga“, wie die Zeitungen lobten. Im Rückspiel war der deutsche Meister deutlich besser auf seinen Gegner eingestellt und gewann locker mit 4:0.

„Wir haben aus unseren Fehlern gelernt“, zeigte sich Pal Csernai vor dem Finale in Rotterdam optimistisch und bezog sich nicht nur auf die ersten 20 Minuten von Sofia, sondern auch auf das Spiel gegen den FC Liverpool aus dem Vorjahr. Augenthalers Fehler zur Führung der „Reds“ hatte der Trainer nicht vergessen, wies aber darauf hin, dass seinem Vorstopper seitdem keine gravierenden Fehler mehr unterlaufen waren. Sechs Jahre nach ihrem letzten Triumph im Europapokal der Landesmeister galten die Bayern als klarer Favorit. Aston Villa war nach der Meisterschaft vom Vorjahr im Mittelmaß versunken, „ein überaltertes Team, das seine besten Jahre hinter sich hat“, hieß es über den Klub aus Birmingham.

Der deutsche Meister hatte in den Wochen vor dem Finale bereits auf Schongang umgestellt. Den nationalen Titel konnte er dem HSV nicht mehr streitig machen, jetzt hieß es Kräfte sammeln für den Saisonhöhepunkt. Deshalb wurde das Heimspiel gegen Arminia Bielefeld kurzfristig um 24 Stunden auf den Freitagabend vorverlegt und versprühte vor 5.000 Zuschauern die Aura einer lockeren Trainingseinheit. „Bloß nicht verletzen“, hieß die Devise, leicht angeschlagene Spieler wie Paul Breitner liefen erst gar nicht auf. Der DFB hatte der Spielverlegung zugestimmt und sich damit den Ärger vieler Toto-Tipper zugezogen. Weil die Partie auf dem Zettel der damals sehr populären „Elferwette“ stand und Freitagsspiele wegen des späten Annahmeschlusses der Scheine nicht in die Wertung kamen, musste ausgelost werden. Das Los ergab eine „2“, also Auswärtssieg für die Arminia, und machte vielen Tippern ihre Wette kaputt.

Wie schon vor dem Spiel in Sofia überraschte Pal Csernai auch im Endspiel mit einer Personalie und ließ in Rotterdam den erst 20 Jahre alten Reinhold Mathy auflaufen. Der galt als großes Talent, hatte aber erst 15 Bundesligaspiele absolviert, vom großen Durchbruch konnte noch nicht die Rede sein. Ein Mann für die Zukunft, da waren sich alle einig. Karl-Heinz Rummenigge rief Mathy zwei Jahre später vor seinem Wechsel zu Inter Mailand gar zu seinem Nachfolger aus, doch daraus wurde nichts. Verletzungen und eine labile Psyche machten Reinhold Mathy immer dann einen Strich durch die Rechnung, wenn er auf dem besten Weg war, seine zweifellos außergewöhnlichen Fähigkeiten über einen längeren Zeitraum unter Beweis zu stellen: „Ein begnadeter Fußballer, ein sensationeller Spieler“, bestätigt Klaus Augenthaler. „Wenn ich im Training gegen ihn spielte, wusste ich, dass ich ihn nur mit Körpereinsatz packen konnte, fußballerisch hatte ich keine Chance. Aber wenn man ein bisschen hinlangte, zog er sich zurück. Wie oft dachten wir bei ihm, jetzt müsste es doch klappen, jetzt müsste der Durchbruch kommen – aber er kam nicht. Alles, was ein Fußballer braucht, besaß er im Überfluss. Nur nicht die nötige Härte.“

Im Finale gegen Aston Villa ließ sich Mathy nach 55 Minuten wegen einer Zerrung auswechseln, für seinen Trainer war diese Verletzung nur vorgeschoben: „Der Mathy hat mich tief enttäuscht, das Experiment ist schiefgegangen“, kanzelte ihn Csernai ab. Auch der für ihn eingewechselte Günter Güttler bekam sein Fett weg. Auf der Suche nach Schuldigen war der Ungar bei den jungen Spielern fündig geworden: „Ich finde es schwach vom Trainer, dass er jetzt auf den Reinhold und mich losgeht“, wehrte sich der 20 Jahre alte Franke, der in der Bundesliga bis dahin ebenfalls nur sporadisch eingesetzt wurde. Dass dieser Wechsel spielentscheidend war, lässt sich kaum belegen: Als Reinhold Mathy den Platz für Güttler verließ, stand es noch 0:0, die Bayern waren das klar bessere Team, scheiterten aber immer wieder an Villas Torhüter Nigel Spink. Der war nach zehn Minuten für den verletzten Stammtorhüter Jimmy Rimmer eingewechselt worden. Ohne eigenes Zutun schien der deutsche Meister seinem großen Ziel damit ein großes Stück näher gekommen zu sein. Spink war bei Aston Villa zwar schon fünf Jahre unter Vertrag, hatte in dieser Zeit aber nur ein Pflichtspiel absolviert, und selbst das lag schon eine Weile zurück: im Dezember 1979 stand er gegen Nottingham Forest zwischen den Pfosten.

Doch manchmal lohnt es sich, auf seine Chance zu warten. Die noch verbleibenden 80 Minuten nutzte der bei seinem zweiten Einsatz bereits 25-jährige, um sich einen Stammplatz in der vereinsinternen „Hall of Fame“ zu sichern. Karl-Heinz Rummenigge und Bernd Dürnberger verzweifelten gleich mehrfach an ihm, und wenn es für Spink nichts mehr zu halten gab, retteten seine Mitspieler auf der Linie – wie nach einem Kopfball von Klaus Augenthaler.

Je länger das Spiel dauerte, desto mehr schaltete sich der Vorstopper der Bayern in den Angriff ein. Bei seiner zweiten großen Chance drang er aus der eigenen Hälfte in den gegnerischen Strafraum, alle Versuche, ihn aufzuhalten, waren gescheitert. Ein unwiderstehlicher Sololauf, dem nur der krönende Abschluss verwehrt blieb: Als Augenthaler seinen Alleigang veredeln wollte und aus gut zehn Metern in halbrechter Position abzog, traf er den Ball nicht richtig und sein Schuss ging am Tor vorbei. Die große Chance, den Platz als Held des Abends zu verlassen, war dahin. Doch es sollte noch dicker kommen: Beim entscheidenden Tor der Briten orientierte er sich zum ballführenden Linksaußen Tony Morley und verlor dabei seinen Gegenspieler Peter White aus den Augen. Der hatte bis zu dieser 67. Minute nichts von seiner Torgefährlichkeit gezeigt und musste nach Morleys Pass auch nur noch seinen Fuß richtig hinhalten, um den Ball aus fünf Metern über die Linie zu bringen. Damit endete ein weiteres Finale im wichtigsten Wettbewerb des europäischen Klubfußballs mit 1:0.

„Pal Csernai war nach dem Spiel mal wieder stinksauer auf mich", fasst Augenthaler die trüben Stunden danach zusammen. „Im Hotel gab es noch eine Art Festbankett, aber keiner wollte etwas essen. Es war wie auf einer Beerdigung. Wir sind dann in kleineren Gruppen auf die Zimmer gegangen, die meisten haben bis vier Uhr morgens Karten gespielt und die Mini-Bars geleert. Ich hätte am liebsten die Möbel aus dem Zimmer geschmissen. Am schlimmsten nach solchen Spielen ist der Morgen danach, wenn du aufwachst und dein erster Gedanke ist: Es stimmt tatsächlich, du hast verloren, es war kein Traum. Und dann kehrst du als Verlierer nach Hause, obwohl der Sieg so nahe war. Pal Csernai hat das sehr mitgenommen. Wir waren mit ihm Meister und Pokalsieger geworden, der Europacup wäre die Krönung seiner Arbeit gewesen. Danach funktionierte es nicht mehr so richtig zwischen ihm und dem FC Bayern."

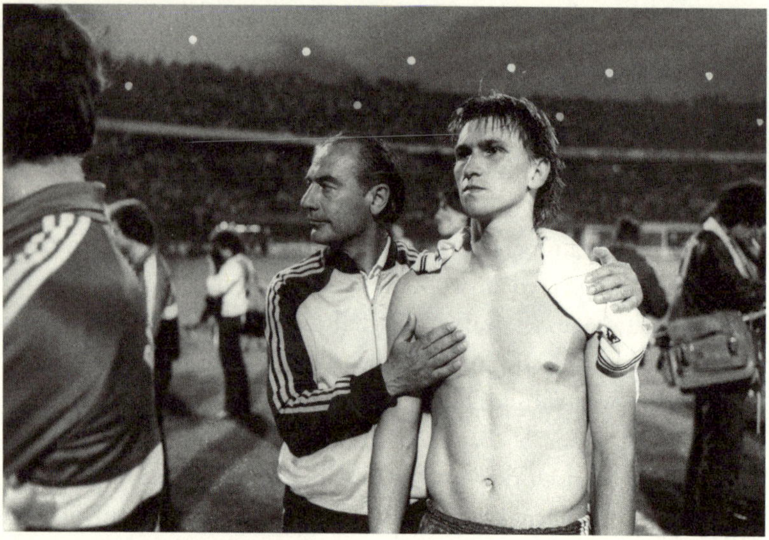

„Csernai war nach dem Spiel stinksauer auf mich." Noch lässt sich der Bayern-Trainer nichts anmerken. (Foto: IMAGO/Fred Joch)

„Vielleicht gibt es doch so etwas wie ausgleichende Gerechtigkeit im Fußball", sinnierte Wolfgang Dremmler über das verlorene Finale mit ein wenig Abstand. „Gegen Villa hatten wir sagenhaftes Pech, davor, bei unserem 4:2-Sieg im Pokalfinale gegen den 1. FC Nürnberg waren wir mit dem später fast schon sprichwörtlichen Bayern-Dusel reichlich gesegnet."

Für Karl-Heinz Rummenigge hatte die Niederlage neben Glück und Pech noch eine andere Dimension. Als die Bayern in der zweiten Hälfte der 70er-Jahre von Europas Nummer eins zu einer Durchschnittstruppe in der Bundesliga abstürzten, gehörte er schon zum Kader: „Wir wollten eine neue Ära schaffen", sprach er für sich und Paul Breitner. „Wir wollten beweisen, dass es nach einem tiefen Fall möglich ist, wieder ganz oben zu sein. Zwar hatten wir international wieder einen guten Ruf, aber das Tüpfelchen auf dem ‚i' fehlte."

*****

Dass Karl-Heinz Rummenigge, Paul Breitner und Wolfgang Dremmler sechs Wochen später mit der deutschen Nationalmannschaft auch noch das WM-Finale gegen Italien verloren, rundete für dieses Trio eine Saison der vergebenen Möglichkeiten ab. Breitner schloss sie wenigstens finanziell mit einem dicken Plus ab: „Speziell vor großen Spielen sind die ersten Stunden am Tag für mich besonders wichtig", gewährte er kurz vor Beginn der Weltmeisterschaft in Spanien überraschende Einblicke in seine geänderten Pflegegewohnheiten. Er hatte einen Werbevertrag mit „Pitralon" abgeschlossen, sich dafür von seinem Bart getrennt und 150.000 Mark kassiert: „Bei der WM wird die Welt sehen, wie gepflegt Paul Breitner Fußball spielt", hatte der Rasierwasser-Hersteller angekündigt. Als „sympathisch, herb und würzig" beschrieb Breitner seine neue Duftnote, die aber auch nicht darüber hinwegtäuschen konnte, dass er mit Bart erfolgreicher war.

4

„Ein ganz toller Mensch – Aber auch ein fauler Hund!" 1982–1983

Die Bayern ziehen mit drei Millionen-Einkäufen in die neue Saison / Erst Freunde, später auch Konkurrenten: Klaus Augenthaler und Norbert Nachtweih / Csernai legt sich mit allen an und wird entlassen / Giftige Stimmung am Ende einer erfolglosen Saison

Als die Spieler des FC Bayern nach der Sommerpause zum Trainingsauftakt an der Säbener Straße erschienen, empfahl ihnen Pal Csernai, sich bis auf weiteres am bis dahin trainingsfreien Mittwoch nichts mehr vorzunehmen: „Wir entscheiden künftig von Fall zu Fall, ob eine Trainingseinheit nötig ist oder nicht", stellte der Ungar eine härtere Gangart in Aussicht. Ihn nervten vor allem die werblichen Aktivitäten seiner Spieler, die sie von ihrer eigentlichen Arbeit abhalten würden. Dass private Geschäftstermine künftig schwieriger einzuhalten seien, so Csernai, sei als Nebeneffekt durchaus erwünscht. Die Vereinsführung unterstützte diesen Kurs, Präsident Willi O. Hoffmann erwartete „die schwerste Saison seit Jahren" und Uli Hoeneß forderte vor allem von den jungen Spielern „mehr Leistungsbereitschaft". Er dachte dabei nicht zuletzt an Reinhold Mathy und dessen Auswechslung gegen Aston Villa: „Mir hätte man als jungem Spieler schon die Beine absägen müssen, ehe ich in einem Europacup-Finale das Feld verlassen hätte. Unglaublich, so etwas", wetterte der Manager und klang mit seinen gerade einmal 30 Jahren wie ein Veteran aus längst vergangenen Fußballzeiten. Um alte Tugenden wieder aufzufrischen, kündigte er für die kommende Spielzeit Kontrollanrufe zwischen 22 und 23 Uhr an: „Und wehe, sie nehmen nicht ab. Dann wird hart durchgegriffen!"

Klaus Augenthaler musste sich nicht angesprochen fühlen, obwohl sein dienstäglicher Kartenabend nach dieser Ansage bedroht war. Mit seinen knapp 25 Jahren zählte er bereits zu den Routiniers im Kader und wusste auch ohne Appelle an die Arbeitsmoral, dass die Zeit bis zum ersten Spieltag kein Vergnügen sein würde: „In der ersten Woche nach der Sommerpause stand in der Regel reines Konditionstraining auf dem Programm. Mindestens zweimal täglich, ohne Aussicht auf einen Ball. Ausdauerläufe waren für mich eine Katastrophe, ich musste mich immer bemühen, einigermaßen den Anschluss zu halten. Wir gingen auch nicht mit individuellen Trainingsplänen in den Urlaub, deshalb legte ich meistens locker zwei bis drei Kilogramm zu. Die verlor ich in der ersten Woche zwar schnell wieder, aber es war auch mit Normalgewicht hart genug. Und ich merkte in jeder Saisonvorbereitung, dass Zigaretten und Profisport eigentlich nicht zusammen passen."

In solchen Momenten dachte Augenthaler sogar daran, aus dieser Erkenntnis die naheliegenden Schlüsse zu ziehen, aber er blieb bei seiner bewährten Prämienregelung. Auch ohne Nikotin würde die Vorbereitung eine Knochenmühle sein, die Zigarette danach als Belohnung machte Vieles erträglicher. Und irgendwann würde die Quälerei schon ein Ende haben.

*****

Noch nie hatten die Bayern so viel Geld in Neuzugänge investiert wie zur Saison 82/83, gleich drei Neuzugänge lagen im Bereich der zu dieser Zeit nur selten überschrittenen Millionengrenze. Vom belgischen Erstligisten SK Beveren kam Jean-Marie Pfaff nach München, das Vertrauen in die bisherigen Torhüter Manfred Müller und Walter Junghans war restlos aufgebraucht. „Bei uns kann man ja ins Tor stellen, wen man will. Der eine ist so schlecht wie der andere", hatte Vize-Präsident Karl Pfab am Rande des Pokalendspiels gegen den 1. FC Nürnberg geschimpft und dabei in erster Linie Müller gemeint. Zuvor hatte schon Pal Csernai bemerkt, dass eine Schlüsselposition mit einem Spieler ohne Bundesligaformat besetzt sei. Diese fast schon vernichtende Kritik musste Walter Junghans nach einem 3:4 in Frankfurt einstecken. Es könne nicht sein, dass dadurch die Leistung der ganzen Mannschaft kaputt gemacht werde, hatte der Ungar noch hinzugefügt. Man sei gar nicht in der Lage, vorne so viele Tore zu schießen, wie man hinten kassiere. Genau 56 waren es in der abgelaufenen Saison. Mit Pfaff, davon war man überzeugt, sollten die Zeiten kurioser Gegentore der Vergangenheit angehören, er würde der Abwehr wieder die nötige Stabilität verleihen.

Seinen ersten Pflichtspieleinsatz hatte der Belgier beim Saisonauftakt im Bremer Weserstadion. Dort deutete zunächst alles darauf hin, dass der Sieger an diesem Nachmittag nur Bayern München heißen konnte. Die Gäste hatten ihre drückende Überlegenheit zwar noch nicht in Tore umgemünzt, aber die Führung schien nur eine Frage der Zeit zu sein. Kurz vor der Halbzeit näherte sich Werder zur Abwechslung einmal dem gegnerischen Tor und bekam ungefähr auf Höhe der Strafraumlinie einen Einwurf zugesprochen. Der Rest ist Bundesliga-Geschichte, auf die Jean-Marie Pfaff immer noch angesprochen wird: „Ich wusste damals nicht, dass weite Einwürfe eine Spezialität von Uwe Reinders sind, wir hatten ja ohnehin kaum Informationen über unsere Gegner. Jedenfalls wirft Reinders bis in den Fünfmeterraum, ich gehe zum Ball und kurz bevor ich zugreifen will, trifft mich Klaus Augenthaler mit seinem rechten Arm an meinem linken und ich komme aus dem Gleichgewicht. Es war nur eine kurze Berührung, aber die reichte. Heute sehe ich das mit Humor, damals war das nicht so einfach für mich. Meine Frau baute mich nach dem Spiel auf, Paul Breitner tat auch sein Möglichstes – aber ich habe mich trotzdem ziemlich allein gefühlt."

Auf dem Weg in die Kabine bekam sich Pal Csernai kaum ein: „So etwas ist ja einfach lächerlich", schimpfte er mit hochrotem Kopf. „Das ist das schlimmste Tor, das wir in den vergangenen drei Jahren hinnehmen mussten." Und nach Ansicht des Bayern-Trainers gab es da einige. Dass es bei diesem kuriosen Treffer blieb, rundete Pfaffs verunglückten Einstand ab, der bei ihm allerdings keine Langzeitschäden auslöste: „Als wir ein paar Tage später zu Hause gegen Fortuna Düsseldorf spielten und ich zum Aufwärmen auf den Platz kam, riefen Tausende in der Südkurve meinen Namen. Das werde ich nie vergessen."

Und wenige Wochen später trugen ihn sogar seine Mitspieler jubelnd vom Platz: „Pfaff – der Retter des FC Bayern", titelte die Münchner „Abendzeitung" nach dem 2:2 im Spitzenspiel gegen den Hamburger Sport-Verein. Die Bayern lagen nach einer ganz schwachen ersten Halbzeit 0:2 hinten, glichen aber im zweiten Durchgang aus. Als sich zwei Minuten vor Schluss alle Beteiligten schon mit einem Unentschieden angefreundet hatten, gab Walter Eschweiler einen Elfmeter für den HSV. Udo Horsmann hatte mit einem Hechtsprung eher unkonventionell versucht, eine Flanke aus dem Strafraum zu befördern und bei dieser Flugeinlage den Ball mit der Hand berührt. So sah es zumindest der Schiedsrichter, Horsmann dagegen war sich keiner Schuld bewusst. Er redete wie die meisten seiner Mannschaftsspieler auf Eschweiler ein, aber der blieb bei seiner Entscheidung. Derweil schien sich in der Südkurve so etwas wie ein Platzsturm anzubahnen, Paul Breitner verließ den Rasen und baute sich mit beschwichtigenden Gesten vor den Fans auf. Tatsächlich gelang es ihm, die Stimmung ein wenig abzukühlen. Und es gelang ihm auch, die Ausführung des Elfmeters ein wenig aufzuschieben. Als er wieder auf den Platz zurückkehrte, waren gut fünf Minuten vergangen. Fünf Minuten, in denen der ansonsten zuverlässige Schütze Manfred Kaltz einen groben Fehler machte: Er fing an zu denken! Und das sollte sich rächen: „Sonst gehe ich einfach nur hin und haue ihn rein", schilderte er hinterher die gewohnten Abläufe. „ Heute habe ich mir jede Minute eine andere Ecke ausgesucht. Am Ende schoss ich einfach drauflos und sah nicht einmal, dass Pfaff schon in die richtige Ecke abgetaucht war."

„Kurz vor der Ausführung kam Paul Breitner noch auf mich zu und sagte mir, dass Kaltz die Ecke rechts von mir nehmen würde", hat Pfaff diese Szene immer noch wie das gesamte Spiel gespeichert. „Ich weiß nicht mehr warum, aber ich ignorierte den Hinweis, stellte mich auf die Torlinie, nicht ganz in die Mitte, sondern einen Tick näher am rechten Pfosten. Kaltz schoss dann tatsächlich in die Ecke, die ich ihm angeboten hatte, also die linke. Ich wehrte den Ball ab und im nächsten Moment schlug die angespannte Stimmung im Stadion in grenzenlosen Jubel um. Die Fans liefen auf den Platz und hoben mich auf ihre Schultern, ich konnte mich gar nicht dagegen wehren. Rückblickend kann man wirklich sagen, dass dieser gehaltene Elfmeter der Moment war, in dem ich endgültig in München angekommen war."

*****

„Freundschaften?", fragt Klaus Augenthaler und überlegt. Doch, die hätte es während seiner Zeit beim FC Bayern immer wieder gegeben, aber oft war es so, dass die Kontakte weniger wurden, wenn sich die Wege berufsbedingt trennten – bis sie dann mehr oder weniger einschliefen. Jean-Marie Pfaff fällt ihm ein, wenn von Freundschaften die Rede ist, der in Vaterstetten gleich um die Ecke wohnte. Raimond Aumann ebenso, Pfaffs späteren Konkurrenten. Wolfgang Dremmler und einige andere wie Dieter Hoeneß oder Udo Horsmann, mit denen er ab und zu im Urlaub war, Ehefrauen und Kinder inklusive. Besonders eng aber war der Draht zu Norbert Nachtweih, der zuvor für Eintracht Frankfurt spielte und wie Pfaff im Sommer 1982 zu den Bayern stieß: „Ein ganz toller Mensch! Nobert war keiner, der versucht hätte, hinter deinem Rücken etwas zu drehen. Und als Fußballer ein begnadeter Techniker, mit beiden Füßen nahezu perfekt", schwärmt Augenthaler, um dann lachend einzuschränken: „Aber ein fauler Hund! Was ich damit sagen will: Norbert Nachtweih hat sich nie etwas anmerken lassen, er hat sich bei einem Sieg nie besonders gefreut und bei einer Niederlage nicht besonders geärgert. Das machte bei ihm keinen Unterschied. Während ich mich nach einer Niederlage drei Tage lang nicht aus dem Haus traute, blieb er immer ganz ruhig und lässig, als ginge ihn das alles gar nichts an. Das hatte aber nichts mit fehlendem Ehrgeiz zu tun, sondern mit seinem Werdegang, seiner Flucht aus der DDR. Wer so etwas mitgemacht hat, den haut danach nichts mehr so schnell um."

Nachtweih hatte sich 1976 mit seinem Teamkollegen Jürgen Pahl während einer Reise der DDR-Juniorennationalmannschaft in die Türkei abgesetzt. Sie hatten an der Hotelbar einen Mann kennengelernt, der sich als Leiter einer amerikanischen Reisegruppe ausgab. Schnell kam das Gespräch auf eine mögliche Flucht, der Mann bot seine Hilfe an, seine Reisegruppe würde morgen früh weiter nach Istanbul reisen und gab ihnen seine Hoteladresse: „Wenn ihr Lust habt, könnt ihr gerne kommen. Wenn nicht, ist es auch nicht schlimm."

Am nächsten Abend standen Nachtweih und Pahl vor dem Hotelzimmer ihrer Reisebekanntschaft. Die DDR-Junioren flogen ebenfalls ab Istanbul zurück in die Heimat, vorher waren noch zwei Stunden kontrollierter Freigang geplant. Auf einem Basar nutzten die beiden die erste sich bietende Gelegenheit, um sich im Gewühl vom Rest der Truppe abzusetzen: „Der Ami hatte überhaupt nicht mehr mit uns gerechnet, aber dann sagte er, okay, ich schlage vor, dass wir jetzt erst einmal zur amerikanischen Botschaft fahren." Dort beantragten sie politisches Asyl, blieben zehn Tage in der Botschaft und wurden immer wieder vernommen. Mal vom türkischen, mal vom amerikanischen Geheimdienst, bis alle Zweifel, ob es sich bei ihnen vielleicht doch um irgendwelche Agenten handelte, ausgeräumt waren. Währenddessen klapperten die Reisekader der DDR-Delegation alle Botschaften ab – ohne Erfolg: „Wir waren unglaublich naiv", schüttelt Norbert Nachtweih noch heute den Kopf über so viel jugendliche Unbekümmertheit: „In den zehn Tagen in Istanbul sind wir abends auch mal spazieren gegangen, waren im Restaurant oder im Kino. Wir kamen nicht einmal auf die Idee, dass die uns suchen könnten."

In der Bundesliga hatte sich ziemlich schnell herumgesprochen, dass im Notaufnahmelager für DDR-Flüchtlinge in Gießen zwei talentierte Fußballer untergebracht waren, die nicht einmal eine Ablösesumme kosteten. Eintracht Frankfurt reagierte am schnellsten und verpflichtete die beiden. Als Nachtweih 1982 für 1,7 Million Mark zu den Bayern wechselte, war der zweitteuerste Transfer in der

Geschichte perfekt und spülte der Eintracht dringend benötigtes Geld in die Kassen – der Verein stand kurz vor dem finanziellen Kollaps. Nachtweih war bei einem künftigen Grundgehalt von 350.000 Mark pro Jahr auch zufrieden: „Ein solches Angebot konnte ich nicht ausschlagen. Sonst wäre ich ein Idiot gewesen."

Bei seinem neuen Verein teilte er sich mit Klaus Augenthaler für die nächsten sieben Jahre das Zimmer bei Auswärtsspielen oder im Trainingslager, und zumindest am Anfang kam diese Freundschaft auch ohne große Worte aus: „Klaus war ja keiner, der sich in den Vordergrund spielte, kein Aufschneider. Klar in der Ansage, aber ansonsten ein ruhiger Typ. Ich kann mich noch an die erste Nacht mit ihm in einem Zimmer erinnern. Wir hatten vorher mit ein paar Leuten Karten gespielt, um 22 Uhr war aber Bettruhe. Ich ziehe mich um und lege mich hin, da holt Klaus noch ein Buch heraus. Naja, dachte ich mir, er wird noch ein bisschen lesen. Aber dann zog er auch noch ein Päckchen Marlboro aus dem Nachttisch. Er las und rauchte. Und zwar nicht eine Viertelstunde, um besser einzuschlafen, sondern zwei, drei Stunden. Ich dachte mir, das kannst du nicht ewig durchhalten und kaufte mir auch Bücher, so Spionage-Thriller von Robert Ludlum. Und ab dann haben wir abends immer zusammen gelesen und bei offenem Fenster geraucht."

Später waren Augenthaler und Nachtweih die einzigen, die auch im Bus eine qualmen durften. Als sich Co-Trainer Egon Coordes beschwerte, dass seine Klamotten immer stinken würden, schlug Uli Hoeneß den beiden eine Wette vor: Der Manager setzte 1.000 Mark darauf, dass sie es keine vier Wochen ohne Zigarette aushalten würden: „Der Monat war schon so gut wie um", erzählt Nachtweih, „aber nach einem Spiel in Hamburg war ‚Auge' noch so aufgewühlt, dass er sich unter der Dusche eine ansteckte. Hoeneß sah oder roch es und bat uns zur Kasse. Auch ich hing mit drin und musste zahlen."

*****

Wolfgang Grobe war der dritte Millionen-Transfer, mit dem die Bayern in die neue Saison starteten. Nach Breitner und Wolfgang Dremmler erneut einer von Eintracht Braunschweig, in den 70ern zog es auch Bernd Gersdorff aus Niedersachsen nach München: „Zufall", glaubt Grobe, der nach seiner Karriere auch noch lange Jahre als Talent-Scout beim FC Bayern tätig war und vor allem den südamerikanischen Markt beackerte. „Ich war eigentlich als Libero vorgesehen, aber dann stellten sie fest, dass Klaus Augenthaler für diese Position besser geeignet war. Also wurde ich Innenverteidiger oder Vorstopper, wie man damals sagte. Mir war das nicht so wichtig, Hauptsache bei den Bayern. Ich kam von einem kleinen Klub zu einem perfekt organisierten großen Klub, der dir alles abnahm. Paradiesische Zustände, außer Fußballspielen musstest du gar nichts mehr machen. Wohnungssuche, Auto ummelden und so weiter, alles wurde dir abgenommen. Aber wenn man mal zwei Spiele verlor, stand Uli Hoeneß schon in der Kabine und hielt einen Vortrag. Und der hatte es in sich."

Große fußballerische Akzente sollte und konnte Grobe nicht setzen, fürs Außergewöhnliche waren nach wie vor Karl-Heinz Rummenigge und Paul Breitner zuständig. Seinem Namen alle Ehre machen und die Abwehr gerne auch mit rustikaler Gangart zusammenhalten, mehr verlangte man nicht von ihm. Die nötigen Voraussetzungen brachte Grobe mit, er war der erste Bundesligaspieler, der nach Einführung der Gelbsperre ein Spiel Pause einlegen musste: „Ich war ein Holzhacker, technisch schlecht. Aber meine Kampfkraft und mein Willen, den Ball zu erobern und ein Spiel zu gewinnen, hatten meine Trainer immer überzeugt. Auch Pal Csernai. Ich habe in meinem ersten Jahr bei den Bayern alle Spiele über 90 Minuten mitgemacht – in der Meisterschaft, im DFB-Pokal, im Europapokal und auch noch die Freundschaftsspiele. Und das waren damals nicht wenige."

Mochte der Präsident ein schweres Jahr befürchten, der Manager sah den FC Bayern mit den Neuzugängen Pfaff, Nachtweih und Grobe – dazu kam noch Bernd Martin vom VfB Stuttgart – „so stark wie noch nie". Doch nicht nur die kuriose Auftaktniederlage gegen

Werder Bremen zeigte, dass die Mannschaft die Tiefschläge am Ende der Vorsaison noch nicht weggesteckt hatte. Hinzu kam, dass Paul Breitner und Karl-Heinz Rummenigge die Weltmeisterschaft in Spanien noch in den Klamotten steckte, die beiden Leitfiguren wirkten nach einem kurzen Urlaub müde und die auf einigen Positionen umgestellte Mannschaft noch nicht eingespielt. Eine Mischung, die die Bayern eine Woche nach dem 0:1 im Weserstadion fast in eine weitere Pleite stolpern ließ, gegen die der Fehlgriff von Jean-Marie Pfaff fast schon wie eine Belanglosigkeit wirkte: „In den letzten zehn Minuten habe ich nur noch darüber nachgedacht, wie ich diese Blamage unseren Fans erklären soll. Aber mir wäre wohl nichts eingefallen." Während Uli Hoeneß in Gedanken war, führten die Amateure von Bergedorf 85 1:0, der Pokalverteidiger stand in der ersten Runde des Wettbewerbs kurz vor dem Aus. 12.000 Zuschauer sehnten im Hamburger Osten das Ende herbei. Viele von ihnen hatten sich hinter den Toren oder an den Seitenlinien aufgestellt, um gleich das Spielfeld zu stürmen, als Dieter Hoeneß doch noch den Ausgleich erzielte. Ob drei Sekunden vor dem Abpfiff, wie der „kicker" schrieb, oder fünf oder 15 Sekunden, wie in anderen Spielberichten zu lesen war – der Mittelfstürmer hatte seinen Verein auf wirklich allerletztem Drücker vor einer Blamage bewahrt: „Bergedorf, Bergedorf", braucht Klaus Augenthaler ein bisschen Zeit, um sich an diesen sowohl für die Zuschauer als auch die Spieler des Amateurklubs unvergesslichen Nachmittag zu erinnern. „Stimmt, 4. Liga, jetzt hab ich's. Das war wirklich knapp. Dorfplätze oder kleine Stadien, in denen es kaum Ordner gab. Ich bin in solche Spiele immer mit einem Tunnelblick gegangen. Hilft jetzt alles nichts, habe ich mir gesagt, da musst du durch. Vom Trainer gab es vorher auch Anweisungen, erst wird Fußball gespielt, danach könnt ihr Autogramme schreiben. Haben wir aber damals in Bergedorf nicht, wir wollten nur schnell weg. Wie konnte so etwas möglich sein, fragten wir uns alle. Aber es passierte den Bayern später immer wieder. Ich war auch Co-Trainer, als wir gegen Vestenbergsgreuth rausflogen. Und wieder die Fragen: Wie kann das sein? Wie ist so etwas möglich? Heute frage ich mich, wie kann es sein, dass der FC Bayern in Saarbrücken rausfliegt?“

Damals in Bergedorf erzielte Dieter Hoeneß in der Verlängerung drei weitere Tore, hinterließ dabei aber den Eindruck, als hätte er in den eigenen Kasten getroffen. Er verkniff sich jeden Jubel, auch seine Mitspieler sahen von Gratulationen ab und ließen den Torschützen ohne irgendwelche Gesten der Anerkennung zurück in die eigene Hälfte traben. Es war ein Sieg, über den man sich besser im Stillen freute. Was den Amateuren nicht gelang, holte Eintracht Braunschweig in der nächsten Runde übrigens nach und warf den Titelverteidiger mit einem 2:0 aus dem Wettbewerb.

*****

In der Bundesliga lief es nach den geschilderten Startschwierigkeiten umso besser. Die Bayern beendeten die erste Halbserie zwei Punkte hinter dem Herbstmeister HSV, kassierten tatsächlich die wenigstens Gegentore und konnten am Ende des Jahres durch ihren Schatzmeister eine weitere erfreuliche Bilanz präsentieren: Dank des unerwartet hohen Zuschauerzuspruchs war das Minus in der Vereinskasse von vier auf vorerst 1,5 Million Mark gesunken. Ein größerer finanzieller Spielraum war aber auch dringend nötig, denn es musste ein Nachfolger für Paul Breitner gefunden werden. Der Kapitän hatte während der Winterpause verkündet, dass für ihn am Ende der Saison Feierabend sein würde: „Nach 13 Jahren Hochleistungssport habe ich das ganze Theater satt“, sagte er im Bayerischen Fernsehen. „Ich könnte noch weiterspielen, will aber auf meinem Leistungshöhepunkt abtreten. Die Leute sollen mich in bester Erinnerung behalten.“

Sein kongenialer Partner Karl-Heinz Rummenigge dachte aber mehr an die Zukunft, auch die eigene. Dem Verein legte er nahe, bei der Suche nach Breitners Nachfolger nicht allzu sehr aufs Geld zu achten. Ihm schwebte ein internationaler Star vor, einer wie der Pole Zbigniew Boniek, der zu dieser Zeit für Juventus Turin spielte. Auch erlaubte sich der zweifache Gewinner des Ballon d'Or den Hinweis, dass es für ihn in Europa bestimmt zahlungskräftige Interessenten gebe: „Ich werde in den nächsten beiden Wochen bekannt geben, ob ich den FC Bayern verlassen werde", kündigte er an. Uli Hoeneß erinnerte Rummenigge daraufhin an dessen Vertrag bis 1985 und erlaubte sich mit Hinblick auf eine Millionenablöse ebenfalls einen Hinweis: „Wir sind ein Fußballverein und keine Bank."

Die Gerüchte um einen bevorstehenden Wechsel blieben aber das beherrschende Kabinengespräch. Von „ziemlichem Wirbel", „aufgewühlter Stimmung" und „Theater" war die Rede, Rummenigge müsse schnell eine Entscheidung treffen, mahnte Udo Horsmann, sonst sei es durchaus möglich, dass die Mannschaft die Rechnung für die Unruhe präsentiert bekomme: „Krach um Rummenigge kann uns den Titel kosten", lautete die Überschrift im „kicker". Als die beiden Wochen verstrichen waren, teilte der Stürmer mit, doch in München bleiben zu wollen. Anschließend gewannen die Bayern 5:3 bei Fortuna Düsseldorf: „Wir haben in den letzten Jahren wichtige Siege errungen", sagte ein erleichterter Pal Csernai nach der Partie im Rheinstadion. „Dieser war einer der wichtigsten – nach der Aufregung im Verein." Doch sehr viel ruhiger wurde es danach auch nicht. Vor allem nicht für den Trainer.

*****

Als die Bayern am 26. Spieltag nach Hamburg reisten, empfing zwar der Tabellenführer und Titelverteidiger den unmittelbaren Verfolger, anders als in den Jahren zuvor konnte aber von einem Duell um die deutsche Meisterschaft zwischen den zu dieser Zeit dominierenden Teams der Bundesliga keine Rede sein. Nach Minuspunkten lagen der VfB Stuttgart und Werder Bremen gleichauf mit den Bayern, beide hatten aber ein Spiel weniger, und auch Borussia Dortmund und der 1. FC Köln waren noch gut im Rennen. Für die Bayern galt allerdings, dass sie bei einer Niederlage in Hamburg und damit vier Punkten Rückstand auf den HSV bescheidenere Ziele anstreben müssten.

Die Stimmung im Verein war deutlich schlechter als der Tabellenstand, der Mannschaft wurde im Titelkampf nicht mehr allzu viel zugetraut. Auf der Jahreshauptversammlung im „Löwenbräukeller" ein paar Tage vor dem Spiel gipfelte der bei solchen Anlässen nur schwer zu kontrollierende Tagesordnungspunkt „Aussprache" in einer Abrechnung mit dem Trainer. Csernai wurde vorgeworfen, arrogant zu sein, Talente wie Mathy und Güttler zu verprellen, den Nachwuchs insgesamt zu vernachlässigen und mit seiner Art Fußball das Stadion leer zu spielen. Als der Präsident Willi O. Hoffmann trotz eines wieder auf 3,5 Millionen Mark gewachsenen Schuldenstands beteuerte, der Verein habe keine wirtschaftlichen Probleme und das nächste Jahr zum „Jahr der Jugend" ausrief, erntete er Gelächter. Die Atmosphäre blieb gereizt: „Ohne eine Tablette hätte ich heute Nacht nicht einschlafen können", sagte Uli Hoeneß kurz vor dem Spiel in Hamburg. Während der 90 Minuten im Volksparkstadion waren aber zumindest für Unbeteiligte keine Hilfsmittel erforderlich, um zur Ruhe zu finden.

Breitner hatte nach 52 Minuten die Halbzeitführung der Hamburger ausgeglichen, danach entschieden sich beide Teams, wie es Dieter Hoeneß formulierte, „für den Spatz in der Hand". Sie stellten ihre bis dahin ohnehin verhaltenen Angriffsbemühungen mehr oder weniger ganz ein. Über vier Spielzeiten hatten sich der HSV und die Bayern denkwürdige bis dramatische Duelle geliefert, im Vorjahr hatten die Hamburger aus einem 1:3-Rückstand im Olympiastadion noch ein 4:3 gemacht und damit die Meisterschaft vorentschieden. Doch dieser Nord-Süd-Gipfel endete als Langeweiler und war mit dem Abpfiff praktisch vergessen. Die Pfiffe der 60.000 Zuschauer hatten sich beide Mannschaften redlich verdient, trotzdem freuten sich die Gäste, dass der Rückstand zur Tabellenspitze nicht größer geworden war. Mehr Positives war dieser Dienstreise beim besten Willen nicht abzugewinnen. Hinzu kam noch, dass sich Paul Breitner nach einem üblen Foul von Wolfgang Rolff verletzte und wochenlang ausfiel, und Spieler wie Norbert Nachtweih, Udo Horsmann und Bertram Beierlorzer bekundeten, sie hätten die Nase von den Münchner Verhältnissen voll und offen über ihre Wechselabsichten sprachen.

Obwohl von niemandem erbeten, gab es sieben Tage später in München sogar noch eine Zugabe, als der FC Bayern und der HSV in einem als „Supercup" verkauften Spiel erneut aufeinander trafen. Nach britischem Vorbild wollten beide Vereine dieses Duell zwischen Meister und Pokalsieger in eigener Regie austragen. Der DFB blieb außen vor und seine Funktionäre sahen es nicht ohne Genugtuung, dass sich diese Idee als Rohrkrepierer erwies: 14.000 Zuschauer bildeten einen angemessenen Rahmen, als sich die Tristesse der Vorwoche wiederholte: Nach 90 ereignislosen Minuten stand es 1:1, im anschließenden Elfmeterschießen setzten sich die Bayern durch und der „kicker" hielt fest: „Es ist nicht zu übersehen. Mehr haben diese Teams derzeit einfach nicht drauf."

Beim Münchner Publikum hatten die Mannschaft und vor allem ihr Trainer nahezu jeden Kredit verloren. Obwohl die Bayern mit nur zwei Punkten Rückstand auf Tuchfühlung mit dem HSV und Werder Bremen blieben, sogar das klar bessere Torverhältnis aufwiesen, herrschte im Olympiastadion zum Saisonendspurt gähnende Leere: 25.000 Zuschauer waren es beim 3:1 gegen den alten Rivalen Gladbach, zwei Wochen später kamen beim 4:0 gegen Hertha BSC nur noch 16.000. Sie sahen mehr als ordentliche Spiele, aber sobald es auf dem Platz nicht so richtig lief, forderte die Kurve Csernais Entlassung, was der Trainer mit abfälligen Handbewegungen kommentierte: „Wenn Csernai keinen Erfolg hat, wird es schwer, den Druck von außen von ihm fernzuhalten", sprach Uli Hoeneß in der ihm eigenen Deutlichkeit aus, dass ab sofort nur noch Siege helfen würden. 10:0 Punkte aus den letzten fünf Spielen, so der Manager, und es könnte mit dem Titel noch klappen.

Eine Woche später war diese Rechnung bereits Makulatur, die Bayern verabschiedeten sich mit einem 0:2 in Köln aus dem Rennen um die deutsche Meisterschaft. Zuvor waren sie auch im Europapokal der Pokalsieger am schottischen Vertreter FC Aberdeen gescheitert. Die

Saison war nicht mehr zu retten, die einzige in den 80er-Jahren ohne Titelgewinn. Die noch verbleibende Zeit wurde genutzt, um Dampf abzulassen.

*****

„Von den Spielen in dieser Saison haben mir vielleicht fünf oder sechs wirklich Spaß gemacht. Alles andere war eine einzige Kämpferei bis zum Umfallen. Da wird oft nur noch gebolzt und rumgehackt und auf Taktik gespielt, verkrampft und angstvoll vor jedem Fehler. Bei diesem Kick in Hamburg, vor ein paar Wochen, wäre ich am liebsten schon nach 30 Minuten vom Platz gegangen. Den Zuschauern macht das alles oft keinen Spaß mehr und ich kann Ihnen verraten: Uns Spielern auch nicht! Vieles kann man in diesem Job nur noch aushalten, wenn man sich sein Jahresgehalt anschaut."

„Das habe ich wirklich gesagt?", ist Udo Horsmann fast erschrocken, als er dieses „kicker"-Interview gut 40 Jahre später erneut liest: „Ich weiß noch, dass sich damals eine Menge Ärger bei mir aufgestaut hatte, aber dass ich mich so um Kopf und Kragen geredet habe, muss ich wohl verdrängt haben. Als wenn ich schon 20 Millionen auf meinem Konto gehabt hätte und auf nichts mehr Rücksicht nehmen musste."

Nahm er tatsächlich nicht. Horsmann verschonte so gut wie niemanden, selbst die, die noch nicht einmal da waren, wie der für die neue Saison bereits verpflichtete Sören Lerby, bekamen ihr Fett weg: „1,8 Millionen Mark Ablöse? Ich erlebe das bei uns ja nun schon seit Jahren mit, diese Starkäufe. Viel ist dabei noch nicht herausgekommen. Lerby halte ich für einen guten Durchschnittsspieler, an dem wir uns aber alle messen können." Und damit auch wirklich alle dieses Interview mit der gebührenden Aufmerksamkeit lesen würden, fuhr Horsmann auch dem nahezu unantastbaren Duo „Breitnigge" in die Parade: Ohne den verletzten Breitner sei das Spiel der Bayern variabler geworden, Rummenigges Spielweise dagegen mittlerweile leicht zu durchschauen: „Wenn dann noch jemand an ihm wie ein Klette hängt, wie jetzt am Samstag in Köln der Prestin, ist nicht mehr viel mit ihm los."

Auch wenn der Verein auf eine Abmahnung oder andere Sanktionen verzichtete, war es keine Überraschung mehr, als Horsmann nach der Saison den Verein wechselte. Er selbst hatte es in dem Interview schon angedeutet, sein neuer Verein war der französische Erstligaklub Stade Rennes. Dass er mit seinem Rundumschlag nicht nur persönlichen Frust abließ, sondern das Betriebsklima recht präzise beschrieb, zeigte sich beim folgenden Heimspiel gegen den 1. FC Kaiserslautern, dem letzten unter Pal Csernai. Die Spieler pflaumten sich auf dem Platz gegenseitig an, rannten sich wie Dremmler und Del'Haye orientierungslos gegenseitig über den Haufen und freuten sich wie Klaus Augenthaler über ihre Auswechslung: „Ich renne als Innenverteidiger im Mittelfeld herum und weiß nicht, was ich tun soll. Das macht keinen Spaß mehr."

„Ich werde es überleben", kommentierte Csernai nach dem 0:1 gegen Kaiserslautern Berichte über seine bevorstehende Entlassung, die dann zwei Tage später vollzogen wurde. Die Bilanz seiner gut vier Jahre in München konnte sich mit zwei deutschen Meisterschaften und einem Sieg im DFB-Pokal durchaus sehen lassen. Dass es nicht zu einer Ära reichte, lag am verlorenen Europapokal-Finale gegen Aston Villa. Diese Niederlage erwies sich als zu schwere Hypothek für die darauf folgende Saison: „Wenn ich jetzt darüber nachdenke", reflektierte Dieter Hoeneß mit etwas Abstand, „kann ich mir durchaus vorstellen, dass das unglücklich verlorene Cupfinale unserem Selbstvertrauen stärker geschadet hatte, als jeder ahnen konnte. Die Voraussetzungen stimmten nicht. Csernai stand eigentlich immer mit dem Rücken zur Wand, suchte die Konfrontation. In seiner Konsequenz, die ihn wahrscheinlich zum einsamsten Mann in München machte, war er fast schon zu bewundern." Am Ende, so der Mittelstürmer, sei die Trennung aber unumgänglich gewesen, weil viele Zuschauer nur noch ins Stadion kamen, um den Trainer auszupfeifen.

Csernais Nachfolger stand bereits in den Startlöchern. Udo Lattek, selbst während der Saison beim FC Barcelona gefeuert, ließ die Bayern wissen, dass er auch ab sofort verfügbar wäre. Doch für die noch folgenden drei Spiele übernahm Co-Trainer Reinhard Saftig die Verantwortung, ohne einen Stimmungsumschwung herbeizuführen. Im Gegenteil: Das letzte Heimspiel gegen den abstiegsbedrohten FC Schalke geriet zur finalen Blamage. Die Bayern unterlagen 0:1 und sorgten dafür, dass sich die Gäste über die Relegation doch noch retten konnten. Der nach wie vor verletzte Paul Breitner konnte das Elend von außen nicht mehr mit ansehen und wechselte sich 20 Minuten vor dem Ende quasi selber ein, ohne Entscheidendes bewirken zu können. Und im Tor der Gäste stand ein alter Bekannter, der nach Schalke ausgeliehene Walter Junghans: „Ich will keinem weh tun", hielt er sich nach dem Abpfiff mit Triumphgesten zurück, um dann doch eine bittere Wahrheit auszusprechen: „So schlecht wie heute habe ich die Bayern selten gesehen."

5

„Wohin ich schießen sollte, wusste ich auch nicht mehr!" 1983–1984

Vier Versuche, ein Treffer: Augenthalers magere Elfmeter-Bilanz / Startschwierigkeiten mit Sören Lerby / Ein Wunderheiler packt sein schmerzhaftes Besteck aus / Der FC Bayern ist „Auge" erst einmal wichtiger als die Nationalmannschaft

„Welche Schwächen ich als Fußballspieler hatte?", wiederholt Klaus Augenthaler meine Frage. Er überlegt, schaut kurz zu mir herüber, ohne dass sein Blick verrät, was er von solchen Fragen hält. Dann steht er auf und geht in die Küche. Ob ich auch noch einen Espresso möchte? „Gern", antworte ich, und bereite mich schon einmal darauf vor, das Thema zu wechseln, falls wir an dieser Stelle etwas ins Stocken geraten sollten. Augenthaler kommt mit den beiden Espresso-Tassen zurück, setzt sich an den Tisch, nimmt einen Schluck, behält die Tasse in der Hand und lehnt sich zurück: „Welche Schwächen ich hatte?", wiederholt er noch einmal, stellt die Tasse ab und schaut mich wieder an. Diesmal allerdings so, als hätte er nach einigem Grübeln endlich die passende Antwort gefunden: „Keine!" Wir lachen beide. Wie man eine Pointe vorbereitet und sie anschließend auch setzt, muss man ihm offenbar nicht erklären.

„Ich erinnere mich an eine Aufwärmübung, weiß aber nicht mehr, bei welchem Trainer", fährt er fort. „Wie habe ich die gehasst! Wir mussten mit dem Ball von Seitenlinie zu Seitenlinie jonglieren. Während die meisten locker von einer Seite zur anderen trabten, machte der Ball bei mir, was er wollte. Ich konnte ihn vielleicht sechsmal am Stück hochhalten, spätestens dann sprang er mir irgendwo hin. Wenn es ums Jonglieren ging, gab es sehr viel Bessere. Ich habe Spieler erlebt, die mit dem Ball unglaubliche Dinge drauf hatten, nur konnten sie im

Wettkampf nicht allzu viel mit ihren Künsten anfangen. Für mich war es viel wichtiger, sich richtig zum Ball zu stellen, ihn sauber anzunehmen und dann auch zu kontrollieren."

Eine andere, von Augenthaler ebenfalls nicht sonderlich geschätzte fußballerische Teildisziplin war das Elfmeterschießen, womit wir auch schon mitten in der Saison 1983/84 angekommen wären. Die Bayern hatten in der 2. Runde des UEFA-Pokals gegen PAOK Saloniki die passende Vorstellung zu einem trüben Novemberabend geliefert und die Leidensfähigkeit ihrer Fans einer ganz harten Prüfung unterzogen: Nach 90 Minuten stand es wie vor zwei Wochen im Hinspiel 0:0. Auf der Bank der sich ganz auf die Defensive beschränkenden Griechen saß übrigens Pal Csernai, und alle, die mit dem Rasenschach des Ungarn nicht viel anzufangen wussten, sahen sich in ihrer Ablehnung bestätigt. Nur dass die eigene Mannschaft auch unter der Regie seines Nachfolgers Udo Lattek eine derart blutleere Vorstellung lieferte, ließ erahnen, dass es vielleicht doch nicht allein am Trainer lag. Aus Rücksicht aufs Publikum hätte man sofort zum Elfmeterschießen übergehen müssen, das erste überhaupt in der Geschichte des Olympiastadions. Doch das Buffet war noch nicht eröffnet. Vor dem angenehmen und – wie sich herausstellen sollte – sehr unterhaltsamen Teil des Abends, galt es für die 25.000 Zuschauer noch eine ebenfalls torlose Verlängerung zu überstehen, die sich länger anfühlte als die regulären 30 Minuten. Dann aber wurden sie für ihr Durchhaltevermögen reichlich belohnt.

Die Gäste gingen in Führung, erster Schütze der Bayern war Klaus Augenthaler. Gut drei Jahre waren seit seinem letzten Elfmeter vergangen, Paul Breitner hatte gegen Borussia Mönchengladbach verletzt gefehlt, also schnappte sich Augenthaler den Ball und drosch ihn so weit übers Tor, dass er für Strafstöße bis auf weiteres nicht mehr in Frage kam.

„Was wird in ihm vorgehen?", stellte der Fernsehreporter Fritz von Thurn und Taxis eine von seinen Kollegen regelmäßig gestellte Frage, wenn es galt, einen Ball aus elf Metern Entfernung im Tor unterzubringen. „Er muss ausgleichen!“ Ein kurzer Anlauf, ein Schuss: „Oh, ist das bitter“, heulte von Thurn und Taxis auf. „Der Jugoslawe im Tor von Saloniki kann bereits den ersten Elfmeter abwehren.“ Augenthaler hatte wie erwartet scharf, aber nicht platziert genug geschossen. Was allerdings außer dem englischen Schiedsrichter Alan Robinson niemandem aufgefallen war: Salonikis Torhüter Mladen Fortula hatte sich zu früh bewegt! Also der nächste Versuch. Erneut mit voller Wucht, erneut gehalten: „Und wieder scheitert Augenthaler“, konnte es von Thurn und Taxis kaum fassen. „Er hatte zwei Möglichkeiten.“ Der Spieler mit der Nummer 5 wollte bereits mit gesenktem Kopf den Strafraum verlassen, als ihm eine weitere Chance gewährt wurde. Angeblich hatte sich Fortula wieder zu früh bewegt. Nur mit Mühe konnte sich der Bosnier beherrschen, dem Schiedsrichter seine Sicht der Dinge etwas näher zu bringen, begnügte sich aber mit einem verächtlichen Blick Richtung Unparteiischen und ging wieder zurück in seinen Kasten: „Mir ist das alles überhaupt nicht aufgefallen, es war mir fast schon peinlich, als ich zum dritten Mal anlaufen musste“, schildert Augenthaler diese Szene. „Und wohin ich schießen sollte, wusste ich auch nicht mehr.“ Als der Ball schließlich im Tor war, blickte Augenthaler entschuldigend zum gegnerischen Torhüter, der immer noch nicht so recht verstand, was er denn nun eigentlich falsch gemacht hatte.

Nachdem die Griechen mit 2:1 in Führung gegangen waren, scheiterte Dieter Hoeneß, PAOK erhöhte auf 3:1, Kraus verkürzte für die Bayern. Es stand 3:2 für die Gäste, als Jean-Marie Pfaff endlich den ersten Elfmeter für seine Mannschaft hielt. Dachten alle, aber diesmal hatte sich der Belgier zu früh bewegt, entschied Schiedsrichter Robinson, und ließ wiederholen: 4:2 für PAOK, Nachtweih traf für die Bayern und den anschließenden Matchball für die Griechen wehrte Pfaff unter dem großen Jubel des lange Zeit vor sich hindämmernden Publikums ab. Seinen größten Moment des Abends hatte er aber noch vor sich: „Es stand 8:8, da kam Udo Lattek zu mir und sagte, du musst jetzt schießen, wir haben keinen mehr“, erinnert sich der Belgier. „Ich hatte noch niemals einen Elfmeter geschossen, aber es half nichts: Ich musste ran! Also legte ich mir den Ball zurecht und brachte ihn irgendwie oben rechts unter. Es war unbeschreiblich! Ich bin sofort in die Südkurve gelaufen, weil ich diesen Moment mit den Fans feiern wollte. Da habe ich zum ersten Mal erlebt, wie es ist, wenn du zum Helden eines Abends wirst."

Die Bayern hatten mit Ach und Krach die zweite Runde im Europapokal überstanden. Als einziger Bundesligaklub, nie war die Bilanz schlechter als in dieser Saison. „Wir haben das Siegen verlernt", ging der „kicker" auf Ursachenforschung und stellte für den Zustand des deutschen Fußballs folgende Mängelliste auf: „Kaum noch Spielerpersönlichkeiten, Überfremdung in den Schlüsselpositionen durch Ausländer, Entfremdung von der Basis, langweilige Spiele für viel Geld, Zuschauerrückgang, Erfolgsdruck, Verschuldung."

*****

Gut acht Jahre nach seinem Rauswurf beim FC Bayern hatte Udo Lattek eine auf vielen Positionen eingespielte Mannschaft übernommen, die sich aber an zentraler Stelle erst noch wieder finden musste. Vom Traumpaar „Breitnigge" war nur noch Karl-Heinz Rummenigge geblieben. Dass er aufgrund seiner Erfahrung und seiner Klasse die Nachfolge Paul Breitners als Mannschaftsführer antrat, verstand sich von selbst. Ob er dieses Amt auch ähnlich charismatisch ausfüllen würde wie sein Vorgänger, war wiederum eine ganz andere Frage: „Alles kommt auf Kalle an!", lautete die Schlagzeile im Bundesliga-Sonderheft: „In der neuen Spielzeit ist Rummenigge Bayerns einziger Superstar. Keine große Spielerpersönlichkeit springt ihm zur Seite. Kein Maier, kein Müller, kein Beckenbauer, kein Breitner mehr. Ohne eine Glanzsaison des Blonden wird es hart, sehr hart für die Lattek-Truppe. ‚Mister Bayern', du bist nicht zu beneiden."

Keine große Spielerpersönlichkeit außer Rummenigge? Sören Lerby sah das anders. Er traute sich zu, die Nachfolge Breitners anzutreten. Der Däne hatte mit 1,8 Millionen Mark nicht nur eine Menge Geld gekostet und war der bis dahin teuerste Transfer der Vereinsgeschichte, er konnte mit seinen 25 Jahren auch schon auf eine beachtliche internationale Karriere verweisen. Bei einem Verein, der noch immer vom glänzenden Ruf seiner „Goldenen Ära" der 70er-Jahre zehrte: Ajax Amsterdam. An Selbstbewusstsein mangelte es ihm jedenfalls nicht: „Mir ging er fast schon auf die Nerven", beschreibt Augenthaler die anfänglichen Probleme mit dem prominenten Neuzugang. „Er sprach andauernd von der Überlegenheit der ‚Ajax-Schule' und sah sie als Vorbild für den FC Bayern. Dabei hatten wir die Holländer mit Lerby drei Jahre vorher im Europapokal 5:1 geputzt. Beim Abschiedsspiel von Johan Cruyff 1978 standen wir beide auch gemeinsam auf dem Platz, Lerby und ich kannten uns also schon länger. Das Spiel werde ich nicht vergessen! Ich gehörte damals noch zu den ganz Jungen, und die Älteren in der Mannschaft hatten mit Ajax noch eine Rechnung offen, waren dort mal 0:4 untergegangen, auch im Europapokal. ‚Katsche' Schwarzenbeck nahm mich vor dem Anpfiff zur Seite und sagte: ‚Pass' auf den Cruyff auf, wir wollen von dem nichts sehen.' Sahen sie auch nicht, gleich zu Beginn grätschte ich ihm zwei- oder dreimal in die Parade, danach hatte er keine Lust mehr. Was aber noch viel schlimmer war: Wir gewannen 8:0! Die Holländer waren stinksauer, weil wir das Spiel so ernst genommen hatten, sie luden uns sogar vom Bankett aus! Trotzdem dachte Lerby, jetzt müsse alles so laufen wie bei Ajax und wir nach seiner Pfeife tanzen. Dann habe ich ihm erklärt, dass es bei uns so nicht funktioniert. Es dauerte ein paar Monate, bis wir einen gemeinsamen Weg gefunden hatten."

„Lerby war wirklich ein Führungsspieler", unterstreicht Norbert Nachtweih. „Der ging wirklich zur Sache, zog immer durch, ohne Rücksicht auf Verluste. Das war ihm vollkommen egal, Stutzen runter und rauf ging's. Ich habe ja selber ohne Schienbeinschützer gespielt, als es später Pflicht wurde, habe ich mir gefaltetes Zeitungspapier in die Stutzen geschoben. Ich wusste aber auch ganz gut, in welchen Zweikampf ich hineingehe und in welchen lieber nicht, weil es da krachen könnte. Aber es gab auch Spieler, die nicht zurückziehen konnten. Solche wie Lerby."

„Stimmt, er war ein Siegertyp, ohne deswegen aber verbissen zu sein", ergänzt Augenthaler. „Außerhalb des Platzes entsprach er ganz dem Bild des immer gut gelaunten Dänen. Und er war Gelegenheitsraucher, trank auch gerne mal ein Bier, das fand ich sympathisch. Privat hatte ich ein gutes Verhältnis zu ihm, ich gratulierte ihm auch zu seinem 60. Geburtstag. Darüber hat er sich sehr gefreut."

Mit dem Freisinger Hansi Pflügler erkämpfte sich in dieser Saison auch wieder ein Spieler aus heimischen Gefilden einen Stammplatz. Seit zwei Jahren im Verein hatte er zu diesem Zeitpunkt schon mehr erreicht, als er sich vorgenommen hatte: „Mein Ziel war es, einmal im Stadion an der Grünwalder Straße zu spielen, bei den Amateuren. Parallel zum Fußball studierte ich auch noch Stahlbau, mir war es wichtig, ein zweites Standbein zu haben. In meiner ersten Saison machte ich mich gleich bei Paul Breitner unbeliebt, als ich mich beim Hallentraining so einsetzte, dass das Tor umfiel und den Paul fast mit umgerissen hätte. Ich war schon der Mann fürs Grobe, habe in meiner Karriere aber nie eine Rote Karte gesehen. Meine Spielweise muss also immer noch halbwegs im Bereich des Erlaubten gewesen sein. Später gingen wir in der Abwehr arbeitsteilig vor: Wenn ein Stürmer besonders gut drauf war oder er uns anderweitig auf den Wecker ging, spielten wir etwas körperbetonter. Erst war der ‚Auge' dran, dann ich und schließlich Norbert Eder. Gemeinsam haben wir ihm dann meistens zurück auf den rechten Weg geholfen."

„Ebenfalls ein sehr wertvoller Mann für den FC Bayern, auch heute noch", lobt Klaus Augenthaler. „Der Hans hat sich selbst einschätzen können, wusste genau, dass er kein Überflieger ist. Aber er hat sich bis zur Teilnahme an der Weltmeisterschaft 1990 alles mit ungeheurem Fleiß erarbeitet. Und auf ihn war Verlass. Die Fans haben ja ein Gespür für Spieler, die für ihren Verein das letzte Hemd geben. Pflügler war so einer, deshalb war er auch so beliebt."

*****

Klaus Augenthaler trabte den langen Hotelflur ein paar Mal hoch und runter, erhöhte dann das Tempo, bis er am Ende fast schon sprintete. Bei jedem Schritt achtete er auf die Signale, die von seinem rechten Oberschenkel kamen. Dass es richtig rund lief, konnte er nicht behaupten. Der Schmerz war noch zu spüren, aber es fühlte sich schon besser an als noch vor zwei Tagen. Da hatten die Bayern ihr letztes Heimspiel der Hinrunde mit 1:0 gegen Borussia Dortmund gewonnen, Augenthaler konnte die Partie nur mit Mühe zu Ende spielen, wegen eines Faserrisses in der Vorderseite des Oberschenkels. So zumindest lautete die erste Diagnose nach der Partie. Dass er am folgenden Mittwoch dabei sein würde, wenn die Bayern bei Tottenham Hotspur um den Einzug ins Viertelfinale des UEFA-Pokals spielten, schien so gut wie ausgeschlossen. 1:0 hatten sie das Hinspiel im Olympiastadion gewonnen, an der White Hart Lane in London würde es vor allem auf eine stabile Abwehr ankommen, die Probleme der Bayern gegen Teams von der Insel waren inzwischen notorisch. Und auf seinen Libero und Abwehrchef zu verzichten, hielt Udo Lattek für die denkbar schlechteste Lösung.

Dass er zwei Tage vor dem Spiel den Hotelflur hoch und runter lief, hatte Augenthaler Sören Lerby zu verdanken. Der Däne hatte sich nicht nur an eine ähnliche Verletzung erinnert, sondern auch an den Physiotherapeuten, der ihn schnell wieder auf die Beine brachte. Seine Schilderungen waren so überzeugend, dass die Bayern entschieden, dieser Wunderheiler sei genau der Mann, den sie jetzt bräuchten und ließen ihn sofort nach München einfliegen. Lerby verschwieg auch nicht, dass er die Behandlung als nicht besonders angenehm in Erinnerung hatte, aber persönliches Wohlbefinden war in dieser Situation zweitrangig. Fand auch Augenthaler. Alles für den Erfolg der Mannschaft und des Vereins zu geben, war längst zum Leitmotiv seiner Laufbahn geworden. Dafür hatte er schon so oft auf die Zähne gebissen, dass es auf einmal mehr oder weniger nun auch nicht mehr ankommen würde. Also machte er Bekanntschaft mit den Randzonen des gerade noch Erträglichen:

„Ich wurde zunächst mit Eis massiert, bis die Stelle nahezu taub war. Dann drückte sich dieser Wunderheiler mit seinem Ellenbogen in den Muskel hinein, solange ich es aushalten konnte. Ein Durchgang dauerte 20 bis 30 Minuten, eine Ewigkeit also. Anschließend schickte er mich vor die Tür zum Laufen und dann dasselbe nochmal. Es wurde tatsächlich immer besser, vermutlich, weil die Stelle betäubt war. Am Ende konnte ich mit nach London fliegen und spielen, zwar nicht ohne Beschwerden, aber dass ich überhaupt auf dem Platz stand, war bei dieser Verletzung eigentlich nicht normal. Ich habe das alles für mich behalten, niemand wusste, dass ich da zwei Tage lang unter unmenschlichen Schmerzen behandelt wurde. Es fühlte sich wie Folter an. Aber ich wollte spielen, das stand für mich an oberster Selle. Ob ich meiner Gesundheit schade oder mich auf dem Platz blamiere – daran habe ich gar nicht gedacht. Mir ging es nur um die Mannschaft und den FC Bayern."

Und der verlor das Rückspiel gegen die „Spurs" 0:2, damit waren alle Bundesligavereine schon vor dem Jahreswechsel im Europapokal ausgeschieden. Dass sich der Qualitätsverlust in den kontinentalen Wettbewerben ohne Bundesligabeteiligung in Grenzen hielt, zeigten auch die dürftigen Leistungen der Nationalmannschaft, die sich nur auf den allerletzten Drücker für die Europameisterschaft in Frankreich qualifizieren konnte und dort bereits in der Vorrunde scheiterte.

Klaus Augenthaler gehörte nicht zum Aufgebot, seine Länderspielkarriere schien bereits beendet, bevor sie so richtig in die Gänge gekommen war. Nach einem Freundschaftsspiel gegen die Sowjetunion im Frühjahr 1984 in Hannover erklärte er seinen Rücktritt. Augenthaler hatte zu diesem Zeitpunkt gerade einmal vier Länderspiele absolviert, deshalb nahm von seinem Abschied kaum jemand Notiz. Die Einsicht, dass Jupp Derwall nichts Größeres mit ihm vorhabe, drängte sich dem Abwehrchef der Bayern während 90 langer Minuten auf der Ersatzbank im Niedersachsenstadion geradezu auf:

„Der Bundestrainer brachte in der zweiten Halbzeit sogar Spieler, die am Tag vorher noch mit der Olympia-Auswahl in Frankreich spielten. Viel deutlicher konnte er mir nicht sagen, was er von mir hielt. Und das musste ich mir dann auch nicht antun, ich war schließlich kein ganz junger Profi mehr, der sich noch hochdienen musste. Ich war deutscher Meister und hatte mir in der Bundesliga einen Namen gemacht. Unmittelbar nach dem Spiel bin ich dann zu Derwall gegangen und habe ihm gesagt, das war's für mich. Dazu kam, dass er mir auch noch öffentlich unterstellte, ich hätte Übergewicht. Er suchte wohl einen Grund, um mich loszuwerden. Zwischen uns passte es einfach nicht, ich hielt ihn auch nicht gerade für eine fußballerische Autorität. Jedenfalls war das Thema für mich erledigt, der FC Bayern war mir wichtiger."

Unterstützung erhielt Augenthaler von seinem Trainer: „Derwall hat sich gegenüber Augenthaler unmöglich verhalten", kritisierte Udo Lattek. „Es wird höchste Zeit, dass dieser offenbar total verunsicherte Trainer mal in sich geht, eigene Fehler eingesteht und einen neuen Anfang macht." Auch die BILD-Zeitung hatte sich längst auf den Bundestrainer eingeschossen: „Derwall, sei gnädig, geh!", lautete in diesen Tagen eine ihrer Schlagzeilen.

*****

So ganz ohne internationale Verpflichtungen konnte sich Klaus Augenthaler mit seinen Bayern nun auf die Bundesliga und den DFB-Pokal konzentrieren. In beiden Wettbewerben gab es noch eine Menge zu gewinnen. Die Hinrunde hatten sie mit nur einem Punkt Rückstand auf den Herbstmeister VfB Stuttgart abgeschlossen, zogen aber schon am 18. Spieltag nach einem 5:1 in Leverkusen wieder an den Schwaben vorbei. Der VfB musste sich in Braunschweig 0:1 geschlagen geben. Obwohl für den Rest der Saison nur noch diese beiden Vereine an der Tabellenspitze standen, entwickelte sich ein Vierkampf um die deutsche Meisterschaft. Nach dem 25. Spieltag führten die Bayern dank der besseren Tordifferenz gegenüber dem punktgleichen Duo HSV und Borussia Mönchengladbach, ein Zähler dahinter lauerte Stuttgart.

Trotz der Platzierung ihres Teams und der Spannung in der Liga blieb das Münchner Publikum reserviert, zu den ersten vier Heimspielen der Rückrunde kamen im Schnitt 10.000 Fans. Auch wenn man berücksichtigt, dass Arminia Bielefeld, Kickers Offenbach, Eintracht Braunschweig und der VfL Bochum auf anderen Plätzen ebenfalls keine langen Schlangen vor den Kassenhäuschen verursachten, war das die Bilanz eines besseren Zweitliga-Klubs: „Es ist schon komisch", sinniert Augenthaler. „Solche Spiele vor wenn überhaupt halbleeren Rängen waren damals nichts Außergewöhnliches. Und heute? Die Allianz-Arena ist seit ihrem Bestehen ausverkauft, das kann doch nicht nur am Stadion liegen. Und Erfolg hatten wir damals auch. Heute ist es fast schon egal, wie die Bayern spielen oder wie der Gegner heißt. Die Bude ist voll. Neulich hat ein Bekannter von mir Karten für seine Tochter gekauft: 400 Euro das Stück. Er hat sie trotzdem gekauft, weil die Tochter so fußballverrückt ist und weil es eine lange Warteliste gibt."

In der Saison 83/84 strömten die Massen erst wieder am 27. Spieltag ins Olympiastadion: 78.000 Zuschauer sahen ein hart umkämpftes 2:2 gegen den VfB Stuttgart, Schiedsrichter Wolf-Dieter Ahlenfelder sprach hinterher vom mit Abstand schwersten Spiel seiner Laufbahn: „Ich hätte auch 15 Spieler verwarnen können!" Er begnügte sich mit vier Gelben Karten. Die Bayern blieben nach diesem Unentschieden vorne, gewannen das folgende Spiel in Nürnberg mit 4:2 und reisten am 29. Spieltag als Tabellenführer nach Bremen. Ohne Klaus Augenthaler, der wegen einer Schulterverletzung ausfiel, verloren sie nicht nur mit 2:3, sondern auch Platz 1. Udo Lattek war stinksauer: Seine Mannschaft hatte kurz nach der Halbzeit innerhalb von drei Minuten einen 0:2-Rückstand ausgeglichen, anschließend aber die Marschroute ihres Trainers missachtet. Während Lattek diesen Doppelschlag zum Anlass nahm, seine Spieler wild gestikulierend nach vorne zu treiben, um die Partie für sich zu entscheiden, konnten die mit einem Unentschieden ganz gut leben. Im Laufe der zweiten Halbzeit fing sich Werder wieder und kam durch Frank Neubarth tatsächlich noch zum Siegtreffer.

Doch der hohe Unterhaltungswert dieses Duells beschränkte sich nicht nur auf die 90 Minuten: Nach dem Spiel sprach ein noch sichtlich mitgenommener Lattek von einem unverdienten Sieg der Bremer und wollte Otto Rehhagel zunächst nicht gratulieren, was diesen wiederum in Wallung brachte. Die beiden konnten sich noch nie leiden. Jetzt war die passende Gelegenheit, der Öffentlichkeit zu zeigen, dass sich daran nichts geändert hatte. Rehhagel nannte Lattek einen „schlechten Verlierer", der wiederum unterstellte seinem Bremer Kollegen einen „Minderwertigkeitskomplex": „Der Otto hat schon immer was gegen mich gehabt. Ich vermute bei ihm eine gewisse Profilneurose, weil er noch keinen großen Klub trainiert hat", stocherte Lattek im psychologischen Kaffeesatz. Der Ton für weitere giftige Duelle zwischen beiden Vereinen war damit gesetzt: „Ich habe ja beide erlebt", erinnert sich Augenthaler. „Unter Lattek war ich Spieler, unter Rehhagel in der Saison 95/96 Co-Trainer. Zwei konträre Charaktere, auch wenn es ein paar Gemeinsamkeiten gab. Beide waren total erfolgsbesessen, aber Lattek konnte es auch mal krachen lassen. Rehhagel übertrieb es mit seiner Professionalität, ließ sich auch von niemandem reinreden. Dass ich ihn als Co-Trainer siezen musste, sagt einiges über ihn aus. Er trat auf wie ein General, legte viel Wert auf Autorität. Und weil er damit bei Werder Erfolg hatte, dachten sie sich bei den Bayern, genau so einen brauchen wir, um die Mannschaft wieder in die Spur zu bringen. Aber seine Methoden kamen nicht mehr an. Sie waren auch damals schon von vorgestern."

Eine Woche nach dem 2:3 in Bremen gewannen die Bayern zwar 3:0 gegen Eintracht Frankfurt, aber sowohl die Mannschaft als auch das Umfeld schienen nicht mehr so recht bei der Sache zu sein. Statt vor einem ausverkauften Haus wie noch beim Heimspiel gegen den VfB Stuttgart kamen nur 20.000 Zuschauer, obwohl der Rückstand auf den Tabellenführer nur einen Punkt betrug: „Ich habe den Eindruck, einige glauben gar nicht mehr an unsere Meisterschaftschance. Anders kann ich mir die lasche Einstellung nicht erklären“, beschwerte sich Karl-Heinz Rummenigge. Er selber hatte zwei Treffer erzielt und führte die Torschützenliste der Bundesliga mit 23 Toren nahezu uneinholbar an.

Drei Tage bevor sie im Hamburger Volksparkstadion um ihre vielleicht schon letzte Meisterschaftschance spielten, stand für die Bayern noch das Halbfinale im DFB-Pokal auf dem Programm. Obwohl sie auswärts antreten mussten, waren sie gegen Schalke 04 klarer Favorit. Die Gastgeber pendelten zu dieser Zeit zwischen erster und zweiter Liga, gerade befanden sie sich mal wieder im Unterhaus. Nach 12 Minuten führten die Bayern 2:0, alles deutete darauf hin, dass sie sich vor dem wichtigen Spiel in Hamburg nicht unnötig verausgaben mussten. Der Rest dürfte bekannt sein. Schalke kam zurück und glich nicht nur einmal aus. Die Bayern brachten es fertig, während der 120 Minuten insgesamt vier Führungen aus der Hand zu geben und kassierten in der letzten Minute der Nachspielzeit noch den Ausgleichstreffer zum 6:6 durch Olaf Thon. Der gerade einmal 18-jährige war der Held eines geschichtsträchtigen Abends, dessen Dramaturgie auch die Reporter überforderte. Mit rationalen Mitteln war das alles nicht mehr zu erklären: „Das gibt es nicht! Meine Damen und Herren, das gibt es nicht“, versuchte Eberhard Figgemeier im ZDF erst gar nicht, das soeben Erlebte in irgendein Schema zu pressen. „So etwas habe ich noch nie gesehen!“ Auch sein Hörfunkkollege Manfred Breuckmann war mit seinen Möglichkeiten am Ende: „Das begreif ich nicht mehr. Nein, das begreif ich nicht mehr“, gab er zu, um dann seinem ZDF-Kollegen beizupflichten: „So etwas habe ich noch nicht erlebt.“

Im Parkstadion flossen die Freudentränen. Die Fans drehten mit Olaf Thon auf ihren Schultern eine Ehrenrunde nach der anderen und Udo Lattek teilte auf der Pressekonferenz mit, er würde Thon sofort mit nach München nehmen, wenn er zehn Millionen Mark zur Verfügung hätte. Hatte er aber gerade nicht, und auch Uli Hoeneß war klamm. Der Bayern-Manager dachte ohnehin weder an den jungen Schalker noch an München, sondern an das nächste Spiel in Hamburg. Er stornierte umgehend den Rückflug in die Heimat und buchte stattdessen eine Direktmaschine in die Hansestadt: „Wir hätten zehn Tore schießen müssen, weil die Schalker Abwehr so blind war", schimpfte er. „Genau so blind wie unsere." Nach der Ankunft in Hamburg kündigte er eine „knallharte Aussprache" an.

„Solche Spiele hatten wir zum Glück nicht sehr oft", schmunzelt Klaus Augenthaler. „Und dass uns ein Spieler so auseinandernimmt, kam auch nur ganz selten vor. Mit seinen drei Toren hatte Olaf Thon quasi schon einen Vorvertrag bei den Bayern unterschrieben, auch wenn er erst vier Jahre später zu uns kam. Nach diesem 6:6 ärgerte uns tatsächlich am meisten, dass wir sofort nach Hamburg flogen. Wir waren damals alle ziemlich kaputt und wollten lieber nach Hause, als drei Tage in einem Hotel herumzuhängen. Und viel gebracht hat es ja auch nicht."

Denn nach dem Spiel im Volksparkstadion war aus dem Vierkampf um die deutsche Meisterschaft ein Duell geworden. Borussia Mönchengladbach hatte sich mit einem 1:4 in Dortmund ebenso aus dem Rennen verabschiedet wie die Bayern, die beim HSV 1:2 unterlagen: „Wir haben es nicht besser verdient", brachte es Udo Lattek angesichts einer verschlafenen ersten Halbzeit und reichlich versiebter Torchancen im zweiten Durchgang auf den Punkt. Und während die Schale nach dem 34. Spieltag in Stuttgart in Empfang genommen wurde, brannten Bayern und Gladbacher ein paar Tage später auf die Gelegenheit, die Saison durch einen Sieg im Pokalfinale zu krönen.

*****

„Wir holen den Pokal", versprach Karl-Heinz Rummenigge vor seinem letzten Spiel für die Münchner. Auch Lothar Matthäus wollte sich mit einem Titel verabschieden. „Ich habe kürzlich einen Kommentar von Kalle Rummenigge gelesen, in dem er schon wieder laut getönt hat. Ich möchte ihm den Abschied von den Bayern zu gern versalzen." Die beiden Hauptdarsteller des Endspiels hatten sich damit schon einmal in Schwung gebracht. Nach zehn Jahren an der Säbener Straße wechselte Rummenigge für die damalige Rekordsumme von knapp 11 Millionen Mark zu Inter Mailand, einen Teil dieser Einnahmen hatte der Verein bereits reinvestiert: in Lothar Matthäus. Doch während Rummenigge seiner überragenden Bedeutung entsprechend vom FC Bayern in allen Ehren verabschiedet wurde, saß der 23 Jahre junge Matthäus zwischen allen Stühlen. Er wechsle nur, wenn sich die Borussia nicht für den Europapokal qualifiziere, hatte er während der Saison versichert, um dann doch beim großen Rivalen der 70er-Jahre zu unterschreiben. „Aus sportlichen Gründen", so Matthäus. Sein Trainer Jupp Heynckes nahm ihm das nicht ab: „Allein das Geld hat entschieden."

Der überwiegende Teil der Borussia-Fans war mit Matthäus fertig, was aber nicht hieß, dass die der Bayern ihrem Neuzugang den roten Teppich ausrollten. Die Vorbehalte waren nicht unbegründet: Beim 6:6 auf Schalke saß Matthäus auf der Tribüne des Parkstadions und jubelte bei jedem Schalker Treffer so ausgelassen, als hätte er nie in München unterschrieben: „Wir spielen im Finale doch lieber gegen Schalke als gegen die Bayern", hatte er seine allzu demonstrative Freude zu erklären versucht. Half ihm aber nichts, seine Beliebtheitswerte beim Anhang seines künftigen Vereins sanken vorerst in den Keller.

Und es sollte noch dicker für ihn kommen. Nach 120 Minuten im Frankfurter Waldstadion stand es 1:1, das letzte Pokalfinale vor dem Umzug nach Berlin endete mit einem Elfmeterschießen. Er werde weder in der regulären Spielzeit noch in der Verlängerung zu einem Elfer antreten, hatte sich Matthäus vorher festgelegt und hinzugefügt: „Auch bei einem Elfmeterschießen wäre es mir lieber, der Trainer fände zunächst fünf andere sichere Schützen." Doch diesen Gefallen wollte oder konnte Jupp Heynckes ihm nicht tun. Matthäus musste als Erster ran: „Der einzige Fehler war, dass ich überhaupt geschossen habe", sagte er Jahre später über den satt in den Frankfurter Abendhimmel gedroschenen Ball. „Jupp Heynckes hat mich damals unter Druck gesetzt, denn ich wollte gar nicht antreten."

Spielentscheidend war diese Fahrkarte jedoch nicht. Beim Stand von 3:3 im Elfmeterschießen war als vierter Schütze der Bayern Klaus Augenthaler an der Reihe, der anders als gegen Saloniki diesmal möglichst im ersten Versuch treffen wollte. Vor ihm hatten Lerby, Nachtweih und Grobe souverän verwandelt. Gladbachs Torhüter Uli Sude war dabei immer in eine Ecke abgetaucht: „Dann schieße ich doch am besten in die Mitte", dachte sich der Libero der Bayern, schritt zur Tat und ballerte den Ball mit voller Wucht ins Torzentrum. Doch diesmal blieb Sude einfach stehen. Es hätte zwar nicht viel gefehlt und er wäre mit dem Ball ins Tor geflogen, aber am Ende erwies sich der Gladbacher Torhüter als stabil genug, um den Schuss zu parieren.

Bevor Augenthaler anlief, hatte sich Lothar Matthäus seine Schuhe bereits ausgezogen. Er saß völlig niedergeschlagen auf der Bank und versuchte sich so langsam mit dem Gedanken abzufinden, für die einzige Niete des Tages verantwortlich zu sein. Nachdem sich aber sein künftiger Mannschaftskollege solidarisch gezeigt und ihn von diesem Makel befreit hatte, stürmte Matthäus aufs Feld und fiel seinem erneut standfesten Torhüter um den Hals: „Ich bin Uli Sude so dankbar", sprach er sichtlich erleichtert dem ZDF-Reporter Wolfram Esser ins Mikrophon. „Dieser Fehlschuss war die größte Enttäuschung meiner Karriere."

Gewonnen war damit aber noch nichts. Nach Augenthaler traf Winfried Hannes für die Borussia, nun lag alle Last auf Karl-Heinz Rummenigge. Der Nationalspieler hatte bereits vorher angekündigt, als fünfter Schütze zur Verfügung zu stehen. Sein letzter Schuss im Dress des FC Bayern musste also sitzen, um auch im Elfmeterschießen in die Verlängerung zu gehen: „Es wäre nicht auszudenken, wenn er verschießt", sprach der andere ZDF-Reporter Rolf Kramer aus, was auf dem Spiel stand. Aber Rummenigge verwandelte eiskalt, nun begann die hektische Suche nach weiteren Schützen. Für Gladbach waren zunächst Criens und Frontzeck erfolgreich, bei den Bayern trafen Dremmler (der in der 82. Minute auch den Ausgleich erzielt hatte) und Bernd Martin. Dann war Norbert Ringels an der Reihe und setzte den Ball an den Pfosten. Matchball für die Bayern, und die ließen sich diese Chance nicht entgehen: Michael Rummenigge sorgte mit seinem abschließenden Elfmeter dafür, dass sich sein älterer Bruder mit dem Pokalsieg aus München angemessen verabschieden konnte. Lothar Matthäus dagegen blieb als der große Verlierer dieses Endspiels in Erinnerung.

„Nach dem Finale ging es in den Urlaub, nach Griechenland", erzählt Augenthaler. „Und wer kommt da im Hotel auf mich zu? Der Lothar! Wir sind während dieser Zeit häufig miteinander essen gegangen, auch mit unseren Familien. Ich sagte ihm, dass ich mich auf ihn freue. Wenn man unter vier Augen mit ihm sprach, war er der ehrlichste Kerl, den man sich vorstellen konnte. Und er war sehr offen. Er

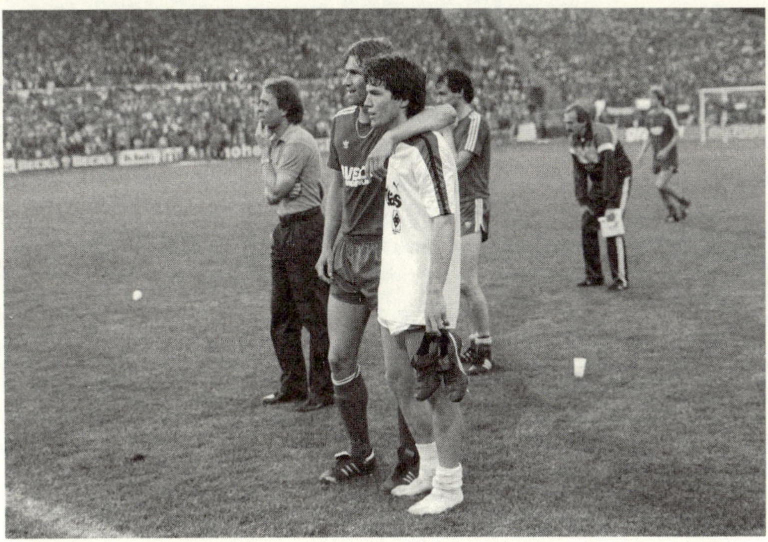

Pokalfinale 1984, Elfmeterschießen: Erst verschoss Matthäus, dann Augenthaler. Der nahm es leichter. (Foto: IMAGO/Ferdi Hartung)

hat mir viel von sich erzählt, ich glaube, ich wusste so ziemlich alles über ihn und seine Familie. Aber wehe, wenn jemand anders dazukam: Dann wollte er zeigen, wer er ist, was er schon alles geleistet hat. Ich fragte mich damals, ob das schon erste Machtdemonstrationen waren, hatte aber keine Lust, mich darauf einzulassen. Für mich war er unser Neuzugang, ein Mittelfeldspieler mit außergewöhnlichen Fähigkeiten. Und ich war mir sicher, dass er der richtige Mann für den FC Bayern war."

6

„Ich hatte unglaublich viel Glück gehabt"
1984–1985

Augenthaler lässt sich auch durch eine Operation nicht bremsen und feiert als Kapitän seine schönste Meisterschaft / Das Comeback in der Nationalmannschaft misslingt allerdings / Ein 18-Jähriger begeistert die Bayern-Fans / Jean-Marie Pfaff will nicht mehr den Hampelmann spielen

„Ich war immer ein Mannschaftsspieler, nie eigenbrötlerisch", betont Klaus Augenthaler. „Wenn ich eine Aufgabe bekam, tat ich alles, um sie zu erfüllen. Und wenn es dann noch möglich war, habe ich versucht, woanders zu helfen." Wahrscheinlich waren es genau diese eher bodenständigen Tugenden, die den mittlerweile knapp 27-Jährigen nach Ansicht seines Trainers qualifizierten, die Nachfolge Karl-Heinz Rummenigges anzutreten: „Klaus, du bist jetzt mein Kapitän!", teilte ihm Udo Lattek vor Beginn der neuen Saison mit. Eine Wahl hatte er nicht vorgesehen, weder für die Mannschaft noch für Augenthaler. Der war sich der Ehre durchaus bewusst, lehnte aber zunächst ab. Mit seiner Begründung, es gebe innerhalb des Teams doch ältere Spieler mit mehr Erfahrung, vermochte er Lattek jedoch nicht zu überzeugen: „Egal, du bist mein Kapitän!"

Auch wenn sich der Umworbene zunächst zierte, sprach viel für die Entscheidung des Trainers. Dass die älteren Kollegen, auf die sich Augenthaler bezog, für diesen Job tatsächlich geeigneter waren, ließ sich nur schwer belegen. Zwar zählte Bernd Dürnberger zum Inventar des FC Bayern, Lattek kannte den bei den Fans so beliebten wie unverwüstlichen Dauerläufer noch aus seiner ersten Amtszeit in München und hatte mit ihm zwei Meisterschaften sowie den Europapokal der Landesmeister gewonnen. Aber der „Wipf", wie er genannt wurde, stand vor seiner letzten Saison, sollte sich nur noch als „Notnagel" zur Verfügung halten. Und ein Notnagel als Kapitän? Wolfgang Dremmler konnte auf die meisten Bundesliga- und Länderspiele verweisen, wie Augenthaler war er auf seiner Position als rechter Verteidiger oder im defensiven Mittelfeld unumstritten, darüber hinaus zuverlässig und loyal. Aber auch eher introvertiert, er war nicht unbedingt der Typ, der andere mitriss, an dem sich eine Mannschaft aufrichtete.

Dieter Hoeneß, ebenfalls ein paar Jahre älter als Klaus Augenthaler, schoss trotz größer werdender Konkurrenz weiterhin seine Tore, hätte als Abiturient und früherer Lehramtsstudent auch die intellektuelle Note mitgebracht, die einen Paul Breitner auszeichnete. Der Mittelstürmer war aber nicht mehr selbstverständlich für die Startelf gesetzt und hatte zudem einen schweren Stand bei den eigenen Fans, die den technisch nicht überdurchschnittlich versierten jüngeren Bruder des Managers immer wieder zur Zielscheibe bösen Spotts machten.

Und dann war da noch Jean-Marie Pfaff: Der Torwart verfügte zweifellos über die nötige Erfahrung, das nötige Selbstbewusstsein war auch vorhanden und über seine sportliche Klasse gab es ebenfalls keine zwei Meinungen. Aber Pfaff hatte in der Mannschaft nicht nur Freunde. Der lebensfrohe und immer gut gelaunte Belgier liebte das Spiel mit der Öffentlichkeit, wusste sich auch außerhalb des Platzes vorteilhaft in Szene zu setzen. Intern kam das nicht so gut an, manche warfen ihm vor, sich bei der Presse anzubiedern: „Mich stört es nicht, wenn einige Kollegen neidisch sind. Bei solchen Tönen schlafe ich auf beiden Ohren", gab sich der Belgier gleichgültig. Bestimmt nicht die schlechteste Strategie, um persönlich über die Runden zu kommen. Aber um ein so kompliziertes Gebilde wie eine Profitruppe zusammenzuhalten, mit all ihren Konkurrenzkämpfen, kleineren oder größeren Eitelkeiten, versteckten oder offen ausgetragenen Animositäten, die den Erfolg der Mannschaft gefährdeten – für diese Aufgabe war ein zu stark ausgeprägtes Ego hinderlich.

Blieb Augenthaler, der alle notwendigen Voraussetzungen mitbrachte: Er machte nicht viele Worte, aber sein Wort hatte Gewicht. Er war sportlich unumstritten, von seinen Mitspielern als nie aufgebende Kämpfernatur anerkannt, spielte lange genug im Verein und nahm sich trotz seines Platzes an der Spitze der Nahrungskette nicht besonders wichtig. Dass er dazu noch aus Bayern kam, dürfte bei Latteks Wahl vermutlich keine herausragende Rolle gespielt haben, unwichtig war dieses biographische Detail aber keineswegs: „Klaus Augenthaler war damals im Prinzip so etwas wie ein Sinnbild dieses Vereins", betont Markus Hörwick auch die Außenwirkung dieser Entscheidung. „Ein gebürtiger Bayer, ein Niederbayer, der alle mit diesem Menschenschlag verbundenen Klischees bediente. Knurrig, es brauchte Zeit, bis er jemandem vertraute. Man musste sich dieses Vertrauen schon verdienen, er fiel nicht gleich jedem um den Hals. Aber immer zuverlässig, immer da, man konnte sich zu 100 Prozent auf ihn verlassen. Es waren ja große Fußstapfen, in die er trat. Aber er hat sie auf seine Art perfekt ausgefüllt, hat die Mannschaft zusammengehalten. Auf dem Spielfeld war er der Anführer, ihn hat so schnell nichts umgehauen. Eben ein typisch bajuwarisches Urgestein."

„Ich hatte auch Glück, dass Spieler wie Wolfgang Dremmler nicht neidisch waren, sondern mich unterstützten", versucht Augenthaler von seiner Person abzulenken und den Ball etwas flacher zu halten. „Tatsache ist, dass ich mich nicht aufdrängte, mich auch ohne die Binde bemerkbar gemacht hätte. Kapitän dieser Mannschaft zu sein, bedeutete für mich, noch mehr Verantwortung zu übernehmen als vorher. Und das hieß vor allem, immer zu spielen, wenn es irgend geht. Das war der Preis dafür, nach Spielern wie Beckenbauer, Breitner und Rummenigge Kapitän zu sein. Und davor hatte ich Respekt. Heute bin ich stolz, dass ich dieses Amt sieben Jahre innehatte. So lange wie Beckenbauer und länger als Breitner."

*****

Lothar Matthäus, Roland Wohlfarth, Holger Willmer, Norbert Eder, dazu noch ein paar talentierte Amateure. Mit Ausnahme von Matthäus trugen die Neuzugänge keine Namen, die nach dem Abgang von Karl-Heinz Rummenigge zu Inter Mailand Anlass zu ganz großen Hoffnungen gaben. Wohlfarth hatte in der abgelaufenen Saison zwar 30 Tore erzielt, aber eben in der 2. Liga für den MSV Duisburg. Viele bezweifelten, ob sich der gerade einmal 21 Jahre alte, als introvertiert geltende Stürmer, in einem Umfeld durchsetzen würde, in dem man schon mal auf den Putz hauen musste, um wahrgenommen zu werden. Norbert Eder kam vom 1. FC Nürnberg, war gerade mit dem „Club" nach einer spektakulär erfolglosen Saison und einer Auswärtsbilanz von nie wieder erreichten 0:34 Punkten abgestiegen. Auch von ihm war nicht unbedingt zu erwarten, dass er bei den Bayern auf Anhieb zu den Leistungsträgern gehören würde. Mit Holger Willmer unterschrieb zwar ein gestandener Bundesligaspieler, der in seinen sieben Jahren beim 1. FC Köln deutscher Meister wurde und zweimal den DFB-Pokal gewann, aber als defensiver Mittelfeldspieler auch eher geholt worden war, um Fleißkärtchen zu sammeln. „Viel Masse, wenig Klasse", hielt der „kicker" sehr zurückhaltend fest: „Statt Künstlern und Rebellen prägen Handwerker und ein halbes Dutzend Talente das Gesicht der Mannschaft." Auch von ihrem Kapitän war das Fachmagazin nicht restlos überzeugt: „Nichts gegen Klaus Augenthaler, der immerhin von Paul Breitner gelernt hat, als erster die Ärmel hochzukrempeln. Aber seinen Vorgängern in dieser Rolle das Wasser reichen, kann er nicht."

Und es stimmte ja, weder hätte sich Augenthaler selbst als Künstler bezeichnet, noch brachte man ihn mit Aufsässigkeit in Verbindung oder sagte ihm eine rebellische Note nach. Was im Umkehrschluss allerdings nicht bedeutete, dass sein Weg der des geringsten Widerstands war. Wenn ihm etwas nicht passte, mischte er sich ein. Ob im Vier-Augen-Gespräch nach dem Training oder bei sich zu Hause im Partykeller mit der gesamten Mannschaft: „Bevor ich anfing, die Probleme offen anzusprechen, gab es erst einmal was zu essen und zu trinken. Dann ging es mit den Fragen los: Warum bringst du deine Leistung nicht? Was können wir anderen besser machen? Wie können wir dir helfen? Darüber wurde diskutiert, ohne jemanden an den Pranger zu stellen. Über allem stand ja der Erfolg der Mannschaft. Welche Note ich oder wer auch immer im letzten Spiel bekommen hatte, war zweitrangig. Für mich spielte das keine Rolle, aber das sah nicht jeder so. Und darüber konnte ich mich ärgern, wenn jemand seine persönliche Leistung über das Wohl der Mannschaft stellte."

Als Augenthaler nach seiner aktiven Laufbahn Trainer bei Bayer Leverkusen wurde, erzählte er dem „Spiegel" in einem Interview, dass sich an der Notenfixierung der meisten Spieler nicht viel geändert hätte: „Sie machen immer wieder den gleichen Fehler, schlagen am Tag danach die ‚BILD am Sonntag' oder den ‚Express' auf und wollen wissen, wie sie beurteilt worden sind. Da sag ich dann immer: Lass doch die Scheiß-Noten weg. Entscheidend ist, was ich sage. Das müsst ihr kapieren. Aber nein, wenn einer mal einen Fünfer hat, lässt er sich davon runterziehen." Er selber sei zu Beginn seiner Karriere auch nicht ganz frei davon gewesen, aber nachdem er sich einen gewissen Stellenwert in der Mannschaft erarbeitet hatte, sank sein Interesse an der Beurteilung seiner Leistung durch journalistische Beobachter und andere Experten gegen null.

„Augenthalers Wort hatte Gewicht", betont Norbert Nachtweih. „Er war in der Hierarchie ganz oben, trotz eines Lothar Matthäus. Lothar gehörte während meiner Zeit bei den Bayern zu den Jungen, nie zur Gruppe um Augenthaler. Wir haben ihm immer gesagt, dein Platz ist in der zweiten Gruppe bei Wohlfarth, Kögl und ein paar anderen, aber nicht bei Klaus, Dieter Hoeneß oder mir. Er war immer ein bisschen kindlicher. Auf dem Platz hat er seine Sache gemacht, aber außerhalb haben wir bestimmt."

*****

Die „Talente und Handwerker", die Augenthaler jetzt anführte, schlugen sich jedenfalls sehr viel besser als erwartet. Als am Ende der Saison 1984/85 Bilanz gezogen wurde, hatte Norbert Eder das komplette Programm mit 34 Bundesligaspielen absolviert, Roland Wohlfarth war in 32 Spielen dabei gewesen, Holger Willmer in 29. Dass Lothar Matthäus auf 33 Einsätze kam, war keine große Überraschung, seine 16 Tore dagegen schon. Keiner seiner neuen Kollegen kam an diese Quote heran. Doch so sehr dieses Quartett auch überzeugte, die Begeisterung der Fans schlug vor allem dem erst 18 Jahre alten Ludwig Kögl entgegen. Hinter dem quirligen Außenstürmer von 1860 München war fast die komplette Bundesliga her: „15 Angebote lagen bei uns zu Hause auf dem Tisch, aber keines von meinem Lieblingsklub", erzählt Kögl. „Der hieß Borussia Mönchengladbach und nicht etwa Bayern München! Das kann ich wirklich nicht behaupten. Ich kam schließlich von 1860, dort hatte bereits mein Onkel gespielt, das war mein Verein."

Ein Verein, der allerdings in die Bayernliga strafversetzt worden war. Zwei Jahre vor Kögls Wechsel zum großen und vor allem ungeliebten Nachbarn hatte der DFB den 60ern die Lizenz entzogen. Kurz nachdem sie mit einer Mischung aus Routiniers wie Erich Beer und Sturmtalenten wie Rudi Völler oder Herbert Waas fast in die Bundesliga aufgestiegen wären. Bevor Kögl beim FC Bayern unterschrieb, waren die „Löwen" in der Aufstiegsrunde zur 2. Liga gescheitert, mussten danach sieben weitere Jahre auf die Rückkehr in den Profifußball warten. Und genau dort wollte Kögl so schnell wie möglich hin: „Das konnten die Fans schon verstehen, nur den Wechsel zu den Bayern nahmen mir einige sehr übel. Dabei war es wirklich nicht der große Name, auch nicht das große Geld. Woanders hätte ich deutlich mehr verdienen können. Aber ich war erst 18 Jahre alt und konnte mir überhaupt nicht vorstellen, außerhalb Bayerns zu leben. Deswegen ging ich an die Säbener Straße. Ich habe die Entscheidung aber nicht bereut."

5.000 Mark Grundgehalt im Monat zahlte ihm sein neuer Verein zunächst, auch für damalige Verhältnisse nicht gerade üppig. Man plane mittelfristig mit ihm, dämpfte Uli Hoeneß allzu große Erwartungen und stellte dem Neuzugang erst einmal ein Lehrjahr in Aussicht. Auch für den Manager war dieser Transfer wichtig: finanziell waren die Risiken bei einer Ablösesumme von rund 50.000 Mark überschaubar, aber nachdem Herbert Waas in Leverkusen unterschrieben hatte und Rudi Völler bei Werder Bremen spielte, sollte mit Kögl nicht das nächste Talent die Stadt verlassen, ohne beim FC Bayern vorstellig geworden zu sein. Und der lernte sehr viel schneller als erwartet, kam auf 27 Bundesligaeinsätze und wurde schließlich zum „Senkrechtstarter der Saison" gewählt. Ein Münchner im Himmel.

Nicht nur gemessen an den zurückhaltend formulierten Zielen – offiziell gab sich die Vereinsführung nach dem Weggang Rummenigges mit einem Platz im Uefa-Pokal zufrieden – hätte die Saison gar nicht besser beginnen können. Die Bayern starteten mit sechs Siegen und stellten damit einen neuen Startrekord auf. Dass auf dem Platz angeblich die Künstler und Rebellen fehlten, mochte feinsinnige Stadionbesucher schmerzen, wer den Fußball dagegen auch als Ergebnissport schätzte, kam über diesen vermeintlichen Verlust hinweg. Plötzlich war sogar von einer „drohenden Langeweile" in der Liga die Rede, verbunden mit der eher rhetorisch gestellten Frage, ob die Münchner auf ihrem Weg zur deutschen Meisterschaft überhaupt noch aufzuhalten seien. Eine zumindest vorläufige Antwort lieferte am siebten Spieltag mit Waldhof Mannheim eine Mannschaft, die kaum jemand für zuständig gehalten hatte. Die Mannheimer gewannen im Olympiastadion mit 2:1 und nährten damit bei den Verfolgern die Hoffnung auf weitere Dämpfer. Aber schon vier Tage später gewannen die Bayern souverän mit 2:0 in Düsseldorf und blieben unangefochten Tabellenführer. Es lief wie geschmiert, nur einer war mit der Situation überhaupt nicht zufrieden.

*****

„Ich spiele nicht mehr lange den Hampelmann", grollte Jean-Marie Pfaff. Die Saison hatte gerade erst begonnen, aber er galt bereits als der große Verlierer. Pfaff hatte sich während der Vorbereitungszeit in einem Freundschaftsspiel an der Leiste verletzt, musste operiert werden und eine sechs Wochen lange Pause einlegen. Udo Lattek blieb nichts anderes übrig, als die bisherige Nummer 2, Raimond Aumann, zwischen die Pfosten zu stellen. Der war 1980 als 16-Jähriger vom FC Augsburg in die A-Jugend der Bayern gewechselt, um dann alles „auf diese Trumpfkarte zu setzen": „Ich habe später viele Talente kommen und gehen sehen, vielleicht hat es mir geholfen, dass mir wirklich nichts geschenkt wurde. Leidenschaft ist ein wichtiger Punkt, wenn man sich im Profifußball und vor allem in einem Verein wie dem FC Bayern durchsetzen will. Aber was oft unterschätzt wird: Man muss auch Verzicht üben können." Und dazu war Aumann bereit. Tagsüber arbeitete er im Sportgeschäft Wagner, wo er eine Ausbildung zum Einzelhandelskaufmann machte. Nach Absprache mit Uli Hoeneß ließ ihn sein Chef immer eine Stunde früher gehen, dann fuhr er mit dem Zug nach München, wurde am Bahnhof abgeholt und zum Training gebracht, nach dem Training ging's zurück und gegen Mitternacht war Aumann wieder zu Hause. So sahen seine Wochen aus. Aber er nahm das für sein großes Ziel gern in Kauf, wollte die Nummer eins beim FC Bayern werden: „Mir war klar, wie schwer das wird, vor allem, nachdem Jean-Marie Pfaff verpflichtet wurde. Aber als es soweit war, hatte ich Lunte gerochen und wollte meinen Platz verteidigen. Da war mir der Name ziemlich egal, so viel Selbstbewusstsein hatte ich, musste ich auch haben. Man stelle sich mal vor, irgendeiner hätte bei den Bayern Manuel Neuer herausgefordert. Ich glaube nicht, dass es dazu gekommen wäre. Aber ich war mir damals sicher, Pfaff verdrängen zu können."

Obwohl jeder im Verein wusste, dass es sich bei Aumann um ein außergewöhnliches Torwarttalent handelte, war er noch ohne jeden Bundesligaeinsatz. Und wie er den auf dieser Position besonderen psychischen Belastungen im Ernstfall würde standhalten können, wusste niemand vorherzusagen. Trotzdem hielten es die Bayern nicht für nötig, einen erfahrenen Ersatz für den verletzten Pfaff zu verpflichten. Das war auch deshalb riskant, weil es hinter Aumann noch komplizierter wurde: Da mit Ludwig Trifellner die Nummer drei nach einer Meniskusoperation ebenfalls verletzt ausfiel, rückte der 18 Jahre alte Alfred Obermaier, sonst zweiter Torhüter der Amateurmannschaft, zu den Profis auf: „Die Wahrscheinlichkeit, dass auch Aumann etwas passiert, beträgt nur ein Prozent. Und für ein Prozent kaufen wir keinen neuen Torwart", rechnete sich ein sparsamer Uli Hoeneß die Lage schön.

Seinen Trainer konnte er damit nicht restlos überzeugen. Udo Lattek widersprach zwar nicht, baute aber für den Fall der Fälle schon einmal vor: „Am Abend vor dem Saisonauftakt in Bielefeld kam er zu mir aufs Zimmer", schildert Augenthaler den Moment, in dem ihm so richtig bewusst wurde, was es heißt, eigene Vorlieben im Sinne der Mannschaft zurückzustellen. „Er sagte zu mir: ‚Klaus, wenn sich der Aumann morgen verletzen sollte, dann gehst du ins Tor.' Im Training hatte ich mich gerne mal in den Kasten gestellt und dabei wohl auch keinen schlechten Eindruck hinterlassen. Lattek meinte es jedenfalls ernst und ich hätte es auch gemacht, gar keine Frage. In dieser Nacht hatte ich einen meiner ganz seltenen Fußballträume: Ich träumte davon, wie souverän ich die gegnerischen Flanken herunterhole und mit was für Paraden ich unseren Sieg rette. Mental war ich also auf meinen Einsatz als Torwart vorbereitet."

Doch der Ernstfall trat nicht ein, Aumann überzeugte nicht nur in Bielefeld, sondern auch in den folgenden Spielen, sodass der Trainer auf dieser Position bis auf weiteres keinen Handlungsbedarf sah. Bei Pfaffs Kollegen kam dieser Wechsel überwiegend gut an, ein bisschen Bodenhaftung könne dem Publikumsliebling nach seinem steilen Aufstieg nicht schaden. Einem intakten Binnenklima war dieser „kalte Torwart-Krieg", wie er auch genannt wurde, allerdings abträglich. Und auch wenn es in seinen Aufgabenbereich fiel, als Vermittler in diesem Konflikt stieß selbst der stets auf Ausgleich bedachte Mannschaftskapitän an seine Grenzen: „Die beiden waren nun wirklich nicht die besten Freunde, sie mochten sich überhaupt nicht. Jean-Marie hatte dem Raimond sogar mal eine Watsch'n angedroht, es hieß sogar, er habe tatsächlich hingelangt, aber das weiß ich nicht. Erschwerend kam hinzu, dass beide ausgezeichnete Torhüter waren. Pfaff mit dem klangvolleren Namen, weil er auch schon bei Welt- und Europameisterschaften im Einsatz war. Aber unterschiedlicher als die beiden konnte man eigentlich nicht sein. Über Jean-Maries Selbstbewusstsein ist ja alles gesagt: Er war allen Ernstes der Meinung, ich sei nur durch ihn Nationalspieler geworden, weil er mich und die Abwehr immer so gut geführt hat. Raimond Aumann dagegen gehörte zu den ruhigen Vertretern, deswegen flogen ihm auch zunächst die Sympathien der Fans nicht so zu, wie es bei Pfaff der Fall war. Das war schon schwierig."

Der Belgier Pfaff wollte sich über seinen damaligen Konkurrenten nicht mehr äußern, Aumann dagegen hält diesen Zweikampf rückblickend für das Normalste von der Welt: „Es hatte ja vor allem mit der Position zu tun, auf der es nur einen geben konnte. Wir haben uns gegenseitig zu Höchstleistungen angetrieben, unter diesem Gesichtspunkt hatte dieses Duell auch etwas Gutes. Außerhalb des Trainings hatten wir aber keinerlei Berührungspunkte, die brauchte ich genauso wenig wie er."

Der Trainer fühlte sich deutlich unwohler mit dieser Situation, nannte sie sogar „kriminell" und löste sie nach einigen Spielen zugunsten Pfaffs auf. Vermutlich auch, weil Lattek vom 20 Jahre alten Aumann weniger Widerspruch zu befürchten hatte. Ausgestanden war dieser Konflikt damit aber nicht.

*****

„Udo Lattek schaffte es, eine Mannschaft zusammenzuschweißen", lobte der „kicker" den Herbstmeister in einer groß angelegten Analyse und verschwieg auch nicht, mit seiner vor der Saison abgegebenen Einschätzung „Masse statt Klasse" daneben gelegen zu haben. Aber selbst die Bayern hatten kaum damit gerechnet, dass sich dieser mit 27 Spielern großzügig besetzte Kader so schnell finden würde, sah man einmal von den Reibereien zwischen Jean-Marie Pfaff und Raimond Aumann ab. „Wir haben unter den Ersatzleuten keine Feuerwerker, die Theater machen", nannte Klaus Augenthaler einen wesentlichen Grund für das überwiegend harmonische Miteinander. Nachdem jahrelang individuelle Fähigkeiten einiger weniger den Ausschlag gegeben hatten, schätzte man nun auch beim FC Bayern die gute alte mannschaftliche Geschlossenheit als Erfolgsmodell: „Als die beiden großen Figuren weg waren, lief es komischerweise", sagt Norbert Nachtweih, ohne dass dieser Aufschwung für ihn überraschend kam. „Klar, Breitner und Rummenigge waren die beiden herausragenden Spieler, wer wollte das bestreiten? Aber es rückten andere nach, die wollten sich auch etablieren. Und so haben sich alle entwickelt: Roland Wohlfarth fällt mir spontan ein, von dem es nur wenige erwartet hatten. Auf dem Platz waren wir in dieser Saison wirklich sehr dominant, aber den meisten fiel gar nicht auf, wie schwer das war. Wie oft ist das schon gesagt worden, gegen Bayern München machen wir unser Spiel des Jahres? Aber so war es eben, vor allem auswärts. Da mussten wir nahezu immer an unsere Leistungsgrenze gehen. Und dadurch sind wir gewachsen."

Der Anteil des Trainers, fährt Nachtweih fort, sei dabei gar nicht hoch genug einzuschätzen: „Udo Lattek konnte sich in die Spieler hineinversetzen, war nicht so distanziert wie sein Vorgänger Csernai, bei dem man nie so recht wusste, was er von einem hielt. Lattek dagegen war offen, auch in der Kritik. Zu mir sagte er, Norbert, wenn du bei diesem Verein etwas werden willst, kommt es auf dich an. Du musst an deiner Einstellung etwas ändern. Sonst wird das hier nichts."

„Im Training hat er sich gar nicht so bemerkbar gemacht, das leitete eigentlich sein Assistent Egon Coordes", erinnert sich Wolfgang

Grobe. „Aber er hatte einen unglaublich guten Draht zur Mannschaft, war so ein väterlicher Typ. Er wusste wirklich die Spieler hinter sich zu bringen, und das war für den Erfolg mindestens genauso wichtig."

„Der Udo hat mich gestärkt", unterstreicht Klaus Augenthaler die Bedeutung des Trainers für seine Entwicklung. „Wir haben uns mit der Zeit immer besser verstanden. Ich kann mich noch an eine Weihnachtsfeier erinnern, als Latteks Frau kurz vorher absagen musste, weil ihnen der Babysitter abgesprungen war. Ich sagte, dann bringt doch eure Tochter vorher zu uns, wir haben einen. Wir fuhren gemeinsam zu der Feier und als wir nach Mitternacht wieder zurückkehrten, fragte ich vor der Tür mehr anstandshalber: ‚Trainer, trinken Sie noch einen Absacker mit mir?' Wenn du einen guten Whiskey hast, gerne, antwortete Lattek. Wir saßen dann noch bis halb drei bei uns im Wohnzimmer, leerten die halbe Flasche und sprachen dabei über Gott und die Welt. Nicht über Fußball und nicht über die Mannschaft, das hätte ich auch nicht gewollt. Mir war es immer wichtig, eine gewisse Distanz zu halten. Und obwohl ich Mannschaftskapitän war: Bei Personalfragen oder irgendwelchen Transfers, bin ich ohnehin nie gefragt worden. Das hat Uli Hoeneß immer mit dem Trainer ausgemacht."

Dass Lattek sich gerne einmal ein Glas genehmigte, war unter den Spielern ein offenes Geheimnis, ohne dass es großartig thematisiert wurde: „An Spieltagen", so Hansi Pflügler, „war er aber so etwas von klar, da wussten wir genau, was wir zu tun hatten. Er war schon ein charismatischer Typ, der wie kein Zweiter motivieren konnte. Ihm nahm man alles ab. Er erzählte uns Geschichten von Wölfen, wir müssten uns wie sie verhalten und wenn es darauf ankommt, auch zubeißen. Udo war schon besonders."

*****

Zu Beginn der Rückrunde stand Raimond Aumann wieder im Tor, Jean-Marie Pfaff hatte sich den Finger gebrochen. Im Olympiastadion herrschte die für die Jahreszeit übliche Tristesse, 8.000 Zuschauer kamen zum ersten Spiel nach der kurzen Winterpause gegen Arminia Bielefeld. Die Enttäuschung darüber, dass es nur zu einem 3:3 gegen den Vorletzten der Liga gereicht hatte, wurde aber durch die Niederlage des direkten Verfolgers und kommenden Gegners Werder Bremen in Uerdingen etwas gemildert. Ansonsten war die Stimmung frostig: Wolfgang Dremmler forderte sogar eine Geldstrafe für die Abwehr, weil die bei den Bielefelder Toren höchstens passiven Widerstand geleistet hatte und es den Gästen auch darüber hinaus nicht unnötig schwer machte. Doch statt einer Geldstrafe kam es noch dicker: da Udo Lattek Anfang der Woche dienstlich verhindert war, erhielt Egon Coordes die Gelegenheit, seinen Ruf als Schleifer zu festigen. Seine Vorbereitung auf das Schlagerspiel in Bremen bestand vor allem aus den bei der Mannschaft gefürchteten Laufeinheiten im Perlacher Forst. Und um Langeweile erst gar nicht aufkommen zu lassen, übernahm Coordes auch den Job als Tempomacher.

Am darauf folgenden Samstag im Weserstadion standen vor allem die Gastgeber unter Zugzwang, bei einer weiteren Pleite wäre das Thema Meisterschaft wohl erledigt gewesen. Erneut lieferten sich beide Mannschaften ein Spiel mit reichlich Stoff für engagierte Nachbetrachtungen. Die Bayern waren der Meinung, dass man auf dem knüppelhart gefrorenen Boden gar nicht erst hätte anpfeifen dürfen und warfen Schiedsrichter Wolf-Dieter Ahlenfelder vor, bei zwei Bremer Toren ein vorheriges Foulspiel nicht geahndet zu haben. Außerdem hätte der Unparteiische ihnen einen klaren Elfmeter verweigert. „Unter Niveau in dieser überdurchschnittlich guten Partie blieb nur der Schiedsrichter“, urteilte auch der „kicker“ und sprach von zwei für die Münchner folgenschweren Fehlentscheidungen. Entsprechend geladen waren die Gäste nach der 2:4-Niederlage: „Wenn in allen entscheidenden Situationen gegen einen gepfiffen wird, kann man nicht gewinnen“, schimpfte Uli Hoeneß. „Wir sind eindeutig verschaukelt worden", behauptete Wolfgang Dremmler. Und für Klaus Augenthaler stand das Unglück schon vor dem Anpfiff fest: „Mit einem wie Ahlenfelder kannst du zu Hause eigentlich nicht verlieren."

„Ich habe mich nie besonders mit Schiedsrichtern beschäftigt, wer unser Spiel pfeift, war mir immer egal. Ahlenfelder war aber eine Ausnahme. Bei dem wussten wir, dass er kein Freund des FC Bayern war. Warum, habe ich nie ergründen können. Der nervte mich schon wegen seiner Gestik und Mimik, bei ihm hatte ich immer den Eindruck, dass er sich für die wichtigste Person auf dem Platz hielt. Damals hatten die Schiedsrichter sehr viel mehr Macht als heute, und Ahlenfelder war so einer, der diese Macht auch gerne ausspielte."

Während in den Katakomben des Weserstadions hitzig über die Entscheidungen des Unparteiischen diskutiert wurde, herrschte auf der Pressekonferenz zwischen Otto Rehhagel und Udo Lattek Eiseskälte. Mit fast schon maskenhafter Mimik saßen die beiden Trainer auf dem Podium, würdigten sich keines Blickes und standen ohne erkennbare Emotionen Rede und Antwort. Wie das Verhältnis zu seinem Bremer Kollegen denn sei, wollte ein Journalist das für alle Offensichtliche auch noch einmal bestätigt bekommen: „Wir haben überhaupt kein Verhältnis", lieferte Lattek wie bestellt. Als die Pressekonferenz beendet war und alle auf den üblichen Handschlag zur Verabschiedung warteten, gingen Rehhagel und Lattek aneinander vorbei. Von einem „Trainerkrieg" war hinterher die Rede, der sich mehr und mehr auch auf die Mannschaften und die Führungsebene beider Vereine übertrug. Und die höchste Eskalationsstufe war noch nicht einmal erreicht.

*****

„Wie sieht es aus? Kann ich mit dir rechnen?" Klopfte es vor einem wichtigen Spiel zu später Stunde noch an seiner Tür, konnte Klaus Augenthaler ziemlich sicher sein, dass Udo Lattek ihm einen Besuch abstattete und noch etwas zu besprechen hatte. So auch diesmal, am

Abend vor der Partie beim Hamburger Sport-Verein. Anders als vor dem ersten Spieltag in Bielefeld ging es diesmal aber nicht um einen eventuellen Einsatz im Tor. Die Saison befand sich in ihrer entscheidenden Phase, die Bayern waren noch in allen drei Wettbewerben aussichtsreich vertreten, aber dass sie die Grenzen ihrer Belastbarkeit erreicht hatten, war nicht zu übersehen. „Wir sind alle fix und fertig“, hatte Augenthaler ein paar Tage zuvor für die gesamte Mannschaft gesprochen. „So ein Spiel wie neulich gegen Stuttgart, als wir aus einem 0:2 noch ein 3:2 gemacht haben, kann ich mir derzeit nicht mehr vorstellen.“ Er selbst schlafe deutlich mehr als sonst, teilte er mit, habe Autogrammstunden und gelegentliche Ausflüge auf den Tennisplatz gestrichen und seinen Zigarettenkonsum angesichts der bevorstehenden Aufgaben auf ein für ihn gerade noch erträgliches Minimum reduziert. Kraft sammeln für den Endspurt. Sein Trainer hatte der Öffentlichkeit mitgeteilt, bis zum Saisonende keinen Alkohol mehr anrühren zu wollen.

Doch mit Askese allein war dem HSV nicht beizukommen: „Wir machen Werder zum Meister“, hatten die Hamburger angekündigt, und bei einer Niederlage im Volksparkstadion bestand tatsächlich die Gefahr, dass die Bremer sechs Spieltage vor Saisonschluss an den Bayern vorbeiziehen würden. Deshalb wollte Udo Lattek wissen, ob sein wichtigster Mann einsatzfähig war: „Trainer, ich weiß nicht, aber ich werde es probieren“, antwortete Augenthaler zögerlich. „Lauf dich morgen warm, dann sehen wir weiter“, erwiderte Lattek und verabschiedete sich.

„Ich muss damals ziemlich verrückt gewesen sein“, wundert sich Klaus Augenthaler noch heute darüber, wie leichtfertig er seine Gesundheit und seine Karriere aufs Spiel setzte. „Unser Arzt Dr. Müller-Wohlfahrt hatte einen Knorpelschaden am Knie festgestellt und da an dem Wochenende vor dem HSV-Spiel Länderspielpause war, flog ich nach Zürich, um mich von einem Spezialisten operieren zu lassen. Es ging einfach nicht mehr, ich konnte keinen Schritt mehr laufen. Mir wurde ein Stück Knorpel entfernt, die Stelle anschließend punktiert und am Donnerstag versuchte ich es wieder mit einem lockeren Lauf. Weil das Knie nicht dick wurde, machte ich am Freitag das Abschlusstraining mit und flog mit der Mannschaft nach Hamburg. Das hätte ich aber als Kapitän ohnehin gemacht. Und als ich beim Aufwärmen nichts spürte, habe ich eben gespielt. Dabei waren noch nicht einmal die Fäden von der Operation gezogen. Ich hatte unverschämt viel Glück, Wolfgang Dremmler und später Alan McInally mussten nach einer ähnlichen Verletzung ihre Karriere beenden, mehr oder weniger als Sportinvalide. Die hatten länger gewartet als ich – und ich war so blöd", schüttelt Augenthaler den Kopf, um sich dann nach einer kurzen Pause etwas zu korrigieren: „Ach, was heißt eigentlich blöd? Ich habe eben immer nur rot-weiß gedacht, immer nur an die Mannschaft, an den Verein. Und ich glaubte wirklich, dass es ohne mich nicht geht. Natürlich haben wir dann in Hamburg verloren, aber ich wollte spielen."

Nach dem 1:2 im Volksparkstadion standen die Bayern zwar noch mit einem Punkt Vorsprung auf Platz eins, aber Werder hatte ein Spiel weniger. „Nun haben wir es selbst in der Hand, Meister zu werden", freute sich ihr Manager Willi Lemke. Und auch Otto Rehhagel hielt den Moment für günstig, einen Gruß nach München zu schicken: „Es ist ein Glück, dass die Bayern verloren haben. Damit der Fußball für die Leute in Deutschland interessant bleibt." Sein eigenes Interesse an dieser Niederlage blieb unerwähnt.

Als die Münchner am darauf folgenden Mittwoch auch noch beim FC Everton mit 1:3 verloren und den Einzug ins Finale des Europapokals der Pokalsieger verpassten, waren es tatsächlich Rehhagels Bremer, die dafür sorgten, dass die Stimmung im Süden der Republik nicht komplett in den Keller rauschte: Werders Niederlage im Nachholspiel beim 1. FC Köln wurde in München jedenfalls wohlwollend zur Kenntnis genommen: „Everton ist Schnee von gestern. Jetzt zählen nur noch der DFB-Pokal und die Meisterschaft", fasste Norbert Eder die Stimmungslage zusammen.

In der Bundesliga wartete mit Borussia Mönchengladbach nun ein Verein, der dem FC Bayern ähnlich liebevoll verbunden war wie Werder Bremen. In den für beide Klubs großen 70er-Jahren hatte diese Rivalität überwiegend eine sportliche Note, mit dem Wechsel von Lothar Matthäus an die Isar wurde es persönlicher. Gladbachs Manager Dr. Helmut Grashoff hatte seinem Münchner Kollegen im Zusammenhang mit dem Millionen-Transfer „unlauteres Geschäftsgebaren" vorgeworfen und alles nötige für eine giftige Stimmung vor dem Hinspiel auf dem Bökelberg veranlasst. Unter anderem war Matthäus untersagt worden, das Vereinsheim zu betreten. Die Bayern unterlagen 2:3, hinterher warf Uli Hoeneß Grashoff „Volksverhetzung" vor. Kurz vor dem Rückspiel – die Borussia war zuvor im Halbfinale des DFB-Pokals an den Bayern gescheitert – meldete sich Gladbachs Torhüter Uli Sude zu Wort und teilte mit, Werder Bremen im Kampf um den Titel die Daumen zu drücken: „Damit der Lattek seinen Heiligenschein los wird. Der geht mir auf den Keks."

Das Spiel selber konnte mit den rhetorischen Scharmützeln im Vorfeld nicht mithalten, dazu war die Sache zu einseitig. Die Bayern gewannen 4:0 und weil gleichzeitig Werder Bremen gegen Leverkusen einen Punkt abgab, erfreuten sich die meisten der 75.000 Zuschauer im Olympiastadion über einen rundum gelungen Nachmittag: „Jetzt werden wir Meister", strahlte Uli Hoeneß und kaum einer wollte ihm widersprechen. Das anschließende 1:1 in Bochum tat nicht weiter weh, weil Werder ebenfalls nur Unentschieden spielte. Es folgten souveräne Siege gegen Leverkusen und in Karlsruhe. Zwei Runden vor dem Ende hatten die Bayern mit zwei Punkten zwar keinen beruhigenden Vorsprung. Dass sie ihn noch abgeben würden, glaubten jedoch nur notorische Pessimisten. Und ebenso siegessicher zogen sie ins nächste Spiel, das Finale um den DFB-Pokal gegen Bayer Uerdingen: „Wir holen das Double", war das einhellige und auch den Kräfteverhältnissen entsprechende Motto vor dem Endspiel in Berlin.

Aber es kam anders: „Wenn es der Teufel will, vergeigen wir jetzt auch noch die Meisterschaft", unkte Klaus Augenthaler nach dem 1:2

im Olympiastadion. „Ich will gar nicht laut darüber reden, aber wir waren heute nicht richtig auf dem Platz. Uerdingen war klar besser.“ Das sah auch Udo Lattek so, der sich auf der Pressekonferenz mit seiner Bemerkung, dass es an diesem Sieg nichts zu deuteln gebe, als einziger aus dem Bayern-Tross über Applaus freuen durfte. „Wenn wir jetzt nicht den Meistertitel holen, sind wir die Deppen der Nation“, schwante auch dem Präsidenten Willi O. Hoffmann nichts Gutes. Zumal die Stimmung in der Mannschaft nach der unerwarteten Niederlage zu kippen drohte. Besonders die in den Wochen zuvor überragenden Sören Lerby und Lothar Matthäus standen intern in der Kritik, was Letzteren auf die Palme brachte: „Der Trainer hat das Recht dazu, aber nicht die Mitspieler. Einer allein ist weder für Siege noch für Niederlagen verantwortlich.“

„Die Angst sitzt ihnen im Nacken“ titelte der „kicker“ vor dem letzten Heimspiel der Saison gegen den 1. FC Kaiserslautern und ließ sich diese Schlagzeile von Uli Hoeneß bestätigen: „Wenn wir am Ende der Saison mit leeren Händen dastehen würden, wäre das eine Katastrophe! Ein gewaltiger Rückschlag, der uns bei den Zuschauern unseren ganzen Bonus kosten würde.“ Ganz so groß schien der ohnehin nicht mehr zu sein. Denn obwohl die Bayern eine außerordentlich erfolgreiche Saison hinter sich hatten, in der Bundesliga seit dem ersten Spieltag an der Tabellenspitze standen, im Europapokal erst im Halbfinale ausschieden und ja auch im DFB-Pokal nicht gerade enttäuschten, reichte die Niederlage gegen Uerdingen, um das Interesse des Münchner Publikums deutlich abkühlen zu lassen. Das Olympiastadion war gegen den FCK mit 35.000 Zuschauern nicht einmal zur Hälfte gefüllt. Und nach dem Schlusspfiff waren alle so schlau wie davor: Sowohl die Bayern als auch Werder Bremen hatten gewonnen, die Entscheidung fiel damit eine Woche später am letzten Spieltag.

*****

An sich sprach nur wenig gegen die Bayern: Eintracht Braunschweig war zwar nicht gerade ein Lieblingsgegner, aber zur Meisterschaft reichte bereits ein Unentschieden und die Niedersachsen waren als Tabellenschlusslicht bereits abgestiegen. Werder Bremen dagegen musste nicht nur auf einen Braunschweiger Sieg hoffen, sondern selbst in Dortmund gewinnen. Eine deutlich anspruchsvollere Aufgabe, weil die Borussia noch nicht aus dem Schneider war und bei einer Niederlage der Relegationsplatz 16 drohte. Die DFB-Delegation um Präsident Hermann Neuberger machte sich mit der Meisterschale jedenfalls auf den Weg nach Braunschweig, eine weniger prominent besetzte Abordnung fuhr mit der Kopie ins Westfalenstadion. Und obwohl es das Schicksal liebt, in solchen Fällen auch mal gerne selbst die Regie zu übernehmen, erwies sich diese Entscheidung als richtig: Zur Halbzeit stand es auf beiden Plätzen noch 0:0, doch nachdem Dieter Hoeneß

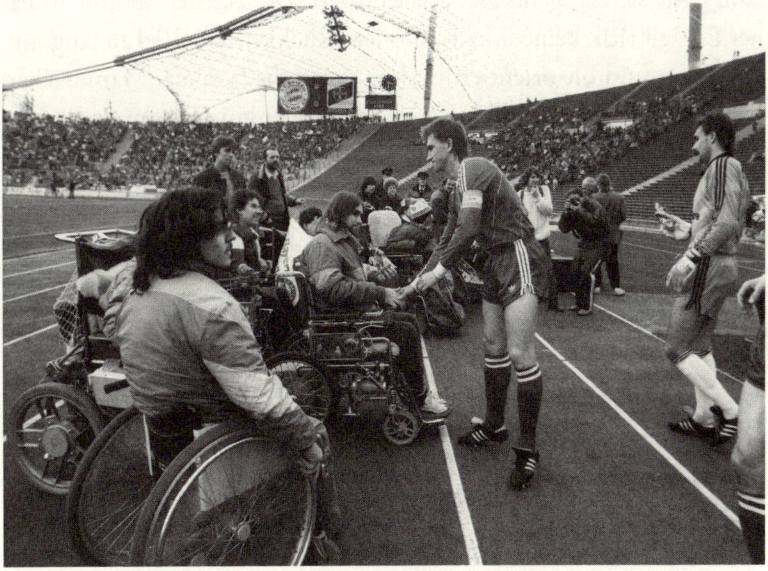

„Erst später wurde mir klar, wie wichtig die Fans für unseren Erfolg sind."
Ein spärlich gefülltes Olympiastadion war in den 80ern keine Seltenheit.
(Foto: IMAGO/Horstmüller)

seine Mannschaft kurz nach der Pause in Führung gebracht hatte, nahmen die Dinge ihren erwarteten Verlauf. Während die Bayern das Ergebnis hielten, verlor Werder sogar noch 0:2 in Dortmund: „Diese Meisterschaft ist für mich die schönste, weil ich sie nicht als Mitläufer der Stars erreicht habe, sondern als ein Spieler, der Verantwortung trägt. Die Harmonie im Kader war noch nie so ausgeprägt wie in dieser Saison", ließ Klaus Augenthaler nach der Ehrenrunde im Braunschweiger Stadion anklingen, dass die Ära „Breitnigge" nun endgültig Geschichte war. Mit einem Mannschaftskapitän, der dieses Amt erst gar nicht wollte und nun unantastbar war.

Für Klaus Augenthaler war die Saison damit allerdings noch nicht vorbei. Am Morgen nach einer rauschenden Meisterfeier in München flog er mit der inzwischen von Franz Beckenbauer trainierten Nationalmannschaft nach Mexiko. Sein Comeback konnte unter diesen Umständen kaum gelingen. Besonders die 0:3-Niederlage gegen England hätte sich Augenthaler gerne erspart. Der „kicker" kannte in seiner Einzelkritik keine Gnade mit dem Rückkehrer: „Viel zu langsam, zu plump und oft orientierungslos. Das steht fest: als ‚Manndecker' international nicht zu gebrauchen, auch unter günstigeren Bedingungen nicht." Den Gegenbeweis sollte er noch erbringen.

7

„Ich war der Buhmann. Das Arschloch. Der Mörder!“ 1985–1986

Das Foul an Rudi Völler und die Folgen / Augenthaler fühlt sich als Freiwild und erhält Polizeischutz / Glückliches Ende dank eines verschossenen Elfmeters / Straftraining unter mexikanischer Sonne

Wer am 23. November 1985 um 15 Uhr 30 das Radio eingeschaltet hatte, um mit dem Toto-Schein der Elferwette und der einschlägigen Fachpresse in Griffweite den 16. Spieltag der Bundesliga zu verfolgen, wurde herb enttäuscht. Statt des vollen Programms gab es nicht einmal das halbe. Früher als erwartet hatte der Winter eine erste Grußbotschaft geschickt. Die geschlossene Schneedecke, in die das Land ziemlich flächendeckend eingehüllt war, ließ gerade einmal vier Begegnungen zu. Wenigstens die Spitzenpartie befand sich darunter: Im rasenbeheizten Olympiastadion traf der FC Bayern auf Werder Bremen. Titelverteidiger gegen Tabellenführer.

Für die Bayern stand deutlich mehr auf dem Spiel als für die Gäste. Bei einer Niederlage wäre der Rückstand auf die Norddeutschen bereits auf fünf Punkte angewachsen, und obwohl noch die komplette Rückrunde bevorstand, waren angesichts der bis dahin stark schwankenden Leistungen des deutschen Meisters Zweifel an einer erfolgreichen Aufholjagd berechtigt. Irgendwie kam die Mannschaft von Udo Lattek nicht in Schwung, dabei war sie mit nahezu identischer Besetzung und hinreichend bewährtem Personal aus der Sommerpause gekommen. Auf dem Transfermarkt hatte sich der Meister zurückhaltend gezeigt, mit dem Stürmer Frank Hartmann von Hannover 96 war ein Spieler aus der 2. Liga schon der prominenteste Einkauf. Dazu kamen Talente wie Manfred Schwabl und Hansi Flick sowie als Rückkehrer aus Leverkusen Helmut Winklhofer, dem am ersten Spieltag der Saison in der Krefelder Grotenburg auch gleich der Treffer zum „Tor des Monats“ gelang. Da er aber aus rund 50 Metern seinen eigenen Torhüter Jean-Marie Pfaff überwand und das Spiel mit eben diesem 0:1 endete, standen die Gratulanten nicht gerade Schlange. Zumindest in den eigenen Reihen.

Höhepunkt einer für bayerische Verhältnisse bis zum Duell gegen Werder Bremen sehr durchwachsenen Vorrunde war am 9. Spieltag eine 0:4-Niederlage beim Tabellenschlusslicht Fortuna Düsseldorf: „Was sämtliche sechs aufgebotenen Stürmer zu bieten hatten, kam einer Bankrotterklärung gleich. Im Sturm steckt der Wurm!“, kommentierte der „kicker“ nach diesem Debakel zutreffend. „Wir haben in dieser Saison noch kein einziges überzeugendes Spiel gemacht“, schimpfte Klaus Augenthaler, ohne dabei gleich alle Hoffnung fahren zu lassen: „Irgendwann muss doch der Knoten bei den Stürmern platzen!“ Aber er platzte nicht. Jedenfalls nicht so richtig. Bis zum 16. Spieltag hatten die Bayern erst 27 Tore erzielt.

Werder Bremen kam bereits auf 43 Treffer, und dass sie die Tabelle nicht schon sehr viel souveräner als mit drei Punkten Vorsprung anführten, lag auch am Verletzungspech einiger Stammspieler. Vor allem auf die Dienste Rudi Völlers musste Otto Rehhagel in der Vorrunde häufiger verzichten, als ihm lieb sein konnte. Seit drei Jahren war Völler in Bremen zuverlässiger Torlieferant, hatte in der abgelaufenen Saison 25-mal getroffen, was dazu führte, dass seine oft überforderten Gegenspieler im Zweikampf die Grenzen des Erlaubten verschoben – zu Ungunsten des Stürmers: „Dem Rudi treten sie von hinten in die Beine, wenn der Ball noch gar nicht da ist“, ließ sein Trainer kaum eine Gelegenheit aus, sich über das knüppelharte Einsteigen von Völlers Bewachern zu beschweren. Besonders übel hatte ihn der Bochumer Frank Benatelli erwischt, Völler musste nach seinem Tritt fünf Spiele aussetzen, meldete sich aber rechtzeitig zum Schlager in München zurück: Drei Tage vorher stand er beim 2:1 in Gladbach wieder über 90 Minuten auf dem Platz, hatte beim direkten Verfolger auch gleich das 1:0 erzielt und hoffte nun auf eine längere verletzungsfreie Phase.

Doch als Schiedsrichter Theobald die, wie er später zu Protokoll gab, „schwerste Partie seiner Karriere" im Olympiastadion abgepfiffen hatte, war Rudi Völler bereits wieder in ärztlicher Behandlung. Und Klaus Augenthaler war nach diesem Nachmittag bis auf Weiteres der meistgehasste Fußballspieler der Republik.

*****

„Der Rudi hat sich den Ball vorgelegt und ich war mir sicher, dass ich den Ball noch vor ihm erreichen kann und zog durch. In dem Moment, als ich klären will, spitzelt er ihn an mir vorbei. Der Rudi war schneller. Und ich treffe ihn am Sprunggelenk, sodass er ein paar Meter flog. Beide waren wir in vollem Tempo, er einen Tick schneller und ich konnte nicht mehr zurückziehen. Aber absichtlich Foul gespielt hätte ich niemals!"

Klaus Augenthaler hat diese Szene, die zu den bleibenden Erinnerungen seiner Karriere gehört, und seither mit großer Zuverlässigkeit einen vorderen Platz in Ranglisten brutaler Fouls behauptet, so oft geschildert, dass er sie fast schon pflichtschuldig herunterspult. Auch dass er zu Rudi Völler damals einen guten Draht gehabt habe, mit ihm und anderen Bremern Ski fahren war, dass man gemeinsam Karten spielte und auch mal ein Bier trank, versuchte er in den Wochen und Monaten danach als mildernde Umstände für sich geltend zu machen. Doch kaum einer außerhalb des bayerischen Lagers wollte diese Version hören, schon gar nicht in Bremen. Die Abneigung zwischen beiden Klubs hatte sich damals längst verselbstständigt und wäre auch ohne die Ereignisse an jenem verhängnisvollen Novembernachmittag auf konstant giftigem Niveau geblieben. Als nicht besonders hilfreich für Augenthaler erwiesen sich zudem die Versuche seiner Vorgesetzten, ihm nach dem Schlusspfiff den Rücken zu stärken: „Wir müssen uns daran gewöhnen, dass Fußball ein Männersport und nichts für Klosterschüler ist", goss Uli Hoeneß gleich mal ein paar Kanister Öl ins Feuer, und auch die Bemerkung Udo Latteks, man spiele schließlich kein Tischtennis oder Schach, war wohl eher eine kalkulierte Provokation der aufmüpfigen Konkurrenz aus Bremen denn eine Verteidigung seines Spielers.

Aber auch die Bremer ließen nichts unversucht, um sich als Opfer übler bayerischer Machenschaften zu stilisieren und Fußball-Deutschland zu zeigen, wo die Guten der Branche zu Hause waren und wo die Bösen. Werders Manager Willi Lemke nannte die Bayern fortan bevorzugt „Millionaros" und Vereinspräsident Franz Böhmert vermittelte nach dem Spiel den Eindruck, dass sich seine Mannschaft in einem mehr oder weniger aussichtslosen Kampfeinsatz gegen einen hinterhältigen Feind befunden habe: „Ich bin bei Halbzeit in unsere Kabine gegangen und habe allen gesagt, dass es hier nur noch ein Ziel geben kann: Gesund nach Hause zu kommen! Der Sieg oder ein Punktgewinn waren völlig unwichtig. Bei dieser brutalen Treterei haben wir nur gehofft, mit heiler Haut davonzukommen, und sind glücklich, dass es nur einen Verletzten gegeben hat."

Otto Rehhagel dürfte, zumindest was den sportlichen Ertrag anging, anderer Meinung gewesen sein. Denn zur Halbzeit einer von den Bayern bis dahin wirklich knüppelhart geführten Partie stand es noch 1:1, und die Gastgeber mussten im zweiten Durchgang mit einem Mann weniger auskommen. Lothar Matthäus hatte nach einem Revanchefoul gegen Bruno Pezzey kurz vor dem Pausenpfiff die Rote Karte gesehen, und obwohl Werder dann ohne seinen besten Stürmer auskommen musste, sprach jetzt einiges dafür, mindestens diesen einen Punkt aus München mitzunehmen. „So leicht wie heute war es vielleicht noch nie", haderte der Bremer Norbert Meier am Ende mit sich und seiner Mannschaft, die Gunst der Stunde nicht genutzt zu haben.

Denn die Bayern blieben auch in Unterzahl spielbestimmend und entschieden durch einen Doppelschlag des zur zweiten Halbzeit eingewechselten Dieter Hoeneß die Partie für sich. Der Mittelstürmer, der in dieser Saison bis dahin erst einmal getroffen hatte und von den Fans nicht gerade lautstark gefordert worden war, ließ sich nach dem

Schlusspfiff von der Südkurve feiern, warf sein Trikot in die Menge und setzte seine Ehrenrunde bei eisigen Temperaturen oben ohne fort: „Ich steckte in einer Formkrise und saß völlig zurecht auf der Bank", sagte er. „Aber jetzt freue ich mich unglaublich." Wenigstens einer. „Solche Siege wollen wir nicht!", beschwerte sich der „kicker" und stellte fest, dass das Fairplay in der Bundesliga immer mehr auf der Strecke bleibe: „Muss denn ein Sören Lerby immer so gestenreich gegen die Entscheidungen des Schiedsrichters protestieren, dass die Fans gegen den schwarzen Mann aufgewiegelt werden? Kann ein Klaus Augenthaler nicht akzeptieren, dass ein Rudi Völler einmal schneller ist?"

Auch andere Zeitungen gingen mit dem Kapitän der Bayern und deren Vereinsführung hart ins Gericht: „Man kann nur staunen. Über die Unverfrorenheit der Münchner, die eines der brutalsten Fouls dieser Saison lediglich als ‚unglücklich' werteten. Wo sind, mit Verlaub, die Maßstäbe geblieben?", fragte der Bremer „Weser-Kurier" und für die „FAZ" war klar, dass nicht nur Völler, sondern auch die unter Zuschauerschwund leidende Bundesliga insgesamt getroffen worden war: „Spieler wie Augenthaler hat die Bundesliga zuhauf, solche wie Völler in immer kleiner werdender Zahl. Wenn das von Augenthaler praktizierte brutale Ausleseverfahren Schule macht, wird die Liga noch grausamer als sie ohnehin schon ist."

Der so heftig Kritisierte beteuerte zwar, wie leid ihm die Verletzung des Bremer Stürmers täte, wies aber jede Absicht zurück und erinnerte die Bremer nach dem Schlusspfiff an frühere Begegnungen: „Vielleicht sollten die sich noch einmal unser letztes Spiel im Weserstadion anschauen. Da haben die genauso hingelangt wie wir heute, nur hatten wir damals einen Schiedsrichter, der für Werder gepfiffen hat."

Und Rudi Völler? Der wollte auch nicht von Absicht sprechen, sagte aber, dass es für ein solches Foul die Rote Karte hätte geben müssen. Sein Trainer schloss diesen deprimierenden Nachmittag mit den Worten: „Eigentlich dürfte ich den Rudi gar nicht mehr aufstellen."

*****

„Hätte es damals schon soziale Medien gegeben, wäre ich gelyncht worden", ist sich Klaus Augenthaler sicher. Aber auch der Postweg bot dem Volkszorn ausreichend Gelegenheit, sich abzureagieren und die Sau raus zu lassen. Adresse und Telefonnummer waren öffentlich, und so hielten sich in den folgenden Tagen und Wochen Autogrammwünsche und Beleidigungen bis hin zu Morddrohungen in etwa die Waage. Wer den direkten Kontakt zu Augenthaler scheute, wählte quasi den offiziellen Weg über den FC Bayern, um seine guten Wünsche auf der Geschäftsstelle zu hinterlegen. Nachdem auch Morddrohungen gegen seine Frau und seine Tochter eingegangen waren, stand zeitweilig die gesamte Familie unter Personenschutz. Dem Ehepaar Augenthaler wurde nahegelegt, bei Autofahrten häufiger als sonst in den Rückspiegel zu schauen, ob ihnen jemand über längere Zeit gefolgt war.

Die folgenden Auswärtsspiele hatten es ebenfalls in sich. Nach dem 3:1 gegen Werder mussten die Bayern zum Abschluss der Hinrunde auf den Bökelberg reisen, auch ohne das Foul an Rudi Völler wäre dort kein besonders herzlicher Empfang zu erwarten gewesen: „Heute war ich Freiwild", schimpfte Augenthaler nach dem 2:4 in Gladbach. Das Pfeifkonzert bei jeder Ballberührung hatte er erwartet, dass einige Spieler der Borussia die Gelegenheit nutzten, um auf ihre Art und mit großer Unterstützung des Publikums „Rache für Rudi" zu nehmen, schon weniger. Uwe Rahn bekam für ein besonders bösartiges Foul immerhin die Gelbe Karte, es blieb allerdings die einzige für einen Gladbacher an diesem Nachmittag. In diesem Stil ging es weiter. Das Fußball-Volk hatte sein Urteil über Augenthaler gesprochen, mildernde Umstände fanden keine Berücksichtigung. Nun hieß es für ihn, diese Zeit ohne größere Schäden für sich, seine Familie und seinen Verein zu überstehen: „Die ersten Wochen danach waren heftig, da bin ich übel angefeindet worden. Bei jedem Auswärtsspiel wurde ich beleidigt, mal als Arschloch, mal als Mörder. Ich war der Buhmann, der den deutschen Superstürmer kaputt getreten hatte, wie es hieß. Vorher gab es natürlich auch Neid und Missgunst gegen den FC Bayern, aber in dieser Saison habe vor allem ich erlebt, was es heißt, richtig angefeindet zu werden. Und ich konnte das auch zunächst nicht ausblenden. Irgendwann sagte ich mir aber, wenn du nicht so weiterspielst wie vorher, kannst du auch gleich aufhören. Dass ich ein ordentliches Verhältnis zu Rudi Völler hatte, half mir dabei."

Völler selbst war nun begehrter Interviewpartner, vermied es aber, die teilweise hasserfüllte Stimmung noch weiter anzuheizen. In einem Interview mit dem „Spiegel" zeigte er sich zwar enttäuscht von den relativierenden Äußerungen der Bayern und hielt Uli Hoeneß Zynismus vor, blieb aber dabei, dass Augenthaler ihn nicht mit Absicht habe verletzen wollen. Was ihm passierte, sei auch so etwas wie Berufsrisiko, sagte er: „Ich bin Profispieler, da muss ich mit Fouls dieser Art rechnen. Jahrelang habe ich in diesem harten Geschäft viel Glück gehabt, war nie ernsthaft verletzt. Jetzt hat es mich in wenigen Monaten gleich zweimal bös erwischt. Ich habe dem ‚Auge' sein Foul auch nicht übel genommen. Er ist kein Klopper!"

Nach einem 0:0 in Stuttgart, dem letzten Spiel des Jahres, warf sich Uli Hoeneß im „Sportstudio" noch einmal öffentlich für seinen Mannschaftskapitän in die Bresche: „Es geht nicht an, einen Verein und einen seiner elementaren Spieler dermaßen zu verdammen!" Die Bayern drohten in der Bundesliga den Anschluss zu verlieren. Werder Bremen hatte auch ohne Rudi Völler schnell zurück in die Spur gefunden und lag nun vier Punkte vor dem Titelverteidiger.

*****

„Rudi Völler endlich wieder fit", titelte der „kicker" zwei Tage vor dem Ende der Winterpause in seiner Donnerstagsausgabe, reservierte ihm gleich einen Platz in der erwarteten Mannschaftsaufstellung für das Spiel am folgenden Wochenende gegen den 1. FC Saarbrücken und sprach von einer Nachricht, die nicht nur bei den Anhängern von Werder Bremen Freude auslösen würde, sondern auch bei Klaus Augenthaler. Dessen Foul samt Folgen waren nach wie vor fester Bestandteil der zahlreichen Wasserstandsmeldungen über Völlers Gesundheitszustand. Bei einem Comeback des Bremer Stürmers würde sich die immer noch aufgeheizte Stimmung gegen ihn auf fremden Plätzen langsam beruhigen, so die Hoffnung. Doch die Freude war reichlich verfrüht. Völlers Rückkehr verschob sich Woche für Woche, was den Bremer Meisterschaftsambitionen allerdings nicht schadete. Sie führten die Tabelle weiter souverän vor dem FC Bayern an.

Der Titelverteidiger war in diesen Wochen überwiegend mit sich selbst beschäftigt. Udo Lattek hatte eine Verlängerung seines Vertrages um nur ein Jahr abgelehnt, wollte eine Laufzeit von mindestens zwei Jahren, andernfalls wäre nach der Saison für ihn in München Feierabend. Selbst Uli Hoeneß schätzte die Chancen auf eine Einigung als nicht mehr besonders hoch ein. Am Ende setzte sich Lattek durch und richtete seine Energien wieder auf den von ihm immer noch nicht aufgegebenen Kampf um die deutsche Meisterschaft, auch wenn der Rückstand nach dem 23. Spieltag weiterhin vier Punkte betrug. Doch Lattek rechnete anders: Da er fest von einem Sieg in Bremen am vorletzten Spieltag ausging, waren es folglich nur noch zwei Punkte, die seine Mannschaft aufholen musste. Und das sollte seiner Meinung nach möglich sein.

Doch noch bevor es in die heiße Phase der Meisterschaft ging, erreichte der Erregungspegel um Rudi Völler und dessen Krankenakte neue Höchststände. Auf Vermittlung von Franz Beckenbauer, der als Teamchef der Nationalmannschaft an die bevorstehende WM in Mexiko dachte, hatte Bayern Münchens Vereinsarzt Dr. Müller-Wohlfahrt den Patienten untersucht und eine „weiche Leiste“ als Ursache der ständig wiederkehrenden Schmerzen festgestellt. Der bei dem Foul verletzte Adduktorenmuskel sei dagegen wieder in Ordnung, so Müller-Wohlfahrts Befund. Er empfahl eine Operation bei einem Spezialisten in Belgien, die Verantwortlichen des FC Bayern baten die Bremer daraufhin, doch in einer Presseerklärung mitzuteilen, dass der notwendige medizinische Eingriff keine Folge des Fouls von Augenthaler sei. Dort schäumten die Verantwortlichen: Müller-Wohlfahrts Verhalten sei skandalös, er hätte Diskretion zugesagt und nun seine ärztliche Schweigepflicht verletzt. Die Bayern, so Vize-Präsident Fischer, wollten Augenthaler auf Völlers Kosten rehabilitieren. Außerdem sei der medizinische Befund bei Weitem nicht so eindeutig wie von Müller-Wohlfahrt geschildert, für Bremens Vereinsarzt Dr. Meschede waren nach wie vor das Foul und dessen Folgen ursächlich für Völlers Leistenoperation: „Krieg zwischen Werder und Bayern", fasste die „BILD" die Lage zusammen.

Auf die sportlichen Vorstellungen des Tabellenführers hatte das alles keine erkennbaren Auswirkungen, statt Völler schossen Frank Neubarth und der bereits 36 Jahre alte Manfred Burgsmüller zuverlässig ihre Tore, Werders Vorsprung an der Spitze blieb stabil. Und wenn die Bremer mal Schwächen zeigten, machten es die Bayern auch nicht besser. Nach einem 1:1 in Mannheim am 25. Spieltag lagen die Norddeutschen nur noch drei Punkte vor ihrem Verfolger, was in München als klares Indiz für aufkommende Nervosität beim Konkurrenten gedeutet wurde. Doch ums eigene Nervenkostüm war es nicht viel besser bestellt: Als es für Werder eine Woche später im Weserstadion gegen den VfL Bochum erneut nur zu einem Punkt reichte, leisteten sich die Bayern zu Hause eine 2:3-Niederlage gegen die abstiegsbedrohte Düsseldorfer Fortuna, gegen die man ja bereits in der Hinrunde so böse unter die Räder gekommen war. Der Vorsprung betrug wieder vier Punkte und dabei blieb es auch bis zum 30. Spieltag.

An diesem 30. Spieltag fertigte Werder Bremen Bayer Leverkusen mit 5:0 ab. Es war ein Freitagabend, die Mannschaft von Otto Rehhagel hatte sich gegen den Tabellensechsten zeitweise in einen Rausch gespielt, wie so oft, wenn im Weserstadion das Flutlicht strahlte. Auch Rudi Völler war begeistert, kündigte hinterher sein Comeback noch für die laufende Saison an und erklärte den Titelkampf nach dieser Galavorstellung seiner Kollegen für beendet: „Für mich ist die Sache gelaufen. Wir sind jetzt Meister." Dass die Bayern einen Tag später gegen den 1. FC Kaiserslautern ebenfalls mit 5:0 gewannen, dämpfte die Euphorie an der Weser nur unwesentlich. Zwar lehnten sich nur wenige so weit aus dem Fenster wie Völler, aber ernsthafte Zweifel an der ersten deutschen Meisterschaft nach 1965 verboten sich angesichts der gezeigten Leistungen. Manager Willi Lemke hatte die letzten beiden Heimspiele bereits für jeweils über 300.000 Mark an SAT 1 verkauft, eine Großbildleinwand in der Bremer Stadthalle sollte auch die zufriedenstellen, die den neuen Privatsender noch nicht empfangen konnten und beim Wettlauf um die Karten fürs Weserstadion leer ausgegangen waren.

In München gab sich Udo Lattek unterdessen unbeirrt und erinnerte ein ums andere Mal an seine Rechnung: Wenn wir am vorletzten Spieltag mit zwei Punkten Rückstand nach Bremen fahren, werden wir Meister: „Das hat er wirklich gut beherrscht, dieses Spiel mit den Emotionen", hebt Augenthaler den Anteil des Trainers an der von kaum einem noch für möglich gehaltenen Wende im Meisterschaftskampf hervor. „Für wie hoch er unsere Chancen tatsächlich hielt, kann ich nicht beurteilen. Aber da seine Autorität von niemandem in der Mannschaft angezweifelt wurde, dachten sich die meisten, wenn der Udo an die Titelverteidigung glaubt, warum sollten wir es dann nicht tun?"

Eine Woche später war der Rückstand auf zwei Punkte geschrumpft. Werder musste erneut am Freitagabend antreten und verlor in Uerdingen mit 0:1, Bayern setzte sich in Dortmund 3:0 durch: „Nun können wir noch aus eigener Kraft Meister werden", jubelte Lattek. Seine Prognosen schienen auf wundersame Weise einzutreten, am folgenden Osterwochenende hatte der Tabellenführer wieder den Vortritt, traf am Gründonnerstag auf Borussia Mönchengladbach und stolperte beim 1:1 erneut. Zwei Tage später hatten die Bayern die große Chance, auf einen Punkt an Werder Bremen heranzukommen, ohne dadurch das Interesse ihres Publikums in nennenswerter Zahl zu wecken: Obwohl der Kampf um die Meisterschaft an Spannung kaum mehr zu überbieten war, kamen zum Spiel gegen Bayer 04 Leverkusen gerade einmal 20.000 Fans – was für die Rückrunde übrigens einen Besucherrekord bedeutete. Bis dahin verloren sich in der Regel zwischen 10.000 und 15.000 Zuschauer im Olympiastadion, gegen Saarbrücken waren es sogar noch weniger. Die Chance, weiter Boden gut zu machen, blieb beim 0:0 gegen Leverkusen derweil ungenutzt: „Unsere Chancen sind dadurch gestiegen“, war es nach dem Schlusspfiff nicht Udo Lattek, sondern Uli Hoeneß, der die Öffentlichkeit mit seiner Sicht der Dinge verblüffte. „Dieses 0:0 hat uns wachgerüttelt.“ Der Trainer dagegen rechnete nicht mehr: „Wir werden jetzt auf Biegen und Brechen versuchen, in Bremen zu gewinnen, um doch noch deutscher Meister zu werden.“

*****

Bevor die Mannschaft nach Bremen flog, informierte die Vereinsführung Klaus Augenthaler in einem kurzen Gespräch über den Inhalt einiger Briefe, die in den Wochen nach dem Hinspiel auf der Geschäftsstelle eingetroffen waren und immer noch, wenn auch in deutlich abnehmender Zahl, zugestellt wurden. Die darin anonym formulierten Drohungen waren eindeutig. Aber selbst wenn einiges dafür sprach, dass es sich bei den unbekannten Absendern um die üblichen Helden handelte, deren Tapferkeit sich vor allem im Verborgenen entfaltete, blieb den Beteiligten nichts anders übrig, als den Inhalt dieser Briefe ernst zu nehmen. Die Bayern entschieden sich, die Dienste von Personenschützern in Anspruch zu nehmen, sie sollten auf der Dienstreise in den Norden für Augenthalers Sicherheit und die der Mannschaft sorgen.

In Bremen hielten sich die Gäste nicht irgendwo im Bremer Umland versteckt, sie hatten ein Hotel in der Innenstadt gebucht. Der Bus mit dem riesigen Vereinsemblem war nicht zu übersehen und lockte jede Menge Autogrammsammler an. Die Bayern-Spieler gaben sich volksnah, für die Sicherheitskräfte war der Kontakt zu den Fans aber heikel. Auch beim gemeinsamen Spaziergang am Nachmittag vor dem

Spiel im nahegelegenen Bürgerpark wichen die Personenschützer Augenthaler und der Mannschaft nicht von ihrer Seite. Später schrieben Zeitungen, es seien zwei Männer mit einem Messer festgenommen worden.

Unter den gegebenen Bedingungen war das Weserstadion der am besten geschützte Ort: „Augenthaler – Wir kriegen dich", stand dort auf einem Transparent, was der Kapitän der Bayern aber ebenso wenig wahrzunehmen schien wie die lautstarken Pfiffe, die jede seiner Aktionen zu einem akustischen Ereignis machten. In der Anfangsphase des Spiels suchte Augenthaler geradezu die Nähe zum Ball, legte ihn sich bei Torabstößen in aller Ruhe zurecht, als wollte er dem Bremer Publikum signalisieren, ihr könnt pfeifen so laut ihr wollt, mich bringt ihr damit nicht aus der Ruhe: „Das ist jetzt vielleicht nicht so gut, was der ‚Auge' da macht", kritisierte sein früherer Mannschaftskapitän Paul Breitner, den SAT 1 als Co-Kommentator verpflichtet hatte. „Wenn er zu viel am Ball steht, heizt er die Stimmung nur noch an."

Das Geschehen auf dem Rasen gab zunächst nicht allzu viel her. Beide Mannschaften belauerten sich, waren um Fehlerminimierung bemüht und wollten vor allem einen Rückstand vermeiden. Zu Recht wurde die erste Halbzeit von Breitner als „ereignisarm" zu den Akten gelegt. Sehr viel mehr hatte auch der zweite Durchgang nicht zu bieten. Die Betonung der von Otto Rehhagel bevorzugten „kontrollierten Offensive" lag eindeutig auf der Kontrolle, und die Bayern waren zwar leicht feldüberlegen, aber nicht mutig genug, um, wie von ihrem Trainer angekündigt, „auf Biegen und Brechen" das 1:0 zu erzwingen. Die Gefahr, in einen Konter zu laufen, war ihnen dann doch zu groß. Alle Beteiligten konnten offenbar ganz gut damit leben, die Entscheidung um die deutsche Meisterschaft auf den letzten Spieltag am folgenden Wochenende zu verschieben. Auch die Stimmung auf den Rängen hatte sich inzwischen dem Geschehen auf dem Rasen angepasst, wenn Klaus Augenthaler in die Nähe des Balls kam, erreichten die Pfiffe nur noch Zimmerlautstärke.

Je länger das Spiel so vor sich hin plätscherte, desto unruhiger wurde das Publikum und forderte Rudi Völler. Eine Viertelstunde vor Schluss war es endlich soweit: Der Publikumsliebling hatte sich lange genug warm gemacht, nun es war an der Zeit, die Trainingsjacke auszuziehen. Otto Rehhagel, der vorher vom „wichtigsten Spiel meines Lebens" gesprochen hatte, stand neben Völler und flüsterte ihm letzte Anweisungen ins Ohr, dann bahnte er sich durch einen Pulk von Fotografen und Kameraleuten den Weg zum Linienrichter, ließ seine Stollen kontrollieren und betrat schließlich unter großem Jubel und „Rudi, Rudi"-Rufen mit der Nummer 13 den Platz. Zwei Monate nach seiner Leistenoperation und fünf Monate nach seinem letzten Einsatz im Olympiastadion. Sofort war wieder Leben in der Bude: „Ich kann mir vorstellen, dass Otto Rehhagel ihm gesagt hat, geh' in den Strafraum, geh' in die Zweikämpfe und versuche eine Situation herauszuschinden, die vielleicht zu einem Elfmeter führt", stellte Co-Kommentator Paul Breitner seine fachliche Eignung für diesen Job eindrucksvoll unter Beweis. Denn keine zehn Minuten später war genau das von ihm Vorhergesagte eingetreten. Völler und Lerby hatten im Strafraum um den Ball gekämpft, der Bremer war einen Tick schneller dran und spitzelte ihn seinem Gegenspieler aus unmittelbarer Nähe – tja, wohin eigentlich? Das war nun die heiß diskutierte Frage: „Ins Gesicht", ereiferte sich Breitner. „Nur ins Gesicht ist er gegangen. Also wozu haben wir einen Linienrichter?" Schiedsrichter Volker Roth stand nicht sonderlich günstig, hatte die Szene hinter den beiden Spielern verfolgt, war sich aber sicher, Lerby habe den Ball mit dem Oberarm berührt. Eine, selbst wenn es so gewesen wäre, harte Entscheidung, denn der Däne konnte auf so kurzer Distanz kaum ausweichen. Lerby redete gestenreich, aber erfolglos auf den Unparteiischen ein und verstand die Welt nicht mehr. „Eine Tatsachenentscheidung", bemerkte der Fernsehkommentator Roman Köster, woraufhin der neben ihm sitzende Breitner gallig wurde: „Tatsache ist, dass der Ball ins Gesicht gegangen ist."

Was nun folgte, dürfte auch fußballhistorisch weniger Interessierten geläufig sein. Um die Ermüdungsgefahr durch das Aufzählen sattsam bekannter Namen und Fakten zu vermeiden, sei an dieser Stelle der „kicker"-Reporter Hans-Günter Klemm zitiert, der die Minuten nach dieser umstrittenen Entscheidung eindrucksvoll festhielt: „Es kochte im Weserstadion. Eine ganze Saison, dann dieser Pfiff. Wo ist der Ball? Kutzop, der nervenstarke Bremer Elfmeterspezialist, sucht das Leder. Mein Gott, die Nerven. Der Ball ist da. Kutzop dreht ihn zwei-, dreimal, legt ihn hin. Anlauf. Entschlossene Schritte. Die letzten auf dem Weg zum Titel. Plötzlich stoppt er. Schaut zu Pfaff. Der geht nach links. Kutzop schießt nach rechts. Der Ball fliegt. Zehntelsekunden. Klatsch. Pfaff springt hoch. Bayern jubelt. Ein Raunen im Stadion. Kutzop fasst sich in die blonde Mähne. Vorbei. Ja, vorbei. Unfassbar. Er hat verschossen. Der Titel ist vom Holz ins Aus gerutscht. Vorläufig."

Endgültig war er dort vier Tage später. Die Bayern machten am letzten Spieltag mit ihrem alten Rivalen Borussia Mönchengladbach kurzen Prozess, fegten ihn mit 6:0 vom Platz. Werder dagegen unterlag in Stuttgart 1:2 und fiel damit aufgrund der schlechteren Tordifferenz auf Platz zwei. Zum ersten Mal in dieser Saison: „Nächsten Samstag feiern wir gemeinsam mit den Stuttgartern. Nur unser Vorstand weiß noch nichts davon", strahlte Klaus Augenthaler. Im Berliner Olympiastadion trafen die Bayern im Pokalendspiel auf den VfB: „Das habe ich damals wirklich so gemeint", bekräftigt er. „Wir haben uns gesagt, lass denen den Pokal und nahmen das Spiel nicht mehr sonderlich ernst. Wir feierten die ganze Woche und gewannen zu unserer eigenen Überraschung auch noch locker mit 5:2. Dieses Finale werde ich nicht vergessen, auch weil die Zeit davor so aufreibend war."

Zwei Jahre später machte Augenthaler mit seiner Familie Skiurlaub in Österreich. In einer Gondel saß ihm ein Mann gegenüber, mit Mütze und Skibrille auf, musterte ihn eine Weile, nahm dann die Brille ab und sagte: „Na, Herr Augenthaler, jetzt würden Sie mich doch am liebsten aus der Gondel schmeißen, oder?" Wollte er aber nicht, und schon gar nicht vor Zeugen. Die wohl schwerste Zeit seiner Karriere war für ihn längst Vergangenheit und nachtragend war Augenthaler ohnehin nicht. Auch nicht gegenüber Willi Lemke, der mit ihm in einer Gondel saß.

*****

„Na Burschi, wie bist du beieinander?", sprach ihn der Teamchef auf dem Weg zum Vormittagstraining an, keine besonders verfängliche Frage, mochte man meinen, aber beim Teamchef wusste man nie, oft waren es bei ihm die beiläufig geäußerten Bemerkungen, die es in sich hatten. Klaus Augenthaler witterte jedenfalls, dass es um mehr als sein morgendliches Wohlbefinden gehen musste. Wollte Franz Beckenbauer ihn, der im Kader ziemlich weit hinten stand, bei Laune halten? Ihm zeigen, dass er noch wahrgenommen wurde? Oder steckte Argwohn dahinter? War dem Teamchef etwa aufgefallen, dass der Ehrgeiz seines Schützlings im Training etwas nachgelassen hatte? Manchmal verpackte er kleine Gemeinheiten ja so liebevoll, dass man sie erst bemerkte, wenn das kurze Gespräch bereits vorbei war. „Wieso?", antwortete Augenthaler vorsichtig, um nur nicht zu früh die Deckung zu öffnen. Vielleicht kam da ja noch was. „Du spielst morgen", erwiderte Beckenbauer und erzielte mit diesen drei Worten die von ihm wohl auch erwartete Wirkung: „Das hättest du mir auch früher sagen können", antwortete Augenthaler, nachdem er sich gesammelt hatte. Damit brachte er wiederum den „Kaiser" ins Schwimmen. „Wieso?", wollte nun auch Beckenbauer wissen. „Weil ich mich dann besser vorbereitet hätte."

Natürlich freute er sich, im Auftaktspiel gegen Uruguay dabei zu sein. Endlich ging auch für ihn die Weltmeisterschaft so richtig los. Als Franz Beckenbauer den endgültigen Kader für die Titelkämpfe in Mexiko bekannt gegeben hatte, war Augenthaler noch erleichtert gewesen, überhaupt zu den 22 Auserwählten zu gehören. An Abwehrspielern herrschte eigentlich kein Mangel, und die Auftritte des Bayern-Kapitäns in der Nationalmannschaft waren nach seiner Rückkehr zwar solide, richtig aufgedrängt hatte er sich aber nicht. Überhaupt gab es nicht wenige, die in seinem Fall von einem „Bayern-Bonus" sprachen. Augenthaler war das egal, er wollte unbedingt eine WM spielen, auch wenn ihm die abgelaufene Saison trotz ihres zumindest sportlich glücklichen Endes immer noch in den Klamotten hing. Eigentlich hätte er Urlaub nötig gehabt, wusste aber auch, dass sich diese Tür vermutlich kein zweites Mal öffnen würde. Vier Jahre später mit dann knapp 33 Jahren wäre er wohl schon zu alt, um noch eine Weltmeisterschaft zu spielen. Falls er dann überhaupt noch spielen würde.

Kurz nach der Ankunft im WM-Quartier folgte die erste Ernüchterung. In den nahezu täglichen Trainingsspielen fand er sich in der B-Mannschaft wieder und wurde diesen von ihm nicht angestrebten Stammplatz auch nicht mehr los. Gut 14 Tage vor dem ersten Gruppenspiel waren sie angereist und Augenthaler beschlich das ungute Gefühl, dass quälend lange Wochen auf ihn warteten. Im Training ließ er sich zunächst nichts anmerken, gewann mit der B-Mannschaft sogar meistens, was aber auch daran lag, dass die Stammspieler jedes Risiko vermieden. Abseits der Übungseinheiten freundete er sich langsam mit der Rolle eines WM-Touristen an und spielte schon am frühen Nachmittag Karten, wenn eigentlich noch Bettruhe vorgesehen war. Große Hoffnungen, hier wirklich gebraucht zu werden, machte er sich nicht. Dabei war die Frage nach dem Libero noch nicht einmal entschieden, nur dass die Kandidaten für diesen Posten Matthias Herget und Ditmar Jakobs hießen. Auch die Zeitungen schrieben, dass Augenthaler in den Überlegungen Beckenbauers keine Rolle mehr spiele, und da die Spieler mit den Journalisten unter einem Dach wohnten, waren diese Einschätzungen wohl nicht völlig aus der Luft gegriffen. Aber der Teamchef hatte immer wieder eine Überraschung auf Lager.

Als Klaus Augenthaler mit der Rückennummer 15 gegen Uruguay auflief, gehörte er trotz seiner bereits 28 Jahre zu den Unerfahrenen im Team. Es war erst sein 12. Länderspiel, und das erste in einem großen

Turnier. Nur Norbert Eder, sein Teamkamerad vom FC Bayern, hatte mit bis dahin zwei Einsätzen noch weniger auf seinem Konto. Dabei war Eder sogar zwei Jahre älter. Der „kicker“ bescheinigte Augenthaler hinterher eine „handwerklich solide Durchschnittsleistung – aber nicht mehr.“

Mit ein bisschen Glück wäre es sogar sehr viel mehr geworden. Nach gut einer Stunde lief die deutsche Mannschaft immer noch dem frühen 0:1-Rückstand aus der 5. Minute hinterher, als auf der linken Seite, vielleicht zehn Meter vor der Eckfahne, Hans-Peter Briegel von den Beinen geholt wurde. Ein ernsthaftes Interesse am Ball konnte man dem Spieler der Urus beim besten Willen nicht unterstellen, unbekümmert fuhr er dem mit hohem Tempo vorbeisprintenden Verteidiger der DFB-Auswahl in die Parade. Und während Briegel über den Platz rollte und erst nach einigen Metern seine finale Parkposition erreicht hatte, entfernte sich der Südamerikaner vom Tatort, ohne dass sein Einsteigen mit einer Gelben Karte gewürdigt worden wäre. Internationale Härte nannte man das in den 80er-Jahren.

Alles wartete nun auf eine Flanke in den Strafraum, aber Klaus Allofs hatte eine andere Idee und passte zurück auf Augenthaler, der etwa 20 Meter zentral vor dem Tor stand. Hart getreten tippte der Ball auf dem Weg zu ihm kurz vorher sogar noch einmal auf. Die Chancen, ihn bei einer Direktabnahme aus dem Stadion zu dreschen oder sich durch ein Luftloch lächerlich zu machen, standen nicht schlecht. Augenthaler riskierte es trotzdem und wäre fast belohnt worden: Sein Schuss klatschte an die Querlatte und von dort weit zurück ins Feld. Danach vergingen noch weitere 20 Minuten, ehe Allofs kurz vor dem Abpfiff der Ausgleichstreffer gelang.

Auch im folgenden Spiel beim 2:1 gegen Schottland stand Augenthaler in der Startelf. Erneut wurde ihm eine solide Leistung bescheinigt und er schien seinen Platz in der Mannschaft gefunden zu haben, als er sich im Training am Knie verletzte und für das letzte Gruppenspiel gegen Dänemark passen musste. Ditmar Jakobs vom HSV übernahm seinen Posten, die DFB-Auswahl verlor 0:2, erreichte aber trotzdem das Achtelfinale. Die höchst durchschnittliche Bilanz der Vorrunde passte zur Stimmung im Team: Von Harmonie konnte keine Rede sein, die Mannschaft zerfiel in einzelne Grüppchen, vor allem die Kölner und Münchner hatten sich nicht viel zu sagen. Klaus Allofs und Rudi Völler hielten sich für das passende Sturmduo, was der leicht angeschlagene Karl-Heinz Rummenigge als Kampfansage verstehen musste. Er legte sich aber nicht nur mit den beiden Stürmern an, sondern auch mit Toni Schumacher, dem er vorwarf, auf sein Kapitänsamt scharf zu sein. Der „Welt am Sonntag" offenbarte Rummenigge später, mit einer vorzeitigen Abreise geliebäugelt zu haben. Auch der vor der WM als Libero hoch gehandelte Matthias Herget von Bayer Uerdingen nutzte die Gelegenheit, seinen Ärger gleich an Ort und Stelle abzulassen. Da die Medienvertreter ständig vor Ort waren, fand sich für Unzufriedene immer ein offenes Ohr. Das wiederum brachte den Teamchef auf die Palme, er warf den Journalisten „Wegelagerei" vor und teilte mit, sich seine Aufgabe „nicht leichter, aber schöner" vorgestellt zu haben: „Beckenbauer legte sich in Mexiko andauernd mit der Presse an", bestätigt Augenthaler, „hat es später auch als größten Fehler bezeichnet, dass sie bei uns im Quartier war. Er wollte immer alles erklären, wer aus welchem Grund spielt oder auf der Bank sitzt. Bis er merkte, dass die gar nicht über das schrieben, was er sagte, sondern über das, was sie für ihre Geschichten brauchen konnten."

Und Futter gab es reichlich. Bei Mexiko 1986, seufzt Augenthaler, denke er vor allem an Intrigen und Eifersüchteleien. Man sei ins Endspiel gekommen, ohne eine richtige Mannschaft zu sein. Und im ab vom Schuss gelegenen Quartier waren die Bedingungen für einen gepflegten Lagerkoller nahezu perfekt, auch wenn das „Mansion Gallindo" seinen Gästen alle Annehmlichkeiten einer luxuriösen Ferienanlage bot. Aber die Spieler fühlten sich mehr als Insassen, und wenn sie die Mauern der Anlage verließen, standen sie praktisch in der Wüste.

Um dieser Fünf-Sterne-Ödnis mal für ein paar Stunden zu entkommen, beschlossen Klaus Augenthaler, Dieter Hoeneß, Uli Stein und Ditmar Jakobs sich von einem der mexikanischen Studenten, die der DFB für Ausflüge engagiert hatte, zu einem etwa 40 Kilometer entfernten französischen Restaurant bringen zu lassen, was unter den gegebenen Bedingungen hieß: gleich um die Ecke. Nach dem Nachmittagstraining machte sich das Quartett auf den Weg und wurde nicht enttäuscht: Sie bestellten ein französisches Menü mit allen Schikanen, und zwischen den Gängen hatten sie ausreichend Zeit, mal ein bisschen Dampf über die Stimmung im WM-Quartier abzulassen. Nach dem Hauptgang ahnten sie bereits, es kaum bis 23 Uhr zurückzuschaffen, aber wegen eines Zapfenstreichs vorzeitig den Tisch zu verlassen, wäre vom Haus bestimmt als grobe Unhöflichkeit gewertet worden und kam überhaupt nicht in Frage. Hatte man ihnen nicht immer wieder gepredigt, sie seien auch als Botschafter ihres Landes unterwegs? Außerdem schmeckte es einfach zu gut.

Als sie nach Mitternacht zurückkehrten, wartete Manfred Drexler schon vor den Mauern der Hazienda und fing sie ab: „Wo wart ihr? Seid ihr verrückt geworden? Im Hotel ist der Teufel los!", legte der Zeugwart der Nationalmannschaft ganz aufgeregt los. Einigen Journalisten war der spontane Ausflug nicht entgangen und dass die Vier den Zapfenstreich recht großzügig für sich ausgelegt hatten, machte bereits die Runde. Es war ja sonst nicht viel los. Drexler lotste sie durch den Hintereingang. Wie Schuljungen schlichen vier gestandene Fußballprofis und Nationalspieler über lange, dunkle Flure, bis sie plötzlich Stimmen hörten und die letzten Meter zu ihren Zimmern im Lauftempo zurücklegten. „Aber nur zu dritt", erinnert sich Ditmar Jakobs. „Der Vierte hat es provoziert, der Herr Stein. Uli lief den Journalisten in die Hände." Damit waren alle aufgeflogen. „Uli hatte es darauf angelegt", bestätigt Augenthaler. „Ihm war inzwischen alles egal. Jeder sagte ihm, er sei der bessere Torwart, aber Schumacher spielte. Und das wollte er sich nicht länger antun."

Am nächsten Morgen klopfte Berti Vogts an der Tür, schmiss die Trainingsklamotten ins Zimmer und sagte knapp: „Straftraining!" 45 Minuten durch die Wüste, so Augenthaler, sei der vorläufige Preis für das ausgedehnte französische Menü gewesen: „Der Berti war ja ein guter Läufer, aber wir hatten auch unsere Ehre und sagten uns, den hängen wir jetzt ab, obwohl es schon sehr heiß war." Vogts hielt jedoch das flotte Tempo, auch er hatte seine Ehre, vor allem aber hatte der Co-Trainer der Nationalmannschaft seine Prinzipien. Für ihn war die Angelegenheit mit einer zusätzlichen morgendlichen Laufeinheit noch nicht aus der Welt: „Wir sollten 5.000 Mark zahlen", nennt Augenthaler die Gesamtrechnung für den überzogenen Zapfenstreich: „Wir waren alle einer Meinung und sagten, nicht mit uns, das zahlen wir nicht. Und als Beckenbauer und Vogts merkten, dass wir es ernst meinen, gaben sie nach. Wir hatten ja nicht bewusst überzogen, es war einfach blöd gelaufen. Ich glaube, dass zumindest der Franz auch ein Getriebener war und vor den Medien zeigen musste, dass er Chef im Ring war. Vier Jahre später in Italien war er viel souveräner. Auch da kamen wir zu spät ins Quartier und benutzten den Hintereingang. Und wer wartete auf uns? Der Teamchef! Beckenbauer stand mit den Masseuren gut gelaunt an einem Kickertisch, wir entschuldigten uns und sagten, dass wir gleich ins Bett gehen würden. ‚Nein', sagte der Franz. ‚Vorher trinken wir noch zusammen ein Bier.'"

1986 wurde Uli Stein vorzeitig nach Hause geschickt. Beckenbauer hatte ihm mitgeteilt, dass er im Achtelfinale gegen Marokko auf der Tribüne sitzen solle, um „geistig zu regenerieren." Doch dieser Prozess war für Stein schon abgeschlossen. Er könne seine Rolle als Ersatzmann hinter Toni Schumacher nicht akzeptieren, entgegnete er dem Teamchef, und kündigte seinen Rücktritt aus der Nationalmannschaft an. Beide einigten sich darauf, das Turnier noch gemeinsam zu beenden. Als Beckenbauer dann lesen musste, dass Stein ihn als „Suppenkasper" bezeichnet hatte, stand einem vorzeitigen Rückflug nichts mehr im Wege.

Auch Klaus Augenthaler hätte die Heimreise gerne früher angetreten. Nach seiner Knieverletzung vor dem Spiel gegen Dänemark war an weitere Einsätze nicht mehr zu denken: „Ich fragte den Franz, ob ich nicht nach Hause fliegen könne, ich sei ja ohnehin nur noch als Tourist hier. Er lehnte ab, sagte, wir seien schließlich eine Mannschaft. Von da an dachte ich vor jedem Spiel, lass uns bitte ausscheiden, damit das alles ein Ende hat. Wir spielten zwar nicht gut, kamen aber trotzdem immer weiter. Was war ich damals froh, wieder zu Hause bei meiner Familie zu sein."

Obwohl das Turnier trotz des verlorenen Endspiels gegen Argentinien sportlich alle Erwartungen übertraf, nutzen einige Nationalspieler anschließend im „kicker" die Gelegenheit zur „Abrechnung mit Mexiko", wie es hieß. Eine mehrteilige Serie, die erahnen lässt, wie vergiftet das Betriebsklima gewesen sein muss: Felix Magath beklagte sich darin über „menschliche Kränkungen", die ihm der Teamchef zugefügt hätte, Hans-Peter Briegel kündigte an, von sich aus gehen zu wollen, bevor er rausgeekelt werde, und DFB-Trainer Horst Köppel fühlte sich während der WM aufgrund der permanenten Anwesenheit von 140 Journalisten „auf Schritt und Tritt beobachtet". Man hätte kaum in Ruhe ein Gespräch führen können.

Der Rückblick von Ditmar Jakobs liest sich dagegen überwiegend erfreulich: sportlich, weil er sich entgegen aller Prognosen einen Stammplatz erkämpfen konnte, und menschlich, weil er, wie Jakobs festhielt, einen „echten Freund" fand: Klaus Augenthaler! Und daran hat sich nicht viel geändert: „Wir hatten uns schon vor Mexiko gut verstanden, sind auch mal ein Bier trinken gegangen, wenn der HSV in München spielte. Es war kein Zufall, dass die Hamburger und Bayern bei der WM eine Gruppe bildeten. Klaus ist für mich ein liebenswerter Kerl, geradeaus, korrekt, einer, der immer offen sagte, wenn ihm etwas nicht passte. Für mich in jeder Hinsicht ein Sportsmann und eine Idealbesetzung als Kapitän. Unser Kontakt ist zwar nicht mehr so intensiv wie früher, aber jedes Mal, wenn man sich trifft, ist es so, als hätte man sich erst gestern verabschiedet."

8

„Ich schämte mich wegen meiner Roten Karte" 1986–1987

Nur ein Klaps oder eine richtige Watsch'n? Augenthaler trifft in der „Hölle von Madrid" auf Hugo Sanchez / Allein in der Kabine bei laufenden Duschen / Der Kapitän erlebt sein erstes „Finale dahoam" / Sein Vertreter ist der Aufgabe nicht gewachsen

In zivil war Klaus Augenthaler in die Kabine gekommen, um mit seinen Kollegen auf den erneuten Titelgewinn anzustoßen. Niemand hatte daran gezweifelt, dass sich die Bayern drei Spieltage vor Saisonschluss den noch fehlenden Punkt zur deutschen Meisterschaft holen würden. Allerdings war es auch keine Überraschung, dass die Mannschaft beim 2:2 gegen Bayer Uerdingen nicht mehr als das Allernötigste bot. Die Luft war draußen. Dritte Meisterschaft in Serie, die zehnte insgesamt, damit den 1. FC Nürnberg als Rekordmeister abgelöst – Anlässe zum Feiern gab es durchaus, aber kaum einer war in entsprechender Stimmung. Auch Klaus Augenthaler nicht. Zwei Wochen zuvor wegen eines akuten Bandscheibenvorfalls operiert, war die Saison für ihn ohnehin schon beendet. Nun saß er neben dem nur noch spärlich bekleideten Dieter Hoeneß, prostete ihm mit einem Glas Champagner in der Hand zu und versuchte, so etwas wie Freude über die souveräne Titelverteidigung zu zeigen. Es blieb beim Versuch: „Emotional war diese Meisterschaft das Gegenstück zu der im Jahr davor. Die war vom Verlauf und der Dramaturgie perfekt, wenn man den ganzen Zirkus mit Rudi Völler und mir einmal ausblendet. Ich glaube, wir erlebten damals alle so etwas wie das pure Glück. Denn was gibt es Schöneres, als nach dem letzten Spieltag zum ersten Mal Tabellenführer zu sein? Im eigenen Stadion, vor vollbesetzten Rängen."

Die blieben 12 Monate später gegen Uerdingen überwiegend leer. Gerade einmal 22.000 Zuschauer verloren sich im Olympiastadion und teilten die reservierte Freude der Profis. Dass die Feiern weit unter dem Vorjahresniveau blieben, lag vor allem an der vermaledeiten Nacht von Wien, in der die Bayern leichtfertigt hergaben, was sie doch eigentlich schon so sicher in den Händen hielten: den Europapokal der Landesmeister! Nun hatten sie zwar den Deckel, aber ohne den Pott war der plötzlich nur noch die Hälfte wert. Wenn überhaupt. Alles hätte so schön sein können, sie waren so dicht dran. Sie hätten die Nachfolge der „Goldenen 70er" um Beckenbauer, Maier und Müller angetreten und sich damit selbst ein Denkmal gesetzt. „Hätte, hätte Fahrradkette", um den sehr viel späteren und zum TV-Experten gereiften Lothar Matthäus nicht ganz korrekt zu zitieren. Er zählte zu den großen Verlierern dieses Jahres.

*****

Noch knapp eine Stunde bis zum Anpfiff des bis dahin wichtigsten Spiels der Saison. Das Olympiastadion füllte sich so langsam, auch die Gäste aus Madrid saßen bereits in ihrer Kabine, fehlten eigentlich nur noch die Gastgeber. Anders als Real hatten die nicht in der Stadt, sondern wie vor jedem Heimspiel im Hotel Bachmair am Tegernsee Quartier bezogen, etwa 60 Kilometer außerhalb Münchens gelegen. Auf dem Weg ins Stadion gerieten sie in einen Stau, nichts ging mehr. Stillstand! Als der Verkehr endlich wieder ins Rollen kam, war die Zeit schon so knapp, dass Busfahrer Rudi Egerer von der üblichen Route abwich und eine Abkürzung durch die Parkanlagen des Englischen Gartens wählte, um das Ziel noch halbwegs pünktlich zu erreichen. Etwa eine halbe Stunde vor Spielbeginn rollte der Bus des FC Bayern schließlich in die Katakomben des Stadions ein. Dem Hinspiel im Halbfinale des Europapokals der Landesmeister stand nichts mehr im Wege.

Dass Klaus Augenthaler zur Startformation zählte, war alles andere als selbstverständlich. Gut einen Monat vorher war er gegen Fortuna Düsseldorf nach einer halben Stunde mit einer Oberschenkelzerrung ausgewechselt worden. Anders als bei ähnlichen Verletzungen verzichtete er darauf, sich von einem Spezialisten ohne Rücksicht auf die eigene Gesundheit so schnell wie möglich wieder fit machen zu lassen und hielt die von Vereinsarzt Müller-Wohlfahrt verordnete „absolute Ruhe" für die nächsten fünf Tage ein. Danach war Länderspielpause und im folgenden Bundesligaspiel beim 1. FC Köln stand Augenthaler schon wieder auf dem Platz. Er traf per Freistoß zum 1:1-Endstand und bot auch darüber hinaus eine bemerkenswerte Leistung. Doch wiederum eine Woche später beim Derby gegen den 1. FC Nürnberg winkte er bereits beim Aufwärmen ab – erneut der Muskel. Diesmal verzichtete Augenthaler auf eine Ruhepause, dachte wie so oft in seiner Karriere in den Kategorien rot und weiß und gab zur allgemeinen Freude ein paar Tage später Entwarnung für das bevorstehende Schlagerspiel beim HSV: „Ich kann schmerzfrei trainieren und habe keine Bedenken mehr." Niemand wollte ihn in seinem Tatendrang bremsen, schon gar nicht der Trainer, der seinen Kapitän auch in leicht lädiertem Zustand für unersetzlich hielt. Die Bayern gewannen mit 2:1 im Volksparkstadion, kamen damit der Titelverteidigung ein gutes Stück näher und Augenthaler zählte erneut zu den besten Spielern seiner Mannschaft. Als er auch noch das folgende Bundesligaspiel gegen Kaiserslautern ohne größere Probleme überstand, fühlte er sich bereit für Real.

*****

„Wir hätten sie abschlachten müssen!" Klaus Augenthalers Wortwahl nach dem 4:1-Sieg über den spanischen Meister mochte nicht zum auf den ersten Blick beruhigenden Ergebnis passen. Zum Spielverlauf dieses Halbfinals und zum jüngeren, nicht immer konfliktfreien Verhältnis beider Großklubs passte sie dagegen umso besser. Selbst in Freundschaftsspielen ging es zwischen Bayern München und Real Madrid regelmäßig über das Erlaubte hinaus: „Wir hatten sie mal in einem Freundschaftsspiel im Olympiastadion mit 9:1 erledigt, da führten wir zur Halbzeit schon 7:0. Real war erst ein paar Tage im Training, wir standen kurz vor Saisonstart bereits voll unter Dampf. In der Halbzeit forderte Paul Breitner uns auf, gegen seinen alten Verein einen Gang zurückzuschalten. Sonst wäre es bestimmt zweistellig geworden. Ein paar Wochen später trafen wir erneut aufeinander, diesmal in Madrid beim ‚Bernabeu-Cup'. Da wollten sie uns killen, das waren wirklich böse Fouls. Nach 20 Minuten ging der Paul zum Schiedsrichter und sagte, wenn die nicht aufhören, gehen wir vom Platz. Die grätschten auf Kniehöhe und hatten es auf Verletzungen abgesehen. Aber das ganze Stadion tobte vor Freude und feierte jedes Foul. Wir hatten sie in ihrem Stolz verletzt, und was sie unter Stolz verstanden, bekamen wir dann zu spüren."

Beim Halbfinal-Hinspiel im Olympiastadion musste vor allem Lothar Matthäus einstecken. Nach einem Foul an Chendo verlor dessen Mitspieler Juanito komplett die Nerven und trat dem noch am Boden liegenden Matthäus ins Gesicht: „Ich dachte, die wollen mich umbringen", rang der Nationalspieler hinterher nach Worten. „Tritte am ganzen Körper, ich war froh, als ich endlich wieder stand." Eines der übelsten Fouls in der Geschichte des Europapokals wurde von der UEFA mit einer Sperre von vier Jahren angemessen geahndet.

Zuvor hatte Augenthaler die Bayern nach elf Minuten in Führung gebracht, anschließend trafen Matthäus und Wohlfarth, aber beim Stand von 3:0 und bereits in Überzahl leisteten sich die Gastgeber eine kleine Nachlässigkeit, Butragueno nutzte sie zum 1:3. Kurz nach der Halbzeit verwandelte Matthäus seinen zweiten Elfmeter und als in der 72. Minute mit Mino ein weiterer Real-Spieler vom Platz gestellt wurde, drohte den Spaniern ihr nächstes Debakel in München. Die Bayern waren drückend überlegen, erspielten sich eine Torchance nach der anderen, immer wieder angetrieben von Klaus Augenthaler, der sich, so der „kicker", zu einer Weltklasseleistung steigerte. Auch der Kapitän bekam die gegnerische Härte zu spüren. Nachdem er ein Zuspiel in der eigenen Hälfte angenommen hatte, rammte ihm ein Spanier seinen gestreckten Fuß mit voller Wucht an die Brust. Augenthaler ging zu Boden, wie ein Boxer, der einen Wirkungstreffer einstecken musste. Er rappelte sich wieder auf, schüttelte sich kurz und hielt dann seine ausgestreckten Zeigefinger an die Schläfen, so, als setzte er sich Hörner auf: „Eines der berühmtesten Fotos von mir. Ich wollte damit nur ausdrücken, wir sind hier beim Fußball und nicht beim Stierkampf. Dass diese Geste in Spanien als schlimme Beleidigung aufgefasst wird, wusste ich nicht. Aber uns hätte auch ohne diese Szene ein heißer Empfang in Madrid erwartet. Die Stimmung zwischen beiden Vereinen war längst vergiftet."

Und sportlich war noch längst nicht alles entschieden, denn das 4:1 nahm sich angesichts der zahlreichen Chancen sowie der numerischen Überlegenheit fast schon mickrig aus: „Selbst gegen acht Feldspieler waren die Bayern nicht in der Lage, den Vorsprung auszubauen", meckerte der „kicker" und machte dieses Versäumnis vor allem an einer Person fest: „Lothar Matthäus blieb erneut den Nachweis schuldig, in großen Spielen große Leistungen zu bringen. Er tauchte unter, überließ dem 21-jährigen Hansi Dorfner den Dirigentenstab. Kampflos, ohne Gegenwehr." Dass Matthäus zweimal per Elfmeter traf, reichte offenbar nicht, um seine Vorstellung aufzuwerten. Derweil beschäftigte sich Franz Beckenbauer auf der Tribüne des Olympiastadions schon einmal mit dem Rückspiel: „In Madrid wird es Kleinholz geben", war sich der Teamchef sicher und sollte Recht behalten.

*****

Der gegen Real überragende Hansi Dorfner war zu Beginn der Saison aus Nürnberg zurück an die Säbener Straße gekehrt. Im ersten Jahr unter Udo Lattek gehörte er zwar zum Kader, blieb aber ohne Einsatz. Dorfner war schon froh, ab und zu auf der Bank Platz nehmen zu dürfen, damit war er zu 50% an den Prämien beteiligt. Bei einem Auswärtssieg waren das sehr willkommene 2.000 Mark, denn von seinen 3.500 Mark Grundgehalt im Monat ging schon mehr als die Hälfte für die Miete drauf. Er sah sich noch als Lehrling und war sich auch für die damit verbundenen Aufgaben nicht zu schade. Ein klassischer Kofferträger: Die Stammspieler schmissen ihre Klamotten und Schuhe irgendwo hin, er sammelte sie zusammen und brachte sie zum Bus. Lehrjahre waren gerade beim FC Bayern keine Herrenjahre. Dorfner war auch einverstanden, als er zum 1. FC Nürnberg ausgeliehen wurde. Der „Club" hatte sich zwar gerade in die 2. Liga verabschiedet, aber die Chancen auf regelmäßige Einsätze waren dort deutlich größer als bei den Bayern, wo er mit gestandenen Profis wie Sören Lerby, Lothar Matthäus oder Norbert Nachtweih um die Plätze im Mittelfeld kämpfen musste.

Die zwei Jahre in Nürnberg erwiesen sich für ihn als Glücksfall, denn nach der gescheiterten Revolte einiger Spieler gegen Heinz Höher, setzte der Trainer plötzlich auf Talente wie Hansi Dorfner: „Höher kam in die Kabine und sagte zu mir: Du bist jetzt der Günter Netzer, Stefan Reuter ist Berti Vogts und Dieter Eckstein Jupp Heynckes. Ab sofort sind wir die Gladbacher Fohlenmannschaft der 70er-Jahre, und wenn ihr alles so macht, wie ich es will, steigen wir auf. Wir standen damals im hinteren Mittelfeld und hatten die halbe Mannschaft entlassen. In dem Moment dachte ich wirklich, der hat sie nicht mehr alle. Aber es trat genau so ein, wie von ihm vorhergesagt. Von Heinz Höher habe ich als Spieler am meisten gelernt. Udo Lattek bewunderte ich, weil der mit den Stars so souverän umgehen konnte, aber fußballerisch hat er mir überhaupt nichts beigebracht. Und Jupp Heynckes später auch nicht viel mehr."

Als Dorfner den „Club" wieder Richtung München verlassen wollte, war Höher untröstlich. Er schrieb ihm einen langen Brief, warnte ihn davor, bei den Bayern nur einer unter vielen zu sein und dort nicht so behandelt zu werden, wie er es bräuchte: „Ich war sein Lieblingsspieler, um mich herum wollte er eine Mannschaft aufbauen und das Verrückte ist, dass die meisten Sachen, die er in diesem Brief vorhersagte, auch so eingetroffen sind: dass ich meine Karriere frühzeitig beenden muss, dass ich ein Leben lang Probleme mit Verletzungen haben werde und dass sich bei den Bayern keiner um mich kümmern wird. Wenn du bei den Bayern weg bist, kommt ein anderer, schrieb er mir. Und so war es ja eigentlich auch."

In seinem ersten Jahr nach der Rückkehr dachte Dorfner aber nicht an Verletzungen, sondern an Meisterschaften und Pokale. Und die Chancen, etwas Wesentliches dazu beitragen zu können, standen nicht schlecht: Sören Lerby war inzwischen nach Monaco gewechselt, den dadurch frei gewordenen Platz im Mittelfeld wollte er erobern. Dass ihm das Betriebsklima in München nicht so zusagte wie in Nürnberg und der Konkurrenzkampf mit sehr viel härteren Bandagen geführt wurde, war der Preis, den er für den angestrebten sportlichen Erfolg zu zahlen bereit war: „An meinem Verhältnis zu Klaus Augenthaler kann man die Unterschiede zwischen beiden Vereinen ganz gut sichtbar machen: Ich habe mit ihm fünf Jahre zusammen gespielt und wir haben in dieser Zeit keine drei Sätze miteinander gesprochen. Vor ein paar Jahren saßen wir dann mal zusammen beim Geburtstag von Fredi Binder, dem früheren Masseur der Bayern. Ich saß an einem Tisch direkt neben ‚Auge', den ich immer mochte und respektierte. Ich habe ihn sogar ein bisschen verehrt, weil er für mich ein ganzer Kerl war, aber ich habe nie etwas mit ihm zu tun gehabt. Und dann redeten wir den ganzen Abend miteinander, es war richtig nett, und am Ende sagte ich ihm: Jetzt haben wir uns so lange unterhalten wie in all den Jahren, in denen wir in einer Mannschaft waren, nicht. Da hat er gelacht und geantwortet: Mei, ich bin halt a Niederbayer, und wir machen nicht so viele Worte."

*****

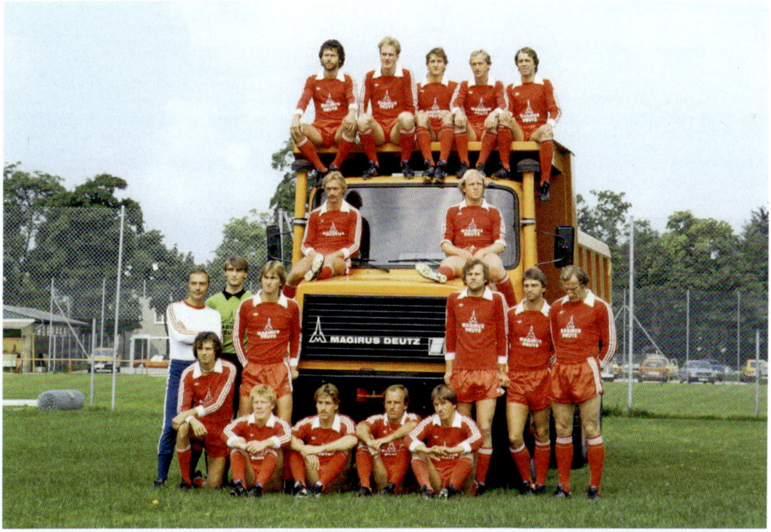

Die Trikots haben heute hohen Sammlerwert. Das Fahrzeug des Sponsoren auch. (Foto: IMAGO/Frinke)

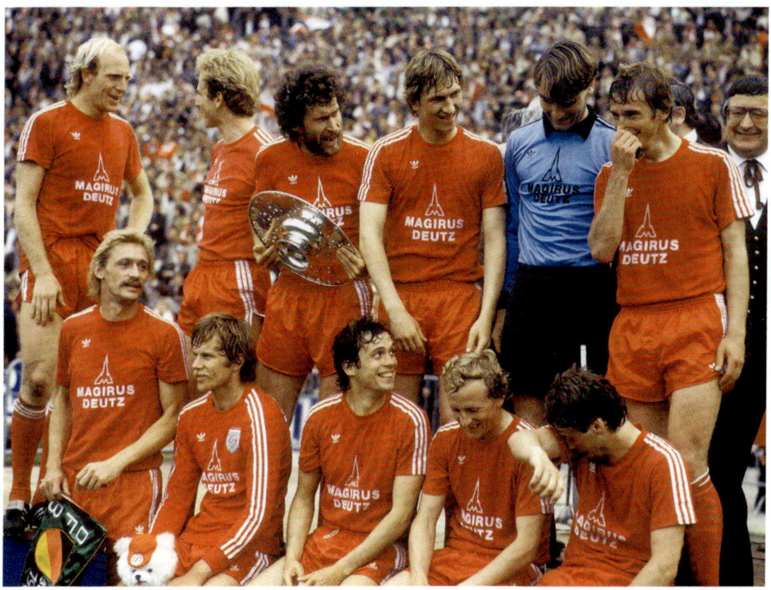

Mai 1980: Endlich wieder Meister und niemand nimmt Kontakt zum Fotografen auf. Nur Udo Horsmann weiß, was sich gehört. (Foto: IMAGO/Kicker/Liedel)

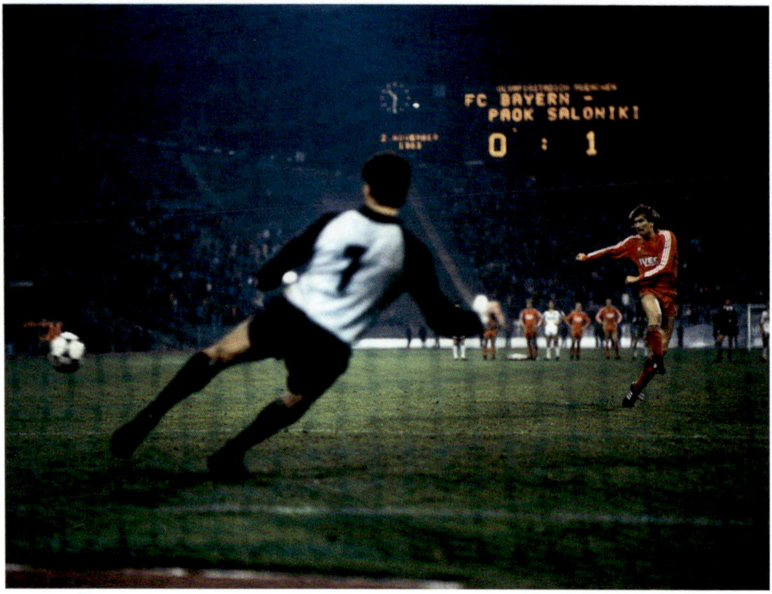

Treffer im dritten Versuch. Als Elfmeterschütze war Augenthaler nie erste Wahl. (Foto: IMAGO/Kicker/Liedel)

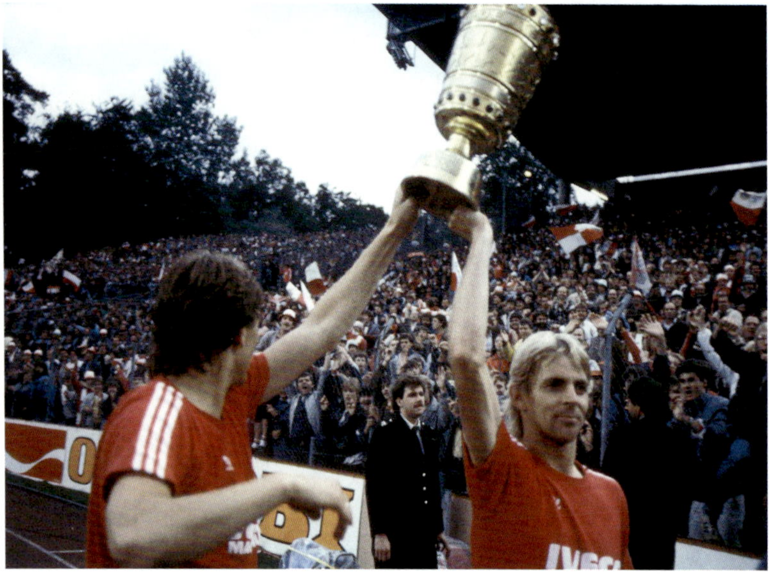

Freunde auf der Ehrenrunde: Klaus Augenthaler und Norbert Nachtweih nach dem Pokalsieg 1984. (Foto: IMAGO/Kicker/Eissner, Liedel)

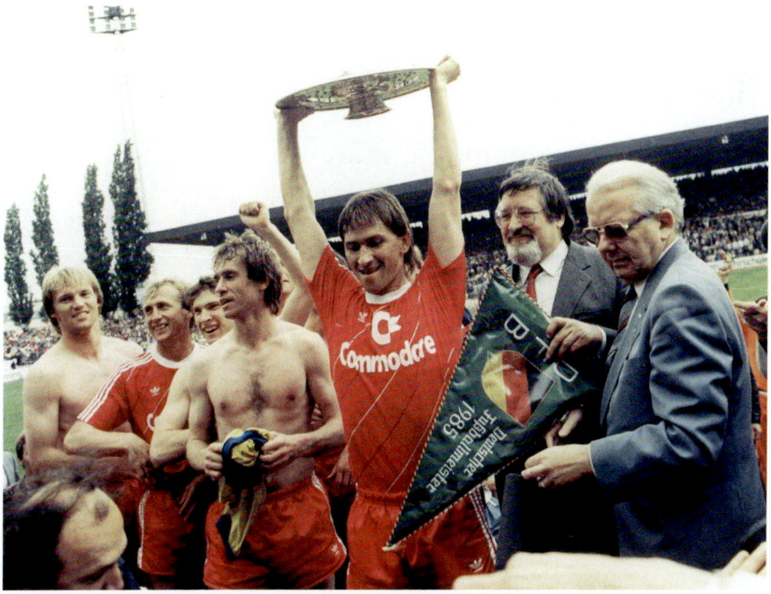

1985: Die erste Meisterschaft als Kapitän. (Foto: IMAGO/Rust)

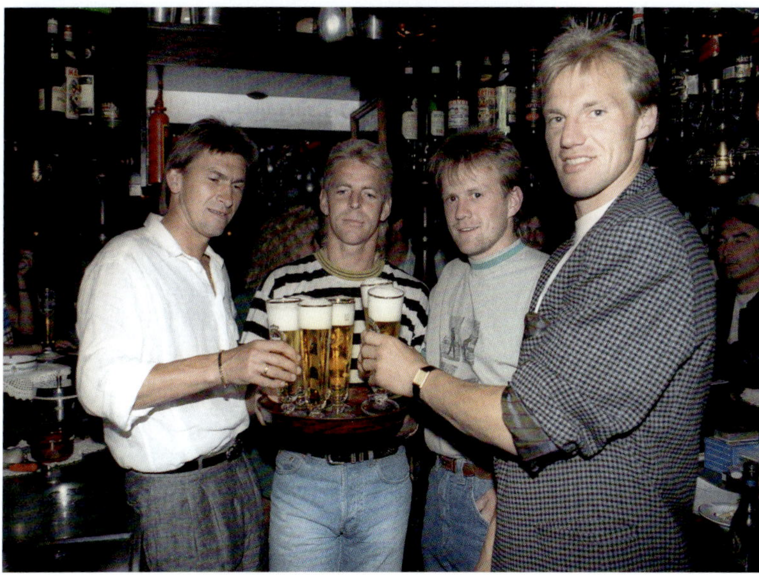

Es musste nicht immer Weizenbier sein: Klaus Augenthaler, Norbert Nachtweih, Hansi Dorfner und Hansi Pflügler. (Foto: IMAGO/Fred Joch)

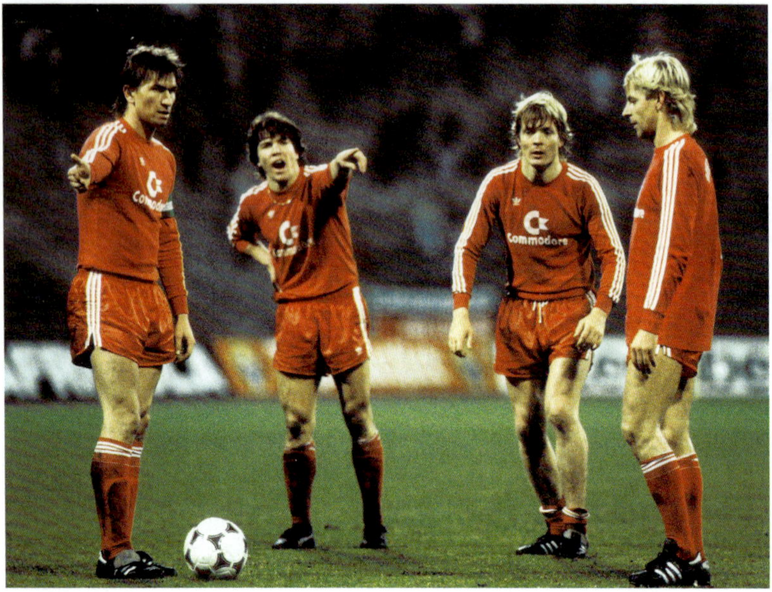

Nicht immer einer Meinung, aber gemeinsam erfolgreich: Augenthaler, Matthäus, Lerby und Nachtweih. (Foto: IMAGO/Kicker/Eissner)

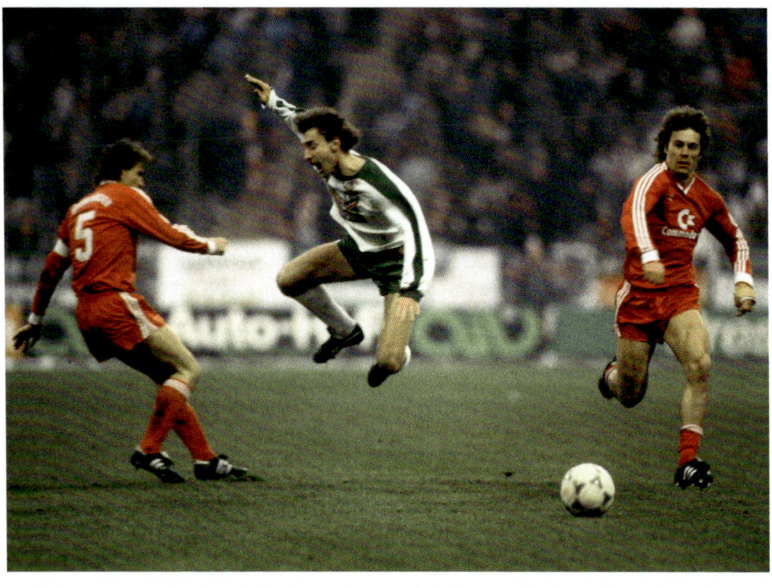

„Ich hätte niemals absichtlich Foul gespielt!“ Augenthaler holt Rudi Völler von den Beinen und wird zum Buhmann der Liga. (Foto: IMAGO/WEREK)

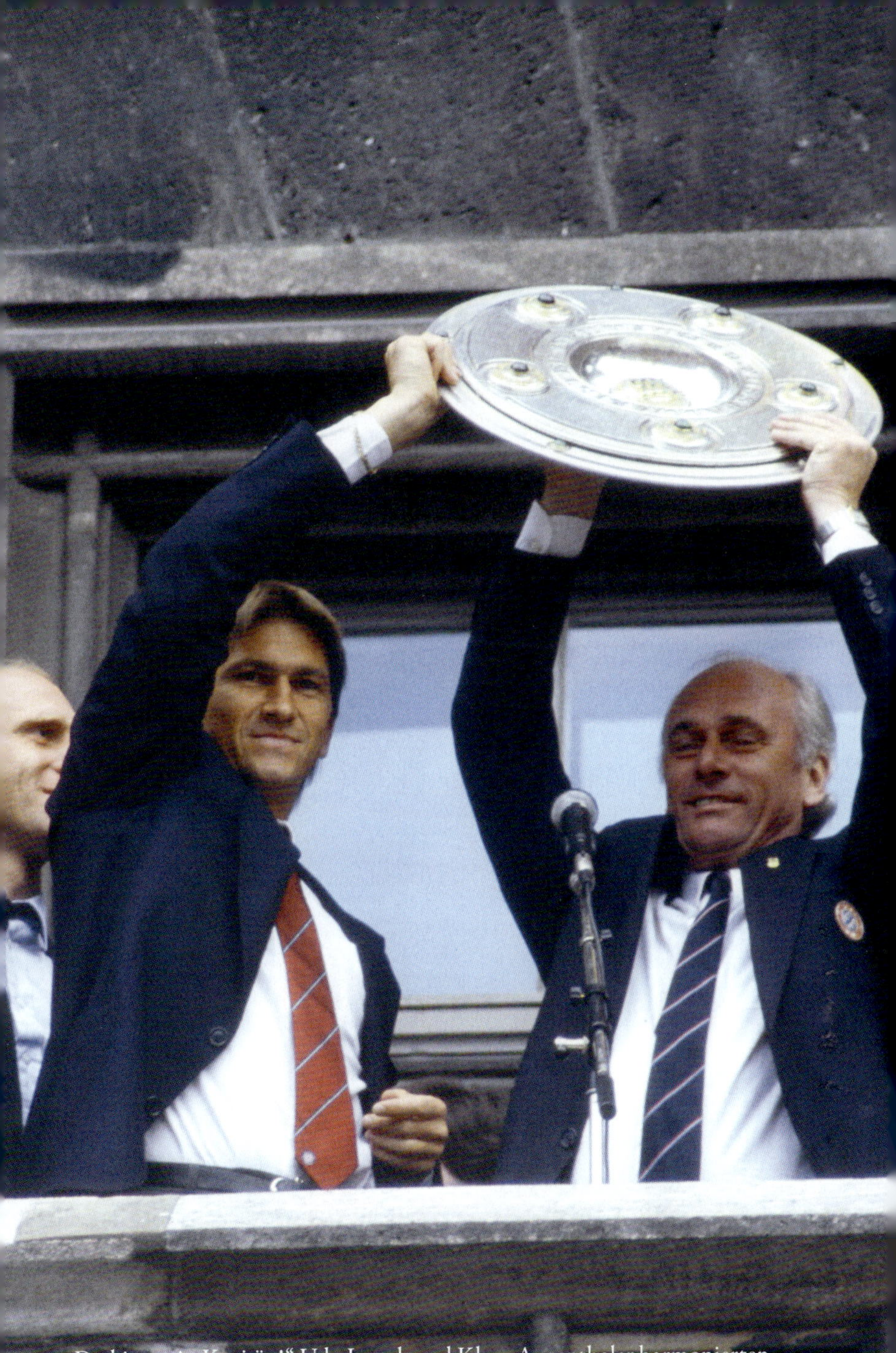

„Du bist mein Kapitän!" Udo Lattek und Klaus Augenthaler harmonierten auch abseits des Platzes. (Foto: IMAGO/WEREK)

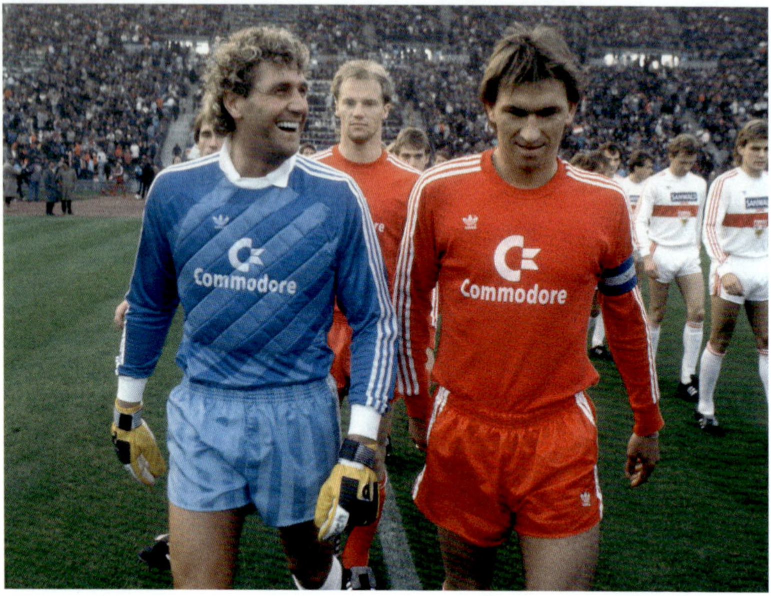

„Er glaubte wirklich, dass ich ohne ihn nie Nationalspieler geworden wäre!" Ansonsten waren Klaus Augenthaler und Jean-Marie Pfaff aber oft einer Meinung. (Foto: IMAGO/WEREK)

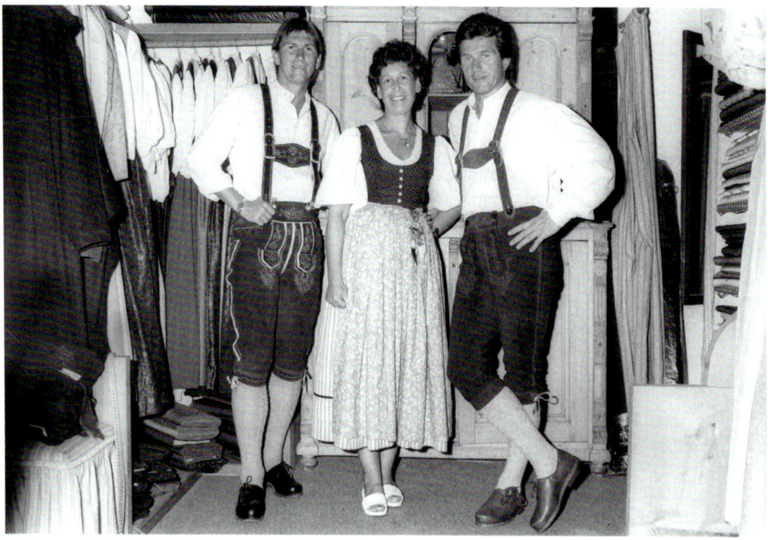

Am Anfang kam sich Jupp Heynckes wie in einem komplett fremden Land vor. Doch die Integration klappte. (IMAGO/Fred Joch)

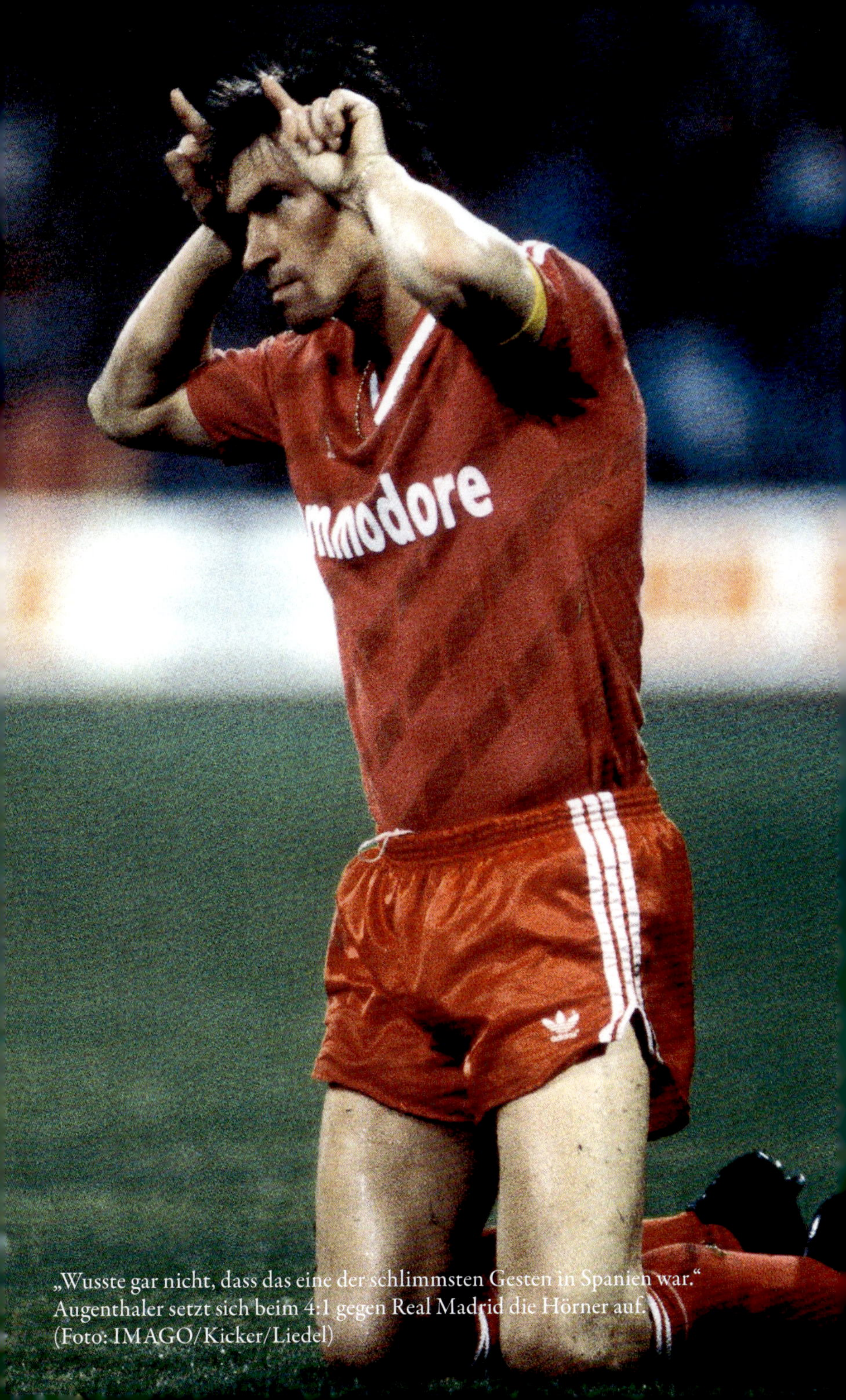

„Wusste gar nicht, dass das eine der schlimmsten Gesten in Spanien war."
Augenthaler setzt sich beim 4:1 gegen Real Madrid die Hörner auf.
(Foto: IMAGO/Kicker/Liedel)

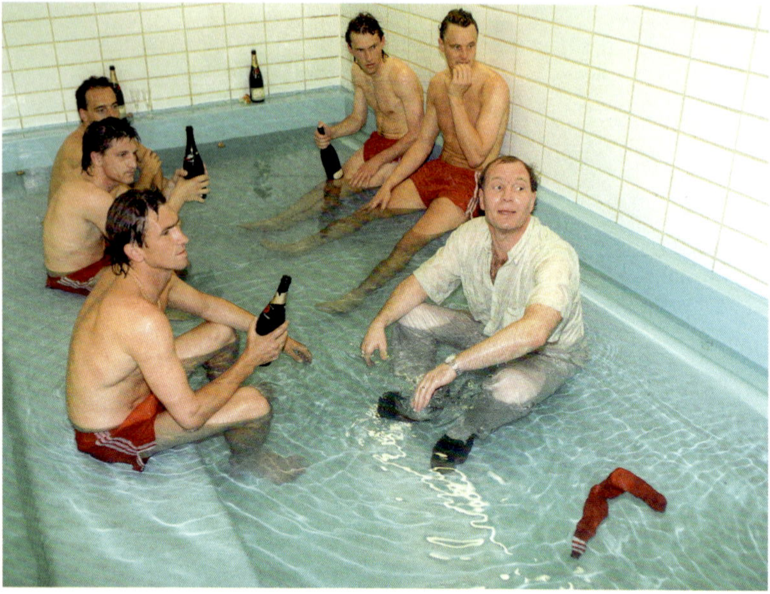

Mit Uli Hoeneß hatte Augenthaler so gut wie nie Probleme. Nicht mal, wenn der Manager gegen die Kleiderordnung im Warmwasserbecken verstieß. (Foto: IMAGO/Fred Joch)

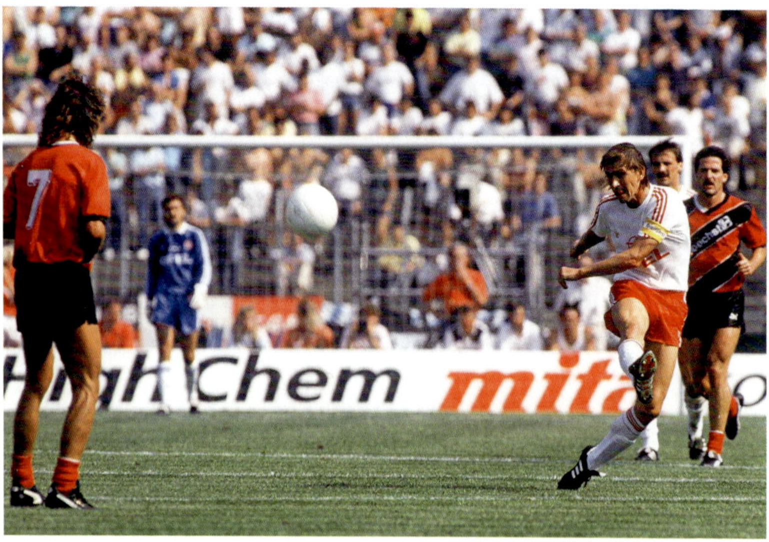

Nur noch wenige Momente bis zum „Tor des Jahrzehnts“. (Foto: IMAGO/Sven Simon)

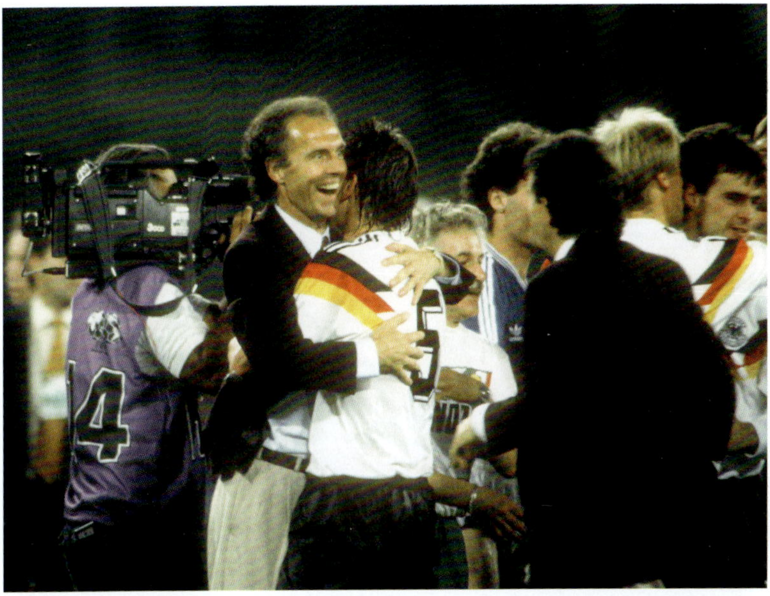

„Was haben wir da nur geschafft?" Der Teamchef und Klaus Augenthaler nach dem WM-Finale gegen Argentinien. (Foto: IMAGO/WEREK)

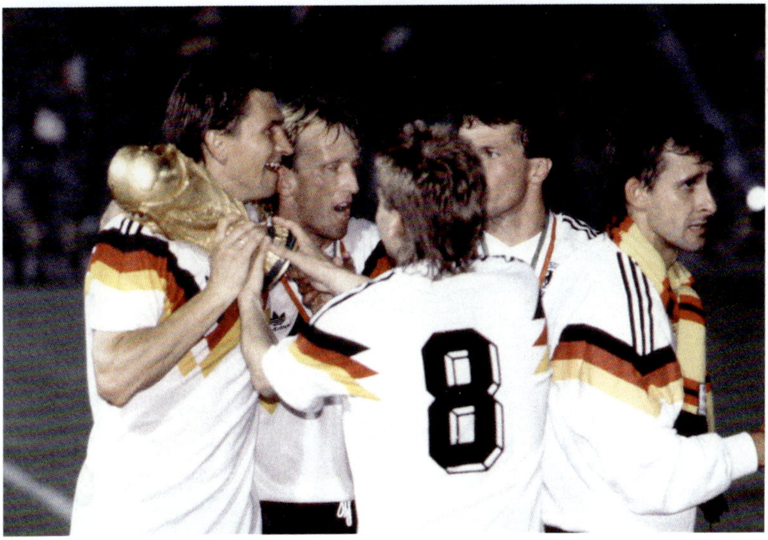

Nicht nur gucken, sondern auch anfassen. Augenthaler, Brehme, Häßler, Matthäus und Littbarski mit dem WM-Pokal. (Foto: IMAGO/Sammy Minkoff)

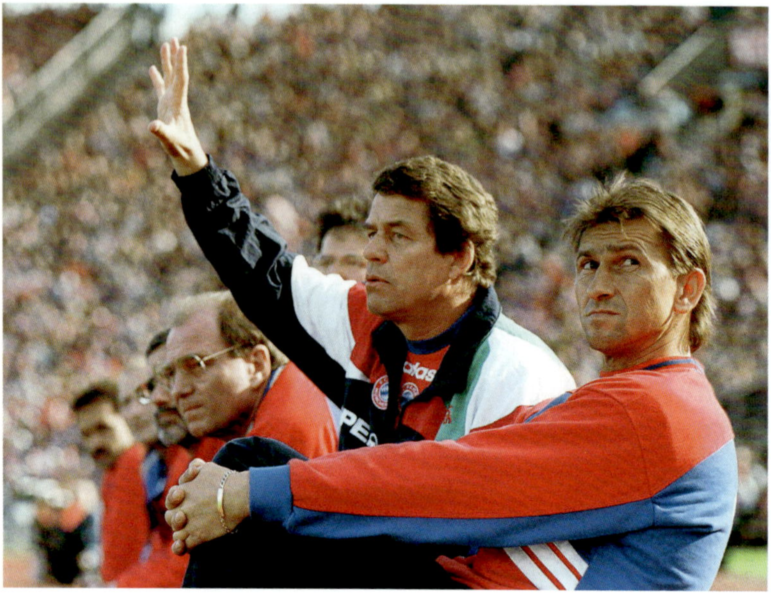

„Ich musste ihn siezen“. An der Seite von Otto Rehhagel hatte Augenthaler kaum etwas zu melden. (Foto: IMAGO/WEREK)

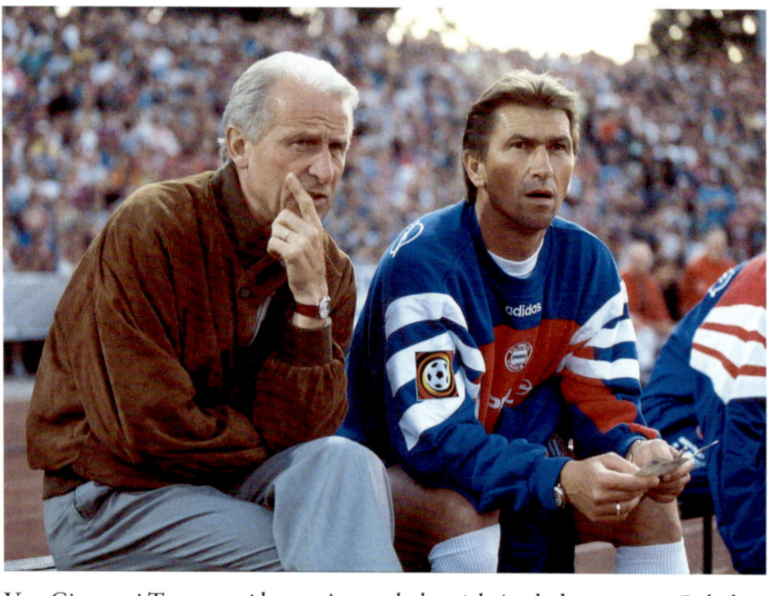

Von Giovanni Trapattoni lernte Augenthaler viel. Auch dass man im Pokal gegen Vestenbergsgreuth verlieren kann. (Foto: IMAGO/MIS)

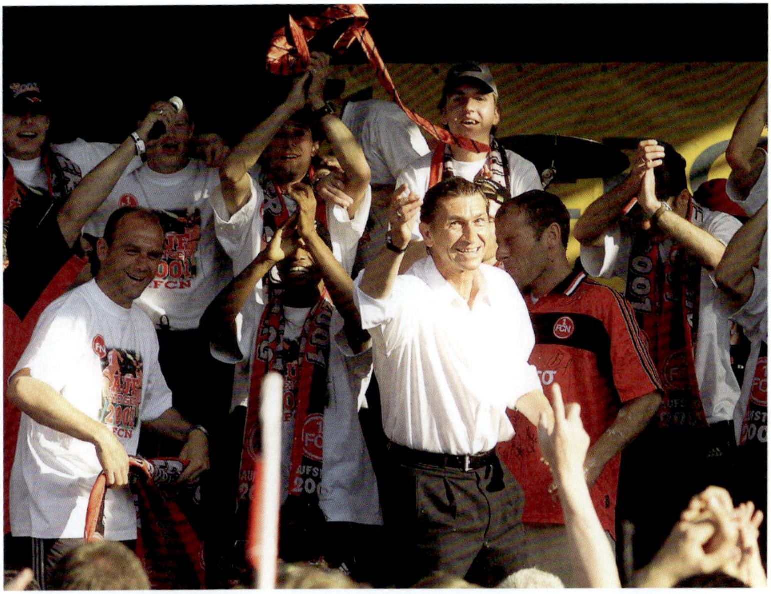

Aufstieg mit dem 1.FC Nürnberg. Über drei Jahre hielt sich Augenthaler beim „Club“, länger als alle seine Nachfolger. (Foto: IMAGO/SPHO-C)

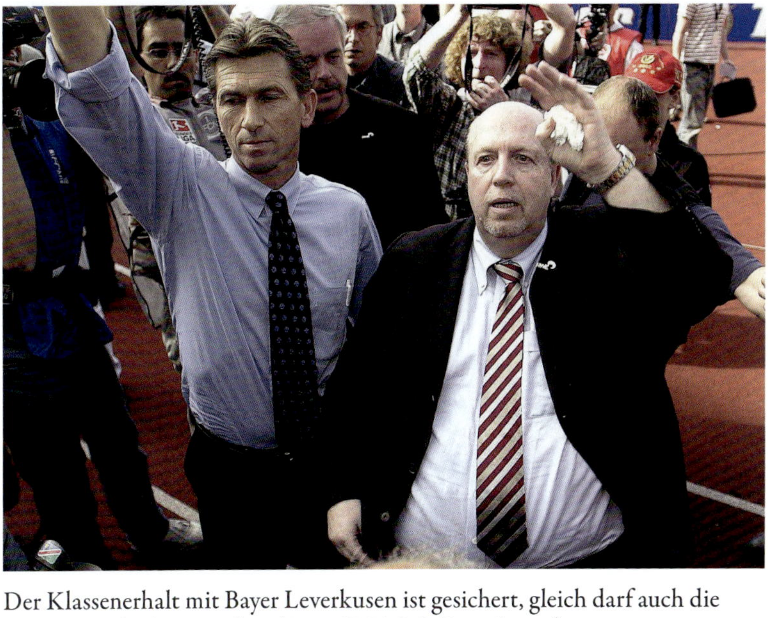

Der Klassenerhalt mit Bayer Leverkusen ist gesichert, gleich darf auch die Krawatte gelockert werden. (Foto: IMAGO/Sven Simon)

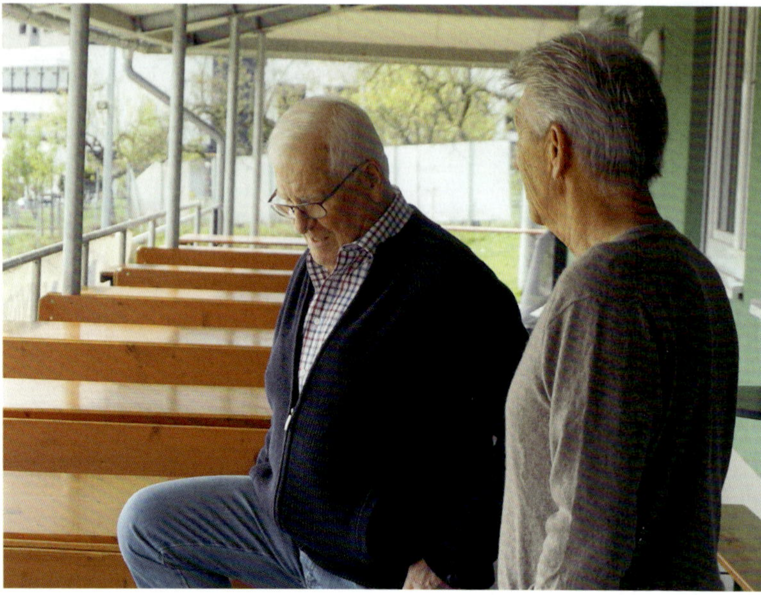

Jugendtrainer und Freund: Egon Zillinger und Klaus Augenthaler sprechen über alte Zeiten. (Foto: Breitschuh/privat)

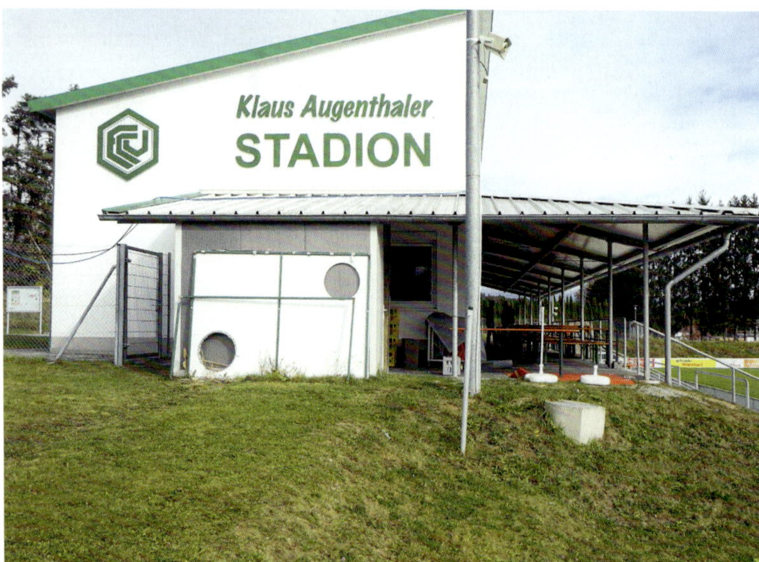

Pflichtbesuch für jeden Groundhopper: Das Klaus-Augenthaler-Stadion in Vilshofen. (Foto: Breitschuh/privat)

„Viele haben ihn abgestempelt als jemand, mit dem man kein vernünftiges Gespräch führen kann. Aber das stimmt nicht. Und man hatte mit ihm immer viel Spaß.“ Klaus Augenthaler über seinen Freund, den im Februar 2024 verstorbenen Andreas Brehme. (Foto: Augenthaler/privat)

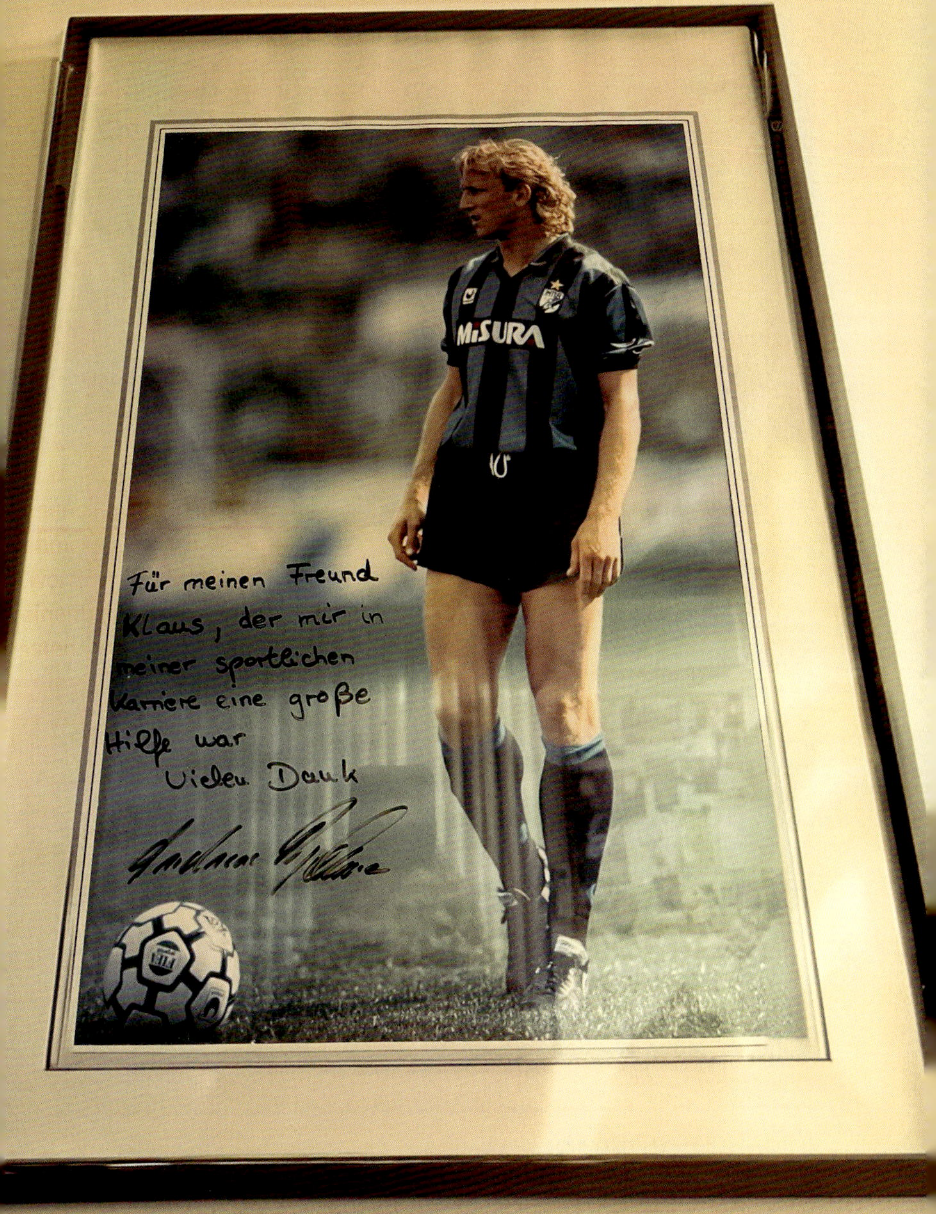

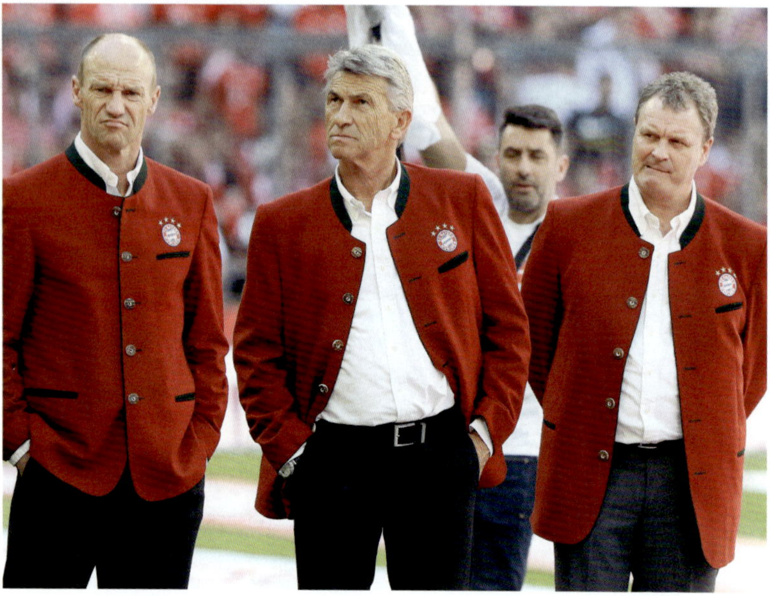

Auf dem Platz jubelten sie ausgelassener: Hansi Pflügler, Klaus Augenthaler und Roland Wohlfarth im Legenden-Zwirn. (Foto: IMAGO/Lackovic)

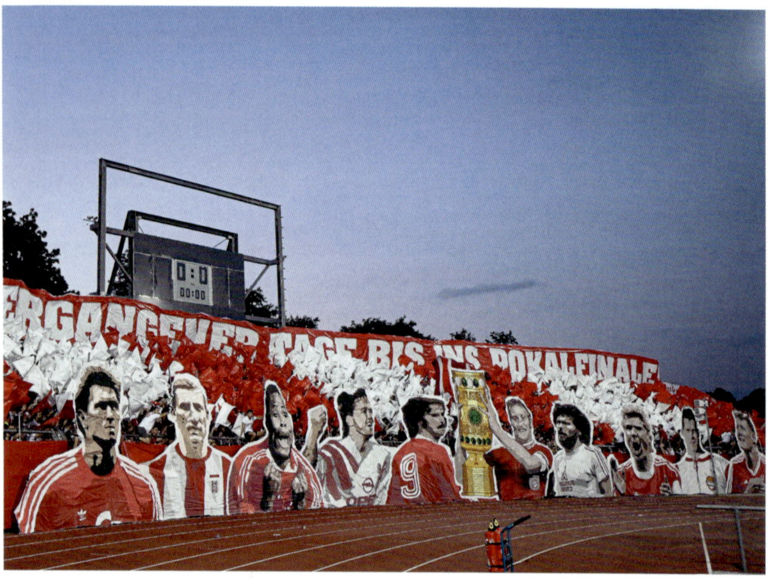

Auch 2024 noch in der Kurve präsent: Vor dem Pokalspiel beim SSV Ulm 1846. (Foto: IMAGO/Ulmer/Teamfoto)

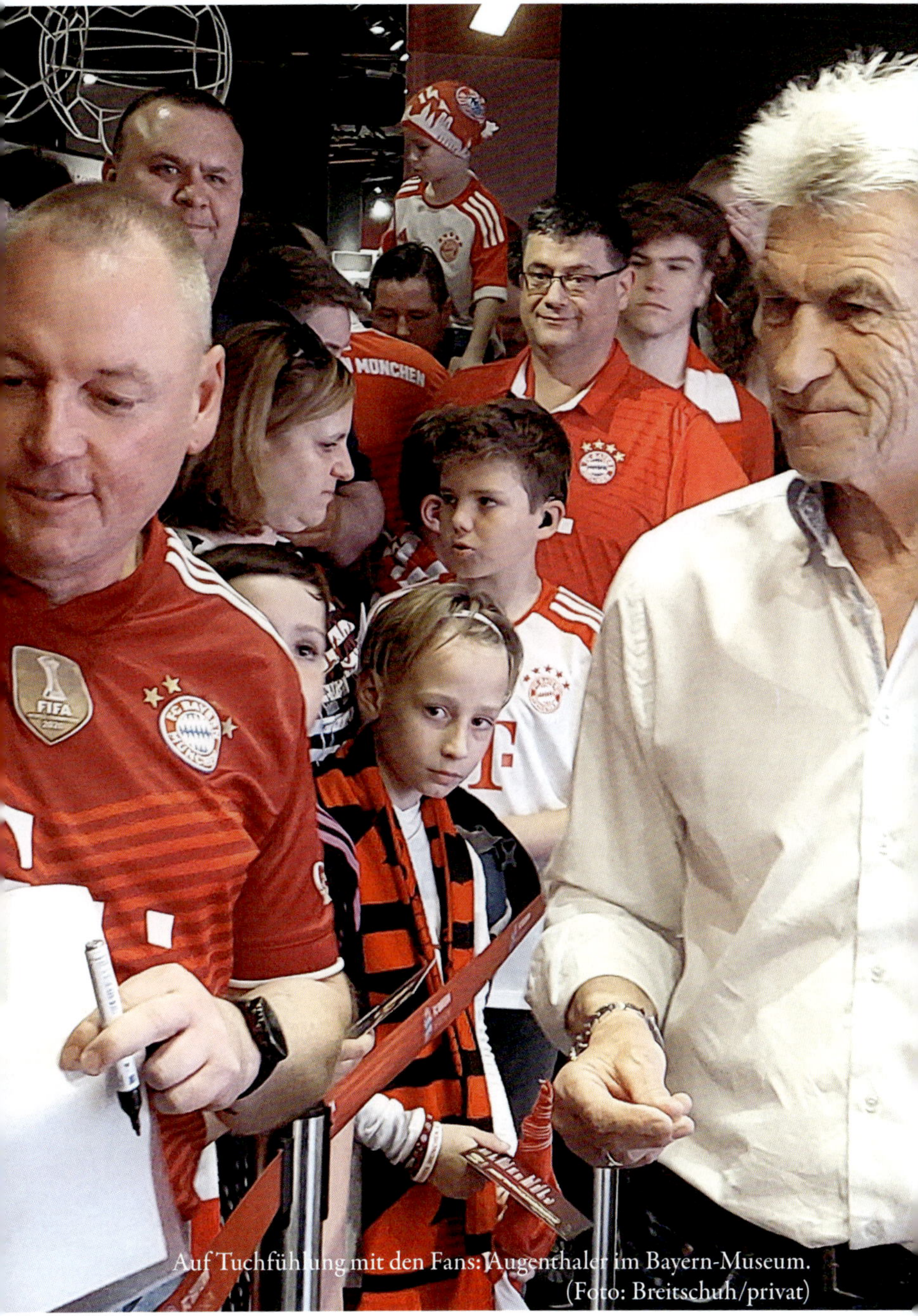

Auf Tuchfühlung mit den Fans: Augenthaler im Bayern-Museum.
(Foto: Breitschuh/privat)

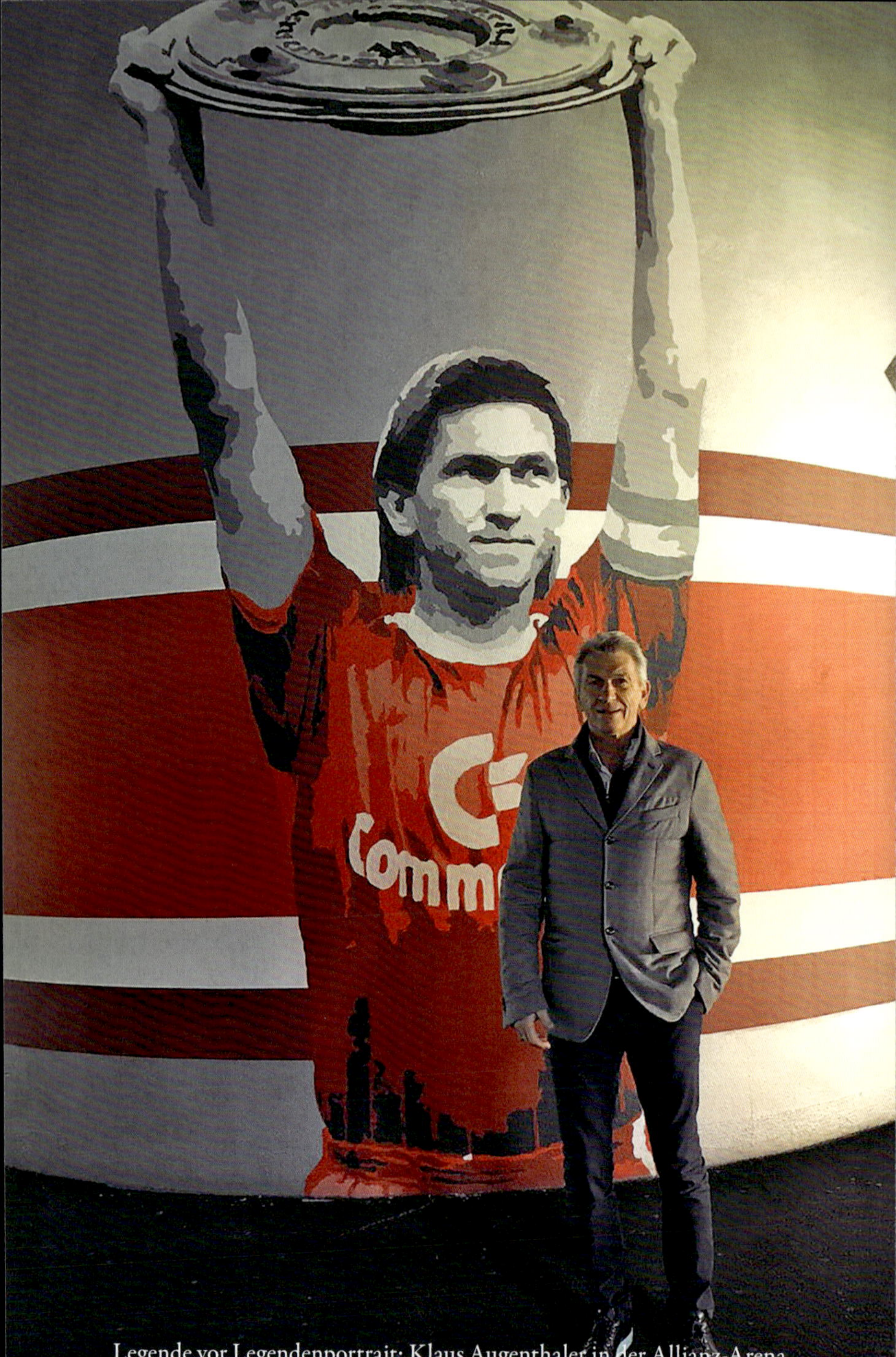

Legende vor Legendenportrait: Klaus Augenthaler in der Allianz-Arena.
(Foto: Augenthaler/privat)

Drei Tage nach dem 4:1 gegen Real Madrid spielten die Bayern auf dem Bökelberg gegen Borussia Mönchengladbach. Augenthaler wurde nach einer Viertelstunde ausgewechselt, für Dorfner war nach 27 Minuten Schluss. Beide mussten mit einer Zerrung vom Platz, bei Dorfner war sie so schwerwiegend, dass er für längere Zeit ausfiel und nicht nur das Rückspiel, sondern auch das anschließende Finale gegen den FC Porto in Wien verpasste. Über Augenthaler teilte der Verein kurz vor dem Abflug in die spanische Metropole lediglich knapp mit, er habe seine Muskelprobleme auskuriert. Hatte er zwar keineswegs, aber für Udo Lattek war einmal mehr ein leicht angeschlagener Augenthaler besser als gar keiner. Für ihn war die Rolle des Turmes in der Schlacht reserviert, falls es, wie von Franz Beckenbauer vorhergesagt, in Madrid tatsächlich Kleinholz geben sollte. Drängen musste Lattek seinen Kapitän allerdings nicht. Es verstand sich für Augenthaler von selbst, dass er trotz seiner Verletzung und eines auf den ersten Blick komfortablen Vorsprungs an Deck blieb.

Kurz vor dem Spiel überlegte er noch, das Aufwärmprogramm auf ein paar Dehnübungen zu reduzieren und in der Kabine durchzuführen, auch um der wenig gastfreundlichen Atmosphäre im Stadion nicht früher als unbedingt nötig ausgesetzt zu sein. Dass es die 90.000 Zuschauer im Bernabeu-Stadion vor allem auf ihn abgesehen hatten, stand nach dem Hinspiel und seiner Geste mit den Hörnern außer Frage. Aber dann wischte Augenthaler seine Bedenken beiseite, sagte sich, dass er schon ähnliche Situationen überstanden hatte und kneifen sowieso nicht zu ihm passte: „Mit jedem Schritt von der Kabine in Richtung Platz stieg der Lärmpegel, und als ich den Rasen betrat, war es wirklich ohrenbetäubend. Dazu die dicken Rauchschwaden und brennenden Fackeln hinter dem Tor, wo die Real-Fans standen. Die Hölle von Madrid, konnte man ohne Übertreibung sagen. Ich lief zunächst ein paarmal locker auf und ab. Mein rechter Oberschenkel war dick bandagiert, ich hatte mir auch noch eine Spritze geben lassen. Eigentlich schön blöd. Dann setzte ich ein paar kleinere Sprints an, um zu sehen, ob es wirklich funktioniert. Ein richtig gutes

Gefühl hatte ich nicht. Es war eher so, dass ich mir einredete, irgendwie wird es schon gehen."

Das Spiel konnte erst angepfiffen werden, nachdem Jean-Marie Pfaff seinen Strafraum gesäubert hatte: Dort fanden sich reichlich Steine und Golfbälle, auch ein Gummiknüppel war von den Rängen auf den Platz geflogen. Nach 13 Minuten wurde die Partie unterbrochen, unter den diversen Wurfgeschossen, die auch nach Spielbeginn den Torhüter der Bayern zum Ziel hatten, befanden sich ein Messer und eine Eisenstange. Klaus Augenthaler übergab sie dem französischen Schiedsrichter Vautrot, der daraufhin mit Offiziellen der UEFA über einen möglichen Spielabbruch diskutierte. Da man für diesen Fall aber noch heftigere Reaktionen von den Rängen befürchtete, wurde die Partie fortgesetzt.

Der Bayern-Kapitän begann stark, war wirklich der von seinem Trainer erhoffte Turm in der Schlacht, ging keinem Zweikampf aus dem Weg und schaltete sich, wann immer es möglich war, auch in

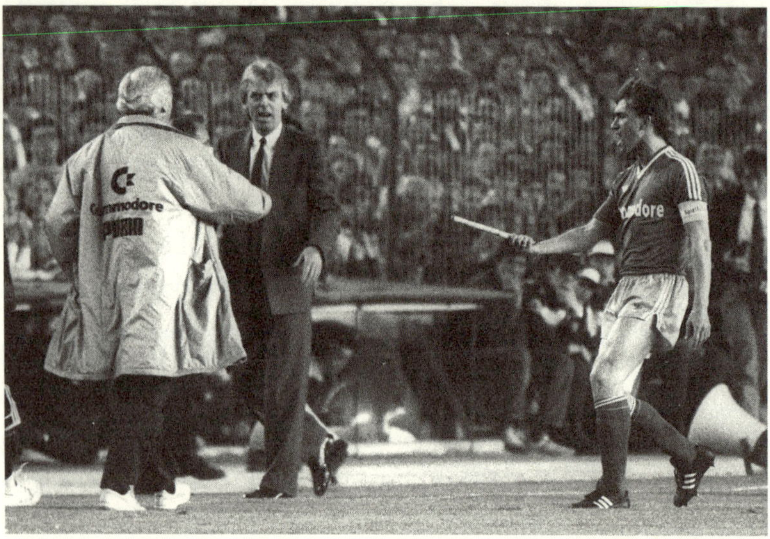

Eisenstangen, Messer und Gummiknüppel flogen auch nach dem Anpfiff in Madrid auf den Platz. Später flog Augenthaler. (Foto: IMAGO/WEREK)

den Angriff ein. Real machte zwar gehörig Druck, schaffte es aber nur selten, sich bis zum Strafraum durchzuspielen oder sich dem Tor der Gäste gefährlich zu nähern. Dass sie nach 27 Minuten doch in Führung gingen, hatten die Königlichen eher den Bayern zu verdanken, die sich nach einer Ecke nicht sonderlich geschickt anstellten und es mehrere Male verpassten, den Ball aus dem Fünfmeterraum zu dreschen, bis Santillana ihn schließlich über die Linie drückte.

Kurz zuvor hatte Lattek Uli Bayerschmidt zum Aufwärmen geschickt. Bei Augenthaler hatte sich der verletzte Muskel gemeldet, es ging einfach nicht mehr. Personell pfiffen die Bayern ohnehin aus dem letzten Loch, neben dem gesperrten Lothar Matthäus und dem verletzten Hansi Dorfner meldete sich am Spieltag auch noch Michael Rummenigge krank. Die Alternativen des Trainers waren überschaubar, er musste jetzt auf die Dienste eines gerade einmal 20-Jährigen vertrauen. Bayerschmidt hatte eine Woche vorher seine ersten sieben Minuten in der Bundesliga absolviert und im Bernabeu-Stadion gerade mit seinen Aufwärmübungen begonnen, als er auch schon wieder zurück auf die Bank beordert wurde. Nach einer Roten Karte für seinen Kapitän konnte Lattek seine Wechselabsichten in die Tonne stecken.

„Hugo Sanchez", wiederholt Augenthaler den Namen des Mexikaners geradezu bedächtig und zündet sich daraufhin erst einmal eine Zigarette an. „Was für ein Schauspieler", fährt er fort, während er den Rauch ablässt. „Ein mit allen Wassern gewaschener Profi, aber eben auch ein ganz linker Vogel. Ich habe die Szene noch genau vor Augen: Er streckt in einem Zweikampf sein Bein gegen mich aus und trifft mich voll. Dann schaue ich zum Schiedsrichter und will wissen, warum er das nicht gepfiffen hat. Aber der war schon auf dem Weg Richtung Madrider Tor. Ich stehe zuerst auf und gebe dem noch am Boden sitzenden Sanchez von hinten einen Klaps gegen den Kopf. Keine richtige Watschn! Aber er nahm sie dankend an."

Wer mit den schauspielerischen Möglichkeiten des Real-Stürmers nicht so vertraut war, musste sich ernsthafte Sorgen um dessen

Gesundheit machen. Hingebungsvoll und schmerzensreich wälzte er sich auf dem Rasen, zwei seiner Mitspieler überzeugten als nicht minder talentierte Nebendarsteller und winkten hektisch um medizinischen Beistand. Fast schien es nun auf jede Sekunde anzukommen, der Mannschaftsarzt sprintete mit einem Köfferchen in der Hand über den Platz zum mexikanischen Patienten, der sich immer noch seine Hände vors Gesicht hielt und sich von einer Seite zu anderen drehte. Spätestens jetzt musste jedem klar sein, dass diese szenische Einlage nur dem Zweck diente, das Strafmaß für Augenthaler in die Höhe zu treiben. Jean-Marie Pfaff eilte aus seinem Tor, brüllte den nach wie vor am Boden liegenden Sanchez an, er solle endlich aufstehen. Auch Andreas Brehme beobachtete die Erste-Hilfe-Maßnahmen aus nächster Nähe, beugte sich über den Real-Stürmer und streichelte ihm spöttisch das Haupt, eine Geste, die wiederum das Publikum in Wallung brachte. Anschließend stellte sich Brehme vor die Kurve der Real-Fans und forderte sie wie ein Dirigent mit ausladenden Armbewegungen auf, den Lärmpegel noch eine Idee zu steigern. An der Seitenlinie tobte Udo Lattek, der wusste, was gleich kommen würde. Und sein Kapitän verstand die Welt nicht mehr.

Inzwischen war Schiedsrichter Vautrot zu seinem Linienrichter geeilt, der alles ganz genau beobachtet hatte und nun seinen Bericht erstattete. Da er den Klaps als Tätlichkeit wertete, zeigte der Unparteiische Augenthaler die Rote Karte. In diesem Moment schloss der Mannschaftsarzt seinen Koffer, die Behandlung war abgeschlossen und auch für Hugo Sanchez wurde es Zeit, zum Ende seiner Aufführung zu kommen. Er richtete sich langsam auf, schüttelte noch ein paarmal seinen Kopf, fuhr sich durchs Haar und signalisierte dem Arzt, dass er weiterspielen könne. Sanchez fühlte sich sogar stark genug, den anschließenden Freistoß selbst auszuführen. Nach genau 53 Minuten und 10 Sekunden wurde die erste Halbzeit schließlich abgepfiffen.

*****

„Ich hatte ein schlechtes Gewissen und schämte mich wegen der Roten Karte. Das hätte mir nie passieren dürfen“, beginnt Augenthaler seine Erzählung über die Viertelstunde nach dem Platzverweis. 15 Minuten, die zu den schlimmsten seiner Karriere gehörten. Um wenigstens an Ort und Stelle mitleiden zu können, steuerte er die Ersatzbank an, aber die UEFA-Offiziellen teilten ihm mit, dass sein Platz nun in der Kabine sei. Dort reagierte sich Augenthaler erst einmal an ein paar im Weg stehenden Aluminiumkoffern ab, anschließend steckte er sich eine Zigarette an, ohne dass von ihr so etwas wie eine beruhigende Wirkung ausging. Noch nie in seiner Karriere hatte er sich so ohnmächtig gefühlt. Während seine verbliebenen zehn Mannschaftskameraden versuchten, diesen knappen Rückstand gegen eine wie aufgedreht spielende Mannschaft von Real Madrid, angetrieben von einem fanatischen Publikum, in die Pause zu retten, saß er zur Tatenlosigkeit verurteilt in der Kabine. Augenthaler mochte sich gar nicht ausmalen, was bis zur Halbzeit und im zweiten Durchgang noch so alles passieren konnte und wer als Verantwortlicher für das drohende Ende aller Europapokalträume geradestehen müsste. Außer ihm selber fiel ihm niemand ein. Ausgerechnet er hatte seine Nerven nicht im Griff gehabt, der Kapitän, der schon in so vielen entscheidenden Spielen kühlen Kopf bewahrt hatte, der seine Mannschaft mitzog, an dem sie sich aufrichten konnte, der noch nie eine Rote Karte gesehen hatte und der natürlich wissen musste, dass Spieler wie Hugo Sanchez jede Berührung zu einer filmreifen Einlage nutzten.

Am schlimmsten war die Geräuschkulisse im Stadion. Sie drang bis in die Kabine durch, ein dumpfes Grollen, fast schon gruselig. Bei jedem Angriff Reals schwoll es an, Augenthaler hielt sich die Ohren zu und rechnete jeden Moment damit, dass der sich steigernde Lärm in einen befreienden Torjubel ausbrechen würde. Er wechselte seinen Standort, ging in die Duschräume, aber auch dort gab es kein Entkommen. Er sah nichts, hörte alles und dachte nur an das Schlimmste. Schließlich drehte er alle Duschen bis zum Anschlag auf und verschaffte sich auf diese Weise einen akustischen Ausgleich zum Lärm über ihm. Als er zurück in die Kabine ging, um sich eine weitere Zigarette zu holen, stand ein fein gekleideter Mann in der Tür, Ramón Mendoza, der Präsident von Real Madrid. Richtig glücklich schien auch er mit dem Verlauf des Abends nicht zu sein, Augenthaler hatte den Eindruck, als wollte er sich für die Rote Karte entschuldigen. So ganz genau verstand er den Spanier aber auch nicht und erkundigte sich, um wenigstens etwas zu sagen, wie es denn stünde. Immer noch 1:0.

Die Pausenansprache von Udo Lattek nahm er kaum wahr. Teilnahmslos hockte Augenthaler auf seiner Bank und machte sich Vorwürfe. Immerhin durfte er die zweite Halbzeit von der Bank aus verfolgen, aber das Spiel zog nur noch schemenhaft an ihm vorüber. Auch der Lärm im Stadion erreichte ihn nicht mehr, seine Kräfte waren aufgebraucht. Fast. Dass er noch ein paar Reserven mobilisieren konnte, zeigte sich aber erst nach dem Schlusspfiff.

*****

„Das war ein extremes Spiel. 90 Minuten volle Kanne. Bis an die Grenze des Erlaubten und wenn es sein musste, auch darüber hinaus. Richtig hartes Futter." Für Hansi Pflügler und die Bayern ging es in der 2. Halbzeit nur noch darum, in Unterzahl den Rückstand nicht weiter anwachsen zu lassen. Ausflüge in die gegnerische Hälfte waren genehmigungspflichtig: „Wir haben bei fast jeder Gelegenheit versucht, Zeit zu schinden", erzählt Norbert Nachtweih. „Irgendwie haben wir es noch gut und clever über die Runden gebracht, aber es hing alles an einem seidenen Faden. Ein weiteres Tor, und wir wären vermutlich zusammengebrochen. In Madrid kann man auch leicht unter die Räder kommen."

Auch dank Jean-Marie Pfaff blieb ihnen diese Erfahrung erspart. Er ragte aus einer bis an ihre Grenzen gehende Mannschaft heraus. Eigentlich schien die Zeit des Belgiers bei den Bayern schon abgelaufen, mehr als einmal hieß es, die vorzeitige Trennung stehe unmittelbar bevor. Doch als Raimond Aumann nach einem Kreuzbandriss auf unbestimmte Zeit ausfiel, war Pfaff wieder die Nummer eins: „Ich glaube, das war mein bestes Spiel für den FC Bayern. Das Drumherum war wirklich beeindruckend, nie schlug uns so viel Hass entgegen wie an diesem Abend. Aber wahrscheinlich hat uns das auch stark gemacht, wir wollten denen unbedingt zeigen, wo der Hammer hängt. Und als Augenthaler vom Platz musste, haben wir alle noch einen Tick mehr gegeben. Wir haben für ihn gekämpft und es machte mir auch nichts aus, dass Messer und andere Gegenstände in den Strafraum flogen. Irgendwie beflügelte mich diese Atmosphäre und ich hielt Bälle, die ich unter normalen Bedingungen vermutlich nicht gehalten hätte. Wirklich, auf diese Leistung können wir heute noch stolz sein."

Als das Spiel nach torloser zweiter Halbzeit abgepfiffen wurde, stürmte nicht nur Klaus Augenthaler auf den Platz, um seinen Torwart zu umarmen. Aber bei ihm fiel die Umarmung etwas länger aus. Pfaff selber war so aufgedreht, dass er sich zunächst beim mitgereisten Anhang der Bayern bedankte, um anschließend eine ganze Stadionrunde zu laufen. Auch die Fans von Real Madrid sollten die Gelegenheit bekommen, seine Weltklasseleistung zu honorieren. Aber viele von ihnen hatten sich schon vor dem Stadion versammelt, um den Gästen nicht nur ein denkwürdiges Spiel, sondern eine ebenso denkwürdige Abreise zu bereiten: „Wir waren ja einiges gewöhnt, auch in Deutschland war es bei Auswärtsspielen nicht immer lustig. Aber das übertraf wirklich alles", schüttelt Norbert Nachtweih noch heute den Kopf. „Die Tumulte im Stadion übertrugen sich auf die Straße, unser Bus wurde mit allen möglichen Gegenständen beworfen und ich hatte nicht den Eindruck, dass die Polizei eingriff. Wir waren heilfroh, als wir endlich im Hotel ankamen."

Auf dem mitternächtlichen Bankett hob Vereinspräsident Fritz Scherer zunächst die Leistung der Mannschaft hervor, um sich dann in seiner Lobesrede nachdrücklich an den Mann zu richten, der bereits nach einer halben Stunde das Feld verlassen musste: „Einen, der sich immer für die Mannschaft einsetzt, wollten wir in dieser Stunde nicht vergessen: Klaus Augenthaler." Der einsetzende Applaus zeigte dem Kapitän, dass ihm die Rote Karte wohl auch bei einem Ausscheiden niemand krummgenommen hätte. Die warmen Worte des Präsidenten und der Beifall seiner Mitspieler taten ihm gut, aber sie änderten nichts an seiner Sperre fürs Finale.

*****

„Das wird mein Spiel, das wird mein Sieg", war sich Lothar Matthäus vor dem Finale sicher und versprach: „Gegen Porto werden wir nicht 100% geben, sondern 120." Klaus Augenthalers Tatendrang war nicht nur wegen seiner Sperre auf null gesetzt. Drei Wochen nach dem Rückspiel in Madrid war er in der Bundesliga wieder zum Einsatz gekommen, es reichte aber nur für eine Halbzeit. Vier Tage späte ließ er sich in Leverkusen erneut zur Halbzeit mit starken Rückenschmerzen auswechseln. Seine Beine waren wie betäubt, klagte er anschließend, er konnte sie nicht mehr spüren. Der behandelnde Arzt stellte einen akuten Bandscheibenvorfall fest und empfahl eine sofortige Operation. Nach dem Eingriff gab sich Augenthaler kämpferisch und kündigte an, am ersten Spieltag der neuen Saison wieder auf dem Platz zu stehen. Auch wollte er die Mannschaft nach Wien begleiten, aber Dr. Müller-Wohlfahrt riet ihm davon ab. Jetzt sei Ruhe wichtig, er solle das Europapokalfinale lieber zu Hause auf der Couch verfolgen. Augenthaler gehorchte und fieberte, Weizenbier und Zigarette in Reichweite, vor dem Fernseher mit.

Für den mittlerweile 26 Jahre alten Lothar Matthäus war das Finale gegen den FC Porto von besonderer Bedeutung. Von ihm wurde der Nachweis erwartet, endlich auch einmal in einem großen Spiel Großes zu leisten. Er war sich dieser Leerstelle in seiner Karriere durchaus bewusst, schließlich hatte er selbst ja die Erwartungen an ihn über Jahre genährt. Dass Matthäus an sehr guten Tagen Weltklasse verkörperte, wurde von niemandem ernsthaft bezweifelt. Im Jahr zuvor gehörte er bei der Weltmeisterschaft in Mexiko zu den herausragenden

Spielern der DFB-Auswahl und war auch im Finale gegen Argentinien einer der stärksten. Aber die knappe Niederlage verhinderte, dass seine Leistung so wahrgenommen wurde, wie sie es verdient gehabt hätte. In Wien wollte Matthäus nun zeigen, dass er mehr war als ein hochtalentierter Mittelfeldspieler, dass er eine Mannschaft führen konnte, wenn es drauf ankam, dass sein Reifeprozess zum Ausnahmespieler abgeschlossen war.

Als Ludwig Kögl nach 25 Minuten per Kopf zum 1:0 traf, schien so gut wie gar nichts mehr gegen einen Sieg des deutschen Meisters zu sprechen. Auch in seinem dritten Jahr beim FC Bayern war Kögl weder als Torjäger und schon gar nicht als Kopfballungeheuer gefürchtet. Wenn der „Wiggerl" schon trifft, davon waren jetzt alle überzeugt, sollten wir das Ding doch ohne größeren Aufwand über die Runden bringen: „Wir waren uns zu siegessicher", bestätigt Kögl. „Wer kannte schon Porto? Die waren damals ein ganz unbeschriebenes Blatt. Wir sind in der Vorbereitung auf das Spiel auch gar nicht groß auf die eingegangen, haben uns gesagt, schlecht werden sie schon nicht sein, sonst stünden sie nicht im Finale. Aber nach dem Spiel in Madrid waren wir überzeugt, dass uns keiner mehr aufhalten kann."

Nur der eigene Hochmut, der sich mal wieder als der größte Gegner des deutschen Meisters erwies. In der zweiten Halbzeit stellten die Bayern ihre Angriffsbemühungen weitestgehend ein und überließen dem Gegner großzügig das Mittelfeld. Die Portugiesen brauchten eine Zeit, um zu begreifen, dass sich diese Partie gerade zu ihren Gunsten drehte, die Bayern nur noch das Ergebnis verwalteten und sie damit förmlich einluden, zurück ins Spiel zu kommen. Und diese Einladung wollten sie nicht ausschlagen, am wenigsten Rabah Madjer. Nach seinem Ausgleichstreffer in der 78. Minute aus drei Metern per Hacke hingen die Münchner bereits in den Seilen, zwei Minuten später folgte der K.o., als Juary die glänzende Vorarbeit des Algeriers zum 2:1 abschloss. Es folgten noch ein paar verzweifelte Angriffsbemühungen des deutschen Meisters, aber er fand nicht mehr zurück ins Spiel. Die Nummer war durch. Die Bayern hatten sich selbst in den

Schlaf gespielt und als sie aufwachten, war es zu spät: „Unsere zweite Halbzeit war unterirdisch", ärgert sich Jean-Marie Pfaff immer noch. „Wir haben uns komplett den Schneid abkaufen lassen. Das Finale von Wien war eine der größten Enttäuschungen meiner Karriere."

Nun wurde abgerechnet und es war vor allem ein Spieler, der für diese Niederlage zur Rechenschaft gezogen wurde: Lothar Matthäus. „Er blieb alles schuldig und ließ als Reservekapitän das Schiff hilflos schlingern, als es von den plötzlich entfesselt aufspielenden Portugiesen leckgeschlagen war", schrieb der „kicker". Hinterher, so das Fachmagazin, sei Matthäus der einsamste Spieler gewesen: „In einem Pulk von Journalisten, aber isoliert von den Kollegen. Sie zeigten mit dem Finger auf ihn und einer sprach es sogar aus: Mit Hansi Dorfner hätten wir nicht verloren."

„Wohlfarth, Augenthaler und ich haben gefehlt. Wenn wir dabei gewesen wären, dazu stehe ich, hätten wir das Spiel gewonnen. Da bin ich mir sicher", trauert auch der in Wien verletzte Dorfner dieser einmaligen Gelegenheit hinterher. „Auch zwei von uns hätten gereicht. Lothar hat sich versteckt, obwohl es natürlich Blödsinn wäre, die Niederlage nur an ihm festzumachen. Aber er war einfach nicht da. Drei Jahre später bei der Weltmeisterschaft hat er das Gegenteil bewiesen, aber am Anfang seiner Karriere war von ihm in wichtigen Spielen, wenn man ihn in guter Form gebraucht hätte, nicht viel zu sehen. Und das hat mich immer so am ‚Auge' fasziniert: Der hatte nicht die fußballerische Klasse eines Lothar Matthäus, der von seinen Anlagen her ja eigentlich alles drauf hatte. ‚Auge' zog einen mit, er musste nicht einmal besonders viel tun oder sagen, mit ihm an der Seite wurde man selbst stärker. Der war so ein Siegertyp, der wirklich immer da war, wo es weh tat. Und wenn er vorausging, merkte man, jetzt passiert etwas mit der Mannschaft. Und so einer fehlte damals in Wien."

Anders als der zu Hause vor dem Fernseher leidende Augenthaler war Hansi Dorfner mit der Mannschaft zum Finale gereist und hatte trotz seiner Muskelverletzung bis zum Schluss auf einen Einsatz gehofft. Klaus Eder, der Physiotherapeut der deutschen Nationalmannschaft, tat sein Möglichstes, behandelte ihn praktisch rund um die Uhr, musste aber einsehen, dass selbst seinen therapeutischen Künsten Grenzen gesetzt waren. Traurig verfolgte Dorfner das Spiel von der Tribüne: „Das war brutal. Einer der bittersten Momente in meiner Zeit beim FC Bayern. Nach dem Schlusspfiff ging ich in die Kabine, Udo Lattek war völlig fertig. Er stieß immer wieder mit dem Kopf gegen die Wand, der hat einfach nicht für möglich gehalten, was da in der zweiten Halbzeit passierte."

Dass Udo Lattek den FC Bayern nach Saisonende verlassen würde, um beim 1. FC Köln als technischer Direktor zu arbeiten, stand schon länger fest. Ebenso, dass Jupp Heynckes sein Nachfolger sein würde. Der Udo sei kein Mann für den Schreibtisch und werde bald wieder auf der Bank sitzen, prognostizierte Uli Hoeneß. Doch nach der Niederlage gegen den FC Porto war Lattek sicher, die richtige Entscheidung getroffen zu haben. Er wolle nicht mehr dafür verantwortlich sein, wenn Spieler nicht das bringen, was sie bringen können, sagte er, und machte kein Geheimnis daraus, dabei vor allem an Lothar Matthäus zu denken: „Ich bin enttäuscht von ihm. Maßlos enttäuscht", distanzierte er sich von seinem Lieblingsschüler. „Ich habe viel verloren in diesen 90 Minuten", stellte Matthäus ernüchtert fest und niemand widersprach ihm.

*****

„Ich kann mir gar nicht vorstellen, unter einem anderen Trainer zu arbeiten", blickte Klaus Augenthaler ein wenig skeptisch auf das, was nun kommen würde. „Vier Jahre unter Lattek, da ging's gemütlich zu und wir hatten trotzdem Erfolg. Wir werden uns den Heynckes schon erziehen." Der ließ bereits ausrichten, dass der Kapitän weiter sein Weizenbier trinken dürfe. Bei der Meisterfeier auf dem Marienplatz war es Augenthaler vorbehalten, den scheidenden Trainer zu verabschieden. Mochte das Versmaß auch etwas holpern, die Botschaft war eindeutig. Mit Udo Lattek ging jemand, der genau zu dieser Mannschaft und zum FC Bayern passte: „Bis die Kölner deine Taktik kapieren, werden wir dem 15. Meistertitel entgegen marschieren/ Du weißt genau, was wir Bayern brauchen – wenig Training, saufen und rauchen."

9

„Ich hatte zwar noch den gleichen Namen, aber nicht mehr den gleichen Stellenwert“ 1987–1988

Das schwierige erste Jahr unter Jupp Heynckes / Machtkämpfe bei den Bayern: Augenthaler verliert seinen Stammplatz und beklagt fehlende Unterstützung / „FC Bayern oder FC Buxtehude – Hauptsache die Kohle stimmt“ / Die „Vierer-Opposition“ muss gehen

Alles war angerichtet: Leberkäse, Brezeln, Wurstsalat, Fleischpflanzerl, Bratwürste, Kraut – eine zünftige bayerische Brotzeit, der es an nichts fehlte. Trotzdem kam bei Jupp Heynckes keine Begeisterung auf, als sein Blick auf das mit regionalen Spezialitäten reichhaltig versehene Buffet fiel: „Uli, wer isst hier noch mit?“, fragte er den Manager. Ihm war zugesagt worden, dass sich am Abend vor dem ersten Heimspiel der Saison gegen den Hamburger Sportverein keine weiteren Gäste im „Hotel Bachmaier“ in Rottach-Egern am Tegernsee befinden würden, wenigstens nicht in den vom Verein angemieteten Räumen. Irgendetwas musste da wohl schiefgelaufen sein, vermutete der neue Trainer, aber die Antwort von Hoeneß, soweit er wisse, sei sonst niemand hier, stürzte Heynckes in noch größere Irritationen: „Wer soll das denn essen? Es werden doch wohl noch ein paar Nudeln angeboten?“ „Ich befürchte nein“, konnte ihm sein Vorgesetzter den Wunsch nach einer sportlergerechten Ernährung nicht erfüllen. „Das ist immer so. Wenn wir beim Bachmaier sind, gibt es Brotzeit.“

Kopfschüttelnd nahm Heynckes diese wenig profihaften Auswüchse bayerischen Lebensgefühls zur Kenntnis, setzte sich mit Hoeneß an einen Tisch, an dem auch sein Co-Trainer Egon Coordes, der Vereinsarzt Dr. Müller-Wohlfahrt und die Masseure Platz genommen hatten und orderte eine Apfelsaftschorle. Nachdem der Kellner die

Bestellungen notiert hatte, drehte er sich mit seinem Block zum Nachbartisch. Dort saßen die Spieler. Mit deren Getränkewünschen schien er vertraut zu sein und fragte der Einfachheit halber in die Runde, für wen es ein Weißbier und für wen ein Pils sein dürfe, zog auf dem Block seine Striche hinter jedes Getränk und stellte am Ende fest, dass die Weißbier-Fraktion knapp gewonnen hatte. Großes Gelächter am Spielertisch, dann ging es Richtung Buffet. In diesem Moment, erzählte Heynckes später einmal, habe er gedacht, in einem komplett fremden Land angekommen zu sein. Nach dem Abendessen wollte er noch wissen, ob jemand Lust habe, sich die Zusammenfassung der beiden Bundesligaspiele vom Freitagabend anzusehen. In Mönchengladbach war das Pflichtprogramm, bei seinem neuen Klub sah man das nicht so verbissen. Die Resonanz auf das Angebot war jedenfalls schwach. Statt sich mit künftigen Gegnern zu beschäftigen, wollten die meisten lieber ihre Kartenrunden fortsetzen, versprachen aber, pünktlich um elf Uhr auf den Zimmern zu sein. So hatten sie es immer gehalten und der Erfolg gab ihnen meistens recht: „Jupp Heynckes fremdelte am Anfang deutlich mit der bayerischen Mentalität", unterstreicht der aus der Nähe von Regensburg kommende Hansi Dorfner. „Viele sprachen ja auch noch bayerisch: Augenthaler, Kögl, Pflügler, Schwabl oder Winklhofer. Auch an unser Selbstbewusstsein musste er sich gewöhnen, an unsere Überzeugung: Uns kann keiner was!"

Schon gar nicht der HSV. Den demütigten die Bayern tags drauf mit 6:0.

*****

Klaus Augenthaler stand nicht auf dem Platz, als der große Rivale aus dem Norden im Olympiastadion unter die Räder kam. Sein von ihm für den Saisonstart angekündigtes Comeback verzögerte sich, ohne dass sich sein Fehlen nachteilig bemerkbar gemacht hätte. Die Bayern kamen auch ohne ihren Kapitän gut aus den Startlöchern und gewannen ihre ersten drei Spiele unter Jupp Heynckes. Dass der neue Trainer mit der Mannschaft oder dem Umfeld noch ein wenig fremdelte, war für Außenstehende nicht zu erkennen, alles schien in bester Ordnung zu sein. Vor der Reise zum nächsten Gegner, dem FC Homburg, frohlockte Uli Hoeneß: „Wir haben nur ein Problem – 19 gesunde Spieler. So groß war der Konkurrenzkampf bei uns noch nie."

Der deutsche Meister war mit fast unverändertem Kader in die neue Saison gegangen. Dieter Hoeneß, der oft kritisierte, aber in wichtigen Spielen zuverlässig treffende Mittelstürmer, hatte seine Karriere beendet und war bei seinem Abschiedsspiel von den Fans gebührend gefeiert worden. Versöhnlicher Ausklang einer nicht immer einfachen, acht Jahre dauernden Beziehung. Sein Nachfolger hieß Jürgen Wegmann und war für über eine Millionen Mark Ablöse auch deshalb verpflichtet worden, weil er über sich behauptete, „giftiger wie die giftigste Schlange" zu sein. Bei seinem früheren Arbeitgeber Schalke 04 war dieser vorurteilsfreie Umgang mit der deutschen Grammatik nicht weiter aufgefallen, in München wurden solche Perlen von der „Süddeutsche Zeitung" gesammelt und bei Gelegenheit auch veröffentlicht. Bei den anderen Neulingen handelte es sich überwiegend um Talente, die ihre Aufnahme ins Zitatenarchiv der Bundesliga noch vor sich hatten und auch sonst kaum Anlass für größere Diskussionen boten. Schon gar nicht, um die bleierne Zeit der Sommerpause zu überbrücken.

In Homburg war Augenthaler wieder mit von der Partie, gut drei Monate nach seiner Bandscheiben-Operation. Während seiner Abwesenheit hatte Norbert Nachtweih ihn als Libero überzeugend vertreten. Dass Jupp Heynckes den früheren Frankfurter nun wieder als rechten Verteidiger einsetzte, hatte vor allem atmosphärische Gründe. Sportlich zwingend war dieser Wechsel keineswegs: „An Augenthalers Leistung war nach so langer Pause nichts auszusetzen. Das Abwehrverhalten der ganzen Mannschaft war unbefriedigend", versuchte der Trainer nach einer überraschenden 2:3-Niederlage im Saarland, Kritik an seiner Aufstellung gleich im Keim zu ersticken. Bereits aufkommende Diskussionen, wer dem Titelverteidiger auf dem Weg zur nächsten Meisterschaft überhaupt gefährlich werden könne, hatten sich damit erledigt. Die über die Personalie Augenthaler dagegen fingen erst an. Ein paar Monate später sprach dieser gegenüber dem „Fußball-Magazin“ davon, dass das Spiel in Homburg eine Art Schlüsselerlebnis gewesen sei: „Ich war damals wirklich nicht ganz fit, aber die ganze Mannschaft war nicht intakt. Doch jeder versuchte von seinen eigenen Schwächen abzulenken und schob die Schuld an der Niederlage auf mich. Zwei, drei Mann haben sogar bewusst gegen mich gespielt.“

Und als der in der Vorsaison auswärts ungeschlagene deutsche Meister drei Wochen nach der Pleite in Homburg beim 1. FC Köln bereits die dritte Niederlage auf fremden Plätzen hinnehmen musste, hatten die Bayern plötzlich ein paar Probleme mehr als die von Hoeneß erkannten: Trotz 19 gesunder Spieler lagen sie in der Meisterschaft vier Punkte hinter dem Tabellenführer Werder Bremen und mussten die nächsten vier Wochen ohne Klaus Augenthaler auskommen. Der war beim 1:3 im Müngersdorfer Stadion wegen groben Foulspiels vom Platz geflogen: „Auf Spiele in Köln hat man sich eigentlich nie so richtig gefreut, unabhängig von den Personen, die auf dem Platz standen oder das Sagen hatten. Man wusste schon vorher, dass es auf die Knochen geht. In diesem Jahr war es aber besonders heftig. Udo Lattek hatte die so richtig heiß gemacht, die Kölner traten nach allem, was sich bewegte. Das war mehr oder weniger Krieg. Und dann nahm mich Jupp Heynckes in der Halbzeit zur Seite und sagte: Jetzt langst du auch mal ordentlich hin!“

Wie groß sein Handlungsspielraum nach dieser Order war, kann Augenthaler nicht mehr zuverlässig beurteilen. Die Art und Weise, wie er dem Kölner Fleming Poulsen nach der Pause in die Parade fuhr, lässt allerdings den Schluss zu, dass er die Anweisung seines Trainers wörtlich nahm: „Schauen Sie genau, wie er ihm in die Beine grätscht!“, forderte der Reporter Karl-Heinz Vest die Zuschauer der ARD-Sportschau auf. „Gelb hatte er schon vor fünf Minuten gesehen, jetzt kann es nur noch die Rote Karte geben. Eine richtige Entscheidung von Schiedsrichter Wolf-Günther Wiesel.“

Mit seinem einzigen Platzverweis in 404 Bundesligaspielen hatte sich Augenthaler selbst ausgebremst. Nach seiner langen Verletzungspause gerade wieder zurück im Team, benötigte er vor allem Spielpraxis, um wieder zu gewohnter Form zu finden. Die blieb ihm nun verwehrt. Was seine persönliche Situation ebenfalls nicht verbesserte: Ohne ihn legte die Mannschaft eine Siegesserie hin. Nicht zuletzt dank eines Norbert Nachtweihs, der als Libero glänzende Kritiken erhielt und damit all jene bestätigte, die Augenthaler auf dieser Position schon für ein Auslaufmodell hielten. Als die Bayern eine Woche nach dem Spiel in Köln 2:1 gegen Werder Bremen gewannen und damit den Abstand zum Tabellenführer auf erträgliche zwei Punkte reduzierten, honorierte der „kicker" Nachtweihs Leistung nicht nur mit der Note eins, sondern erinnerte auch an die Begegnungen davor: „Drei Gegentreffer in Homburg, zwei in Gladbach, drei in Köln – da hieß der Münchner Abwehrchef Klaus Augenthaler." Die daraus zu ziehenden Schlüsse überließ das Blatt seinen fachkundigen Lesern.

„Das war für mich auch nicht einfach", beschreibt Nachtweih seine zwiespältigen Gefühle während dieser Zeit. „Wir beide teilten jahrelang das Zimmer vor unseren Spielen oder im Trainingslager und ich kann behaupten, dass da auch eine Freundschaft entstanden ist. Andererseits hat es mir wahnsinnig viel Spaß gemacht, Libero zu spielen. Die Presse feierte mich, aber so richtig freuen konnte ich mich auch nicht. Mir war das eher unangenehm. Irgendwann nahm mich Heynckes dann zur Seite und sagte, wir haben auf der rechten Seite Probleme, ob ich nicht wieder Verteidiger spielen könne. Für mich war das gar keine Frage, dass ich mich in den Dienst der Mannschaft stelle." Und lachend fügt er hinzu: „Aber für jeden hätte ich das auch nicht gemacht!"

Bis Augenthaler auf seine angestammte Position zurückkehrte, sollten aber noch mehrere Wochen vergehen. Während dieser Zeit machte er erstmals in seiner Karriere die Erfahrung, wie schnell man doch weg vom Fenster sein konnte. Die Bayern gewannen im Europapokal und der Bundesliga weiter souverän, über Nachtweih hieß es, er sei mehr als nur ein Notnagel, Augenthaler werde es schwer haben, seinen Platz als Abwehrchef zurückzuerobern. Und als seine Sperre abgelaufen war, fand er sich tatsächlich auf der Ersatzbank wieder. Beim 4:2 gegen Kaiserslautern ließ Heynckes seinen Kapitän in der 2. Halbzeit über 20 Minuten lang warmlaufen, um ihm dann zu signalisieren, er dürfe wieder auf der Bank Platz nehmen. Und das im Olympiastadion! Bei einem anderen Trainer hätte Augenthaler das möglicherweise als Affront gewertet, Heynckes dagegen unterstellte er keine bösen Absichten: „Ich hatte von Anfang an ein gutes Verhältnis zu ihm. Er sprach mit mir, teilte mir auch seine Überlegungen mit, weil ich der Kapitän war, zog seine Linie aber durch. Der Jupp wollte keinen Fehler machen, war sehr genau. In seinem ersten Jahr eckte er damit an, weil es nicht nach seinen Vorstellungen lief. Und für uns war das nicht mehr die lockere Art, wie wir sie von Udo Lattek kannten. Wenn wir ihm sagten, dass wir kaputt und müde sind, fielen die Laufeinheiten aus und wir machten stattdessen lockeres Training mit dem Ball. Das ging bei Heynckes nicht. Er unterbrach nicht nur ständig in den Spielen, auch das Konditionstraining war deutlich härter. Unter ihm zog preußische Disziplin bei uns ein, das schmeckte nicht allen. Da zog nicht jeder so mit, wie er es sollte."

Augenthaler hatte damit keine Probleme. Er werde hart trainieren und sich notfalls auch vier oder fünf Spiele auf die Bank setzen, dämpfte er die Hoffnung des Münchner Boulevards. Der hatte sich längst auf Jupp Heynckes eingeschossen und ein Streit zwischen den beiden Führungskräften wäre ein willkommener Anlass gewesen, die Autorität des Trainers weiter in Frage zu stellen. Die Diskussionen darüber, wer denn nun als Libero die Idealbesetzung sei, Augenthaler oder Nachtweih, waren damit aber nicht aus der Welt. Jede Wortmeldung zu diesem Thema sorgte zuverlässig für Schlagzeilen. Auch Hansi Dorfner tappte in diese Falle. Auf Nachfrage äußerte er sich zunächst ausweichend: Augenthaler solle doch erst einmal sehen, dass er wieder ganz gesund werde und mit Nachtweih würde es gerade ja auch nicht schlecht laufen: „Und dann habe ich noch gesagt, dass

Nachtweih mich im Mittelfeld mehr in den Spielaufbau einbeziehen würde als Augenthaler. Der schlug häufig weite Pässe nach vorne und ich sah nur, wie die Bälle über mich rüber flogen. Das stand dann in der Zeitung, und beim nächsten Training habe ich schnell gemerkt, dass ich mich besser zurückgehalten hätte. ‚Auge' suchte bei jeder Gelegenheit den Zweikampf, packte die Grätsche aus und ließ mich springen. Ich dachte mir: ‚Leck mich am Arsch, das hat ihm wohl nicht gefallen, was er da gelesen hat.' Aber auch das habe ich als junger Profi lernen müssen: Dass man den Kapitän, einen Spieler mit solchen Verdiensten, zu respektieren hat."

Die von Augenthaler in Aussicht gestellten vier oder fünf Spiele, die er sich auch von der Bank aus ansehen würde, erwiesen sich als eine zu optimistische Prognose. Die Bayern siegten weiter und für Jupp Heynckes bestand keinerlei Anlass, grundlegende Veränderungen vorzunehmen. Selber längst Zielscheibe der Kritik, musste der Trainer schon aus Eigeninteresse eine Mannschaft aufs Feld schicken, von der er sich den größtmöglichen Erfolg versprach. Und dass sich jeder Spieler im Kader dem Leistungsprinzip unterzuordnen hatte, war für ihn ebenfalls nicht verhandelbar. So blieb Augenthaler in den folgenden Wochen entweder ganz draußen oder kam nur zu Kurzeinsätzen, wie beim 3:0 gegen Bayer Uerdingen. Die Aufmerksamkeit galt an diesem Nachmittag dem vom FC Barcelona ausgeliehenen Mark Hughes. Als „Wunderstürmer" angekündigt, schien der Waliser seinen Ruf auch gleich bestätigen zu wollen und erzielte für seinen neuen Klub den Führungstreffer: „Weltklasse", urteilte Franz Beckenbauer auf der Tribüne: „Das ist ein Riese." Eher mickrig dagegen das Interesse des Publikums: Nur 16.000 Zuschauer waren ins Olympiastadion gekommen, auch die Personalie Augenthaler war auf Normalmaß geschrumpft. Als er in der 77. Minute eingewechselt wurde, war das allenfalls noch eine Randnotiz.

Am folgenden Samstag war es Jürgen Klinsmann, der eine baldige Rückkehr Augenthalers auf seine Lieblingsposition verhinderte. Der Stürmer des VfB Stuttgart hatte Norbert Nachtweih in einem Zweikampf um den Ball auch die Beine weggegrätscht, beide lagen daraufhin am Boden und als Nachtweih wieder aufstand, krümmte sich Klinsmann vor Schmerzen. Schiedsrichter Dieter Pauly wertete diese Szene als Tätlichkeit und nestelte in seiner Brusttasche nach der Roten Karte, als der mit der ungewöhnlichen Rückennummer drei spielende Klinsmann plötzlich wieder zu Kräften kam und geradezu beschwörend auf den Unparteiischen einredete, er möge doch Gnade walten lassen, es sei alles halb so wild gewesen. Pauly ließ sich überzeugen und die Rote Karte stecken. Die Stuttgarter gewannen auch gegen elf Bayern deutlich mit 3:0 und Norbert Nachtweih konnte sich glücklich schätzen, dank der Fürsprache des Stuttgarters einer mehrwöchigen Sperre wegen Tätlichkeit entgangen zu sein. Die Vorstellung der Bayern an diesem Nachmittag war jedoch so dürftig, dass Jupp Heynckes nicht mehr länger auf die Dienste Klaus Augenthalers verzichten wollte. Egal auf welcher Position.

Eine Woche später, und damit über zwei Monate nach seinem Platzverweis in Köln, stand der Kapitän wieder in der Startformation – als Mittelfeldspieler. Augenthaler erzielte beim 3:2 gegen Leverkusen das 1:0 per Kopf und durfte sich über wohlwollende Kritiken freuen: „Totgesagte leben halt länger", deutete Uli Hoeneß an, wie tief das Tal war, durch das „Auge" gehen musste: „Ich habe es allen gezeigt, die mich schon abgeschrieben haben", machte der Rückkehrer nicht ohne Genugtuung ausnahmsweise mal Werbung in eigener Sache und erwähnte auch, dass er sich auf seiner früheren Position am wohlsten fühlte: „Ich will als Libero zur Europameisterschaft!" Die Antwort von Jupp Heynckes kam prompt: „Libero bleibt erst einmal Norbert Nachtweih."

Die Bayern beendeten die Hinrunde mit starken 26:8 Punkten nur zwei Zähler hinter Werder Bremen, aber bevor es in den Weihnachtsurlaub ging, waren wegen der Europameisterschaft im folgenden Jahr noch die ersten beiden Spiele der Rückrunde zu absolvieren. Und die erwiesen sich als Stimmungskiller. Nach neun Heimsiegen in Serie gab es beim 1:3 gegen Borussia Dortmund nach langer Zeit mal wieder eine Niederlage im eigenen Stadion. Die Borussia gehörte damals nicht zum Tafelsilber der Liga und befand sich bis zum Saisonschluss in Abstiegsgefahr. Was Norbert Nachtweih am allermeisten nervte, war die mangelnde Begeisterung seiner Vorderleute für die Mühen der Defensivarbeit: „Alle rennen nur nach vorne, jeder will hier Torschützenkönig werden", kritisierte er. Auch das folgende 2:2 beim Hamburger Sportverein hob die Laune nur wenig und offenbarte die Sorglosigkeit, mit der die Bayern im Glauben an die eigene spielerische Stärke ihre Abwehr vernachlässigten. Der HSV hätte nur dreimal aufs Tor geschossen, rechnete Klaus Augenthaler seinen Kollegen vor, und widmete sich insbesondere seinem Torwart: „Jean-Marie Pfaff bezeichnet sich oft als Weltklassetorwart. Dann muss er das in solchen Situationen auch unter Beweis stellen."

In der Tabelle lag der Titelverteidiger nach Minuspunkten bereits fünf Zähler hinter Werder Bremen. Viel aussagekräftiger war aber ein Blick auf das Torverhältnis: während die Bremer erst neun Gegentore kassiert hatten, waren es bei den Bayern exakt dreimal so viel, nämlich 27. Trotz eines überzeugenden Abwehrchefs.

*****

„Wir sind eine tote Mannschaft. Uns fehlt die Begeisterung." Das Jahr 1988 hatte gerade erst begonnen und die Bayern tingelten wie die meisten anderen Bundesligaklubs noch durch die Hallen der Republik, um die Kassen ein wenig winterfest zu machen. Für Klaus Augenthaler der richtige Zeitpunkt, mit ein paar deutlichen Worten daran zu erinnern, dass es ohne profihafte Einstellung selbst für einen Rekordmeister nichts zu gewinnen gab. Und anders als üblich wählte er den Weg über die Öffentlichkeit, um sich bei seinen Kollegen Gehör zu verschaffen. Die Enttäuschungen der Hinrunde, das wochenlange Stillhalten auf der Ersatzbank, die kleinen, oft versteckt giftigen Bemerkungen einiger seiner Mitspieler – all das hatte Spuren hinterlassen und Augenthaler war nicht gewillt, zur Tagesordnung überzugehen: „Denen ist es egal, ob sie für den FC Bayern spielen oder für den FC Buxtehude. Hauptsache, die Kohle stimmt", sagte er dem „Fußball-Magazin". Die mangelnde Identifikation mit dem Verein war nicht der alleinige Grund für seinen Rundumschlag, auch persönliche Kränkungen spielten eine Rolle. Seit fast zehn Jahren war er Stammspieler beim FC Bayern, seit drei Jahren Kapitän. In dieser Zeit hatte er alles, nicht zuletzt seine Gesundheit, dem Erfolg der Mannschaft und des Vereins untergeordnet. Für Augenthaler keine Eigenschaften, die er für besonders erwähnenswert hielt, so funktionierte für ihn Profisport und dafür wurde er auch gut bezahlt. Aber es ging um mehr. Er war von seinen Mitspielern enttäuscht. Der Kapitän, an dem sich die Mannschaft gerade in entscheidenden Spielen aufrichtete, der viel forderte, aber auch mindestens so viel zu geben bereit war, fühlte sich plötzlich ziemlich allein an Deck: „Ich habe immer versucht, jeden einzelnen mitzuziehen. Doch dann war die Mannschaft nicht bereit, auch mir einmal zu helfen", klang er in dem Interview fast schon verbittert.

„Ich kann mich noch vage erinnern, dass es damals gegen mich lief", sagt Augenthaler heute. „Innerhalb der Mannschaft stimmte es einfach nicht mehr, wir hatten zwei oder drei Gruppen, und die bekämpften sich gegenseitig. Typische Machtkämpfe, die meistens dann entstehen, wenn alte Hierarchien nicht mehr funktionieren. Und da merkte ich, wie schnell sich der Wind drehen kann. Eben noch war ich der Held und wurde dafür gefeiert, dass ich immer zuerst an den Verein, immer rot-weiß dachte, und plötzlich zählte das alles nicht mehr. Ich kam nach meiner Operation zurück und hatte zwar noch den gleichen Namen, aber nicht mehr den gleichen Stellenwert."

Rückendeckung spürte er vor allem vom Trainer. Jupp Heynckes teilte seine Ansichten über professionelle Einstellung, hatte den Weihnachtsurlaub bereits um eine Woche gekürzt und kündigte an, das Training bis zum Beginn der Rückrunde spürbar anzuziehen. Präsident Scherer sprach von der „schwierigsten Zeit der jüngeren Vereinsgeschichte" und stellte einen „radikalen Schnitt" in Aussicht, sollten die Bayern die Saison ohne Titel beenden. Dass Lothar Matthäus nach einem solchen Schnitt noch in München spielen würde, galt inzwischen als unwahrscheinlich. Er hatte ein Angebot von Inter Mailand vorliegen, auch Olympique Marseille und der SSC Neapel waren angeblich interessiert. Als Neuzugänge wurden bereits Stefan Reuter, Roland Grahammer und Olaf Thon gehandelt, zudem stellte Uli Hoeneß klar, dass Rabah Madjer, der Bayern-Schreck vom FC Porto, „absolut sicher" in der kommenden Saison in München spielen werde. Ob er dort auf Mark Hughes treffen würde, war weniger sicher. Der FC Barcelona wollte für ihn 4,5 Millionen Mark haben, zu dieser Zeit eine auch für den deutschen Meister schwer zu stemmende Summe. Bevor die Rückrunde fortgesetzt wurde, schien der FC Bayern auf jeden Fall eine Mannschaft im Umbruch zu sein. Wie sich die Personaldiskussionen auf den Rest der Saison auswirken würden, ob die Mannschaft wirklich „tot" war, zeigte sich nach der Winterpause. Der März sollte für den Verein zum Schicksalsmonat dieser Spielzeit werden.

*****

Die Erinnerungen waren noch frisch. Nicht einmal ein Jahr war nach dem verlorenen Halbfinale gegen den deutschen Meister vergangen, nun fühlte sich Real Madrid bereit für die „große Revanche", wie es in den Zeitungen der spanischen Hauptstadt hieß. Aus Sicht der „Königlichen" war ihnen großes Unrecht widerfahren, vor allem die Platzsperre für zwei Spiele im Europapokal der Landesmeister bot genügend Anlass, auf Rache zu sinnen. Hätten die Bayern die Vorgänge im Bernabeu-Stadion nicht bewusst aufgebauscht, so die weit verbreitete Meinung, wäre das Urteil der UEFA milder ausgefallen – falls es überhaupt zu einer Bestrafung gekommen wäre. „Die UEFA verfolgt Real", vermutete das einflussreiche Fan-Magazin „Hinchada" nach den Losen im laufenden Wettbewerb: erst der SSC Neapel, dann der Titelverteidiger FC Porto und nun im Viertelfinale „el temible FC Bayern", die furchtbaren Bayern. Wer wollte da noch von Zufall reden?

Aber Real hatte allen Widrigkeiten getrotzt und war fest entschlossen, sich von keiner noch so finsteren Macht vom Weg des Ruhms abbringen zu lassen. Weder von der UEFA, noch von den Bayern: „Wir sind nach München gekommen, um zu gewinnen", hatte Reals Trainer Leo Beenhakker keinerlei Zweifel an einem Weiterkommen.

Die Realität sah ein wenig anders aus, jedenfalls bis zur 88. Minute. Bis dahin führten die haushoch überlegenen Bayern mit 3:0, die 70.000 Zuschauer erlebten über weite Strecken fast schon schüchtern auftretende Gäste. Bei dichtem Schneetreiben war Real nicht nur spielerisch unterlegen, sondern verzichtete auch anders als beim letzten Auftritt in München darauf, dem Gegner durch besonders hartes Einsteigen die Lust am Fußballspielen zu nehmen. Angst und Schrecken verbreitete der spanische Meister kaum und die beiden Tore, die er in den letzten Minuten dieser Partie noch erzielte, wären ohne die großzügige Unterstützung der Bayern auch nicht zustande gekommen: Das 1:3 durch Emilio Butragueno zwei Minuten vor dem Ende ging auf das Konto von Norbert Eder, der dem Spanier den Ball mit einer verunglückten Grätsche perfekt in den Lauf gespielt hatte. Und beim Anschlusstreffer durch Hugo Sanchez sah Jean-Marie Pfaff alt aus, als er dessen flach geschossenen Freistoß aus sehr spitzem Winkel unter seinem Körper ins Netz rutschen ließ. Zwei wirklich vermeidbare Gegentreffer, die sich 14 Tage später in Madrid rächten: Die Bayern unterlagen vor 100.000 Zuschauern 0:2, obwohl sie auch in diesem Spiel den Gegner über weite Strecken im Griff hatten.

Weil er zwischen den beiden Europacupspielen gegen Real auch noch im DFB-Pokal am HSV gescheitert war, blieb dem Titelverteidiger jetzt nur noch die Bundesliga, um die erste Saison unter Jupp Heynckes zu einem guten Ende zu bringen und den Fans auf dem Marienplatz eine Trophäe präsentieren zu können. Der zu Saisonbeginn durch ein 2:1 gegen den Hamburger Sportverein gewonnene Supercup eignete sich für solche Feierlichkeiten schon aus optischen Gründen nicht, vor allem aber war dieser Wettbewerb sportlich ohne jeden Belang. Das sogenannte Finale zwischen Meister und Pokalsieger war nur deshalb nicht in Vergessenheit geraten, weil der HSV-Torhüter Uli Stein den Münchner Stürmer Jürgen Wegmann bei dessen erstem Pflichtspiel mit einem Faustschlag kurzfristig außer Gefecht gesetzt hatte. Anschließend war Stein von seinem Verein suspendiert worden. Der Rest war von deutlich geringerem Erinnerungswert, auch wenn Uli Hoeneß prophezeite, dass der Supercup in drei oder vier Jahren schon Wochen vorher ausverkauft sein würde.

Die Meisterschale musste es also schon sein, und so schlecht standen die Chancen nach dem Ausscheiden in beiden Pokalwettbewerben auch gar nicht. Zwei Punkte hinter Werder, bei noch zehn ausstehenden Spielen – die Bayern hatten schon größere Herausforderungen bestanden. Und als nach einem 1:1 beim Angstgegner Eintracht Frankfurt der Rückstand auf die ebenfalls unentschieden spielenden Bremer nicht angewachsen war, wagte sich Jupp Heynckes aus der Deckung: „Jetzt bin ich felsenfest davon überzeugt, dass wir Deutscher Meister werden." Seine Zuversicht nährte sich vor allem aus der Vorstellung Klaus Augenthalers, der im Waldstadion „wie ein Fels in der Brandung" gestanden habe: „Er ist der Kopf der Mannschaft", erklärte Heynckes die Machtkämpfe der vergangenen Wochen und Monate für beendet: „ ‚Auge' ist einer, der noch die Ärmel hochkrempeln kann", lobte er und deutete mit diesem kleinen Wörtchen „noch" an, welche Eigenschaft ihm an anderen Spielern seiner Mannschaft, die ebenfalls Führungsansprüche anmeldeten, fehlte. Augenthaler teilte den Optimismus seines Trainers. Anders als Heynckes glaubte er zwar nicht „felsenfest", sondern nur „fest daran, dass wir zum vierten Mal hintereinander Deutscher Meister werden", aber das war ja auch nicht wenig.

Doch die Bayern zeichneten sich in dieser Saison vor allem dadurch aus, dass ihnen anders als sonst immer dann Nerven flatterten oder sie aus anderen Gründen nicht zu ihrer Form fanden, wenn es darauf ankam. Das folgende Heimspiel gegen den Tabellendritten 1. FC Köln ähnelte dem gegen Real Madrid: die Gastgeber waren klar überlegen, führten 2:0, mussten sich aber am Ende mit einem 2:2 begnügen. Da auch Werder nur einen Punkt in Dortmund geholt hatte, blieb es vor dem Gipfel im Weserstadion bei einem Rückstand von zwei Zählern: „Jetzt ist für Samstag alles klar“, fasste Jean-Marie Pfaff die Ausgangslage zusammen. „Wir müssen in Bremen gewinnen und volles Risiko spielen.“

*****

„Guten Abend, liebe Zuschauer. Die Sportschau meldet sich heute live aus dem Clubraum von Werder Bremen“, begrüßte Jörg Wontorra das Fernsehpublikum aus ungewohnter Umgebung. „Den Grund kennen Sie, das Elefantentreffen zwischen Werder und Bayern München.“ Wontorra war Profi genug, um sich seine Sympathien für die Norddeutschen während seiner kurzen Einleitung nicht anmerken zu lassen. Aber auch die Gäste des vollbesetzten und rauchgeschwängerten Vereinsheimes machten nicht den Eindruck, als läge ein aus Bremer Sicht durchaus erfreulicher Nachmittag hinter ihnen. Keine Jubelgesänge, kein Zuprosten, keine erhobenen Daumen oder sonstigen Mätzchen hinter dem Rücken des Moderators: Mit bemerkenswerter Disziplin folgten alle der Regieanweisung, sich bis zum Beginn des Spielberichts jede Form von Emotionalität zu verkneifen und möglichst abwesend in die Kameras oder ihre Biergläser zu blicken. Schließlich sollten diejenigen nicht verärgert werden, die sich die Spannung bis zur Sportschau aufrecht erhielten, was bei einem Spiel dieser Größenordnung hieß, dass sie sich am Nachmittag in freiwillige soziale Isolation begeben hatten. Wontorras kurze Moderation und der anschließende Kameraschwenk über die gut besetzten Stammtische ließen die bis dahin Ahnungslosen weiter im Ungewissen.

Knapp sieben Minuten später war Fußball-Deutschland auf einem Kenntnisstand. So lange dauerte die Zusammenfassung, die sich auf das Wesentliche beschränkte, und das war tatsächlich der Fußball. Tore oder strittige Szenen wurden einmal wiederholt und vom Reporter kommentiert, aber die Regie verzichtete noch darauf, bei jeder sich bietenden Gelegenheit die Reaktionen der Trainer oder prominenter Tribünengäste einzufangen und so die Übertragung in die Länge zu ziehen.

Die Bayern gingen durch einen kuriosen Elfmeter in Führung. Gunnar Sauer hatte den Ball im eigenen Strafraum in dem Glauben gefangen, nach einem Zweikampf einen Pfiff gehört zu haben. Da dieser Pfiff nicht vom Unparteiischen kam, blieb diesem nichts anderes übrig, als auf den Punkt zu zeigen. Matthäus verwandelte zum 1:0. Doch schon im Gegenzug fiel der Ausgleich, erneut per Elfmeter, diesmal allerdings einen, den man nun wirklich nicht geben musste: „Ich habe nach unserem Strafstoß auf der Spielerbank gesagt, man braucht nur die Uhr danach zu stellen, wann der nächste Elfer fällt. Aber dann für Werder Bremen. Ich hatte es kaum ausgesprochen, da wurde auch gepfiffen. Sehr schade!", sagte ein um Fassung bemühter Jupp Heynckes, nachdem wieder zurück ins Clubhaus geschaltet worden war. Kurz vor der Halbzeit traf Karl-Heinz Riedle zum 2:1, kurz vor dem Ende erhöhte der spätere Weltmeister sogar auf 3:1. Werder lag damit vier Punkte vor den Bayern, über eine mögliche Titelverteidigung sprach man in München nicht einmal mehr hinter vorgehaltener Hand: „Früher waren das die Spiele, wo wir uns gesagt haben, wir wollen es wissen", ließ auch Klaus Augenthaler erkennen, dass sein Glaube an eine erneute Meisterschaft nicht mehr ganz so fest war. „Da waren wir diejenigen, die heiß waren. Wenn man sieht, dass wir nach einem Vorsprung nicht fähig waren, die Räume eng zu machen, dann muss man sagen: bei uns stimmt etwas nicht." Und erneut war es Lothar Matthäus, der in einem wichtigen Spiel unter seinen Möglichkeiten blieb. In der 65. Minute, beim Stand von 1:2, hatte Jupp Heynckes genug und holte ihn vom Platz: „Ich war mit seiner Leistung heute überhaupt nicht einverstanden", begründete er die Auswechslung und ließ sich die Gelegenheit nicht entgehen, den Nationalspieler an seinen ebenfalls enttäuschenden Auftritt im Europapokal zu erinnern: „Außer in Madrid hat sich Lothar sonst wenigstens engagiert."

Nach einem 1:2 im nächsten Auswärtsspiel bei Hannover 96 waren auch diejenigen in der Wirklichkeit angekommen, die insgeheim noch auf ein Wunder oder zumindest ein Nervenflattern der Bremer gehofft hatten. Die Saison war gelaufen, die letzten Heimspiele trugen die Bayern vor handverlesenem Publikum aus, gegen Bochum fanden gerade noch 8.000 Zuschauer den Weg ins Stadion. Sie wurden mit einem 5:1 belohnt und sahen drei Tore von Mark Hughes. Der Waliser verabschiedete sich nach ein paar Monaten wieder aus München, Barcelona war bei seiner Forderung von über vier Millionen Mark geblieben, die Bayern wollten oder konnten diesen Preis nicht zahlen. Der andere, schon als sicher vermeldete Weltstar, Rabah Madjer, kam erst gar nicht, sondern wechselte zum FC Valencia. Irgendwie passend zu einer verkorksten Saison, an deren Ende wie von Uli Hoeneß angekündigt „gnadenlos aufgeräumt" wurde. Ein als Opposition gegen den Trainer ausgemachtes Quartett, bestehend aus Lothar Matthäus, Andreas Brehme, Jean-Marie Pfaff und Michael Rummenigge, verließ den Verein, teils freiwillig, teils auf Anordnung von oben: „Wenn Udo Lattek noch Trainer wäre, hätte es den Spieler Rummenigge wohl auch in der nächsten Saison bei den Bayern gegeben. Über Jupp Heynckes möchte ich nichts mehr sagen", äußerte sich der jüngere Bruder des Weltstars, nachdem sein Wechsel zu Borussia Dortmund feststand.

Lothar Matthäus wurde von den Fans nach dem letzten Heimspiel der Saison gegen den VfB Stuttgart ausgiebig gefeiert, er war bei den Bayern mit 16 Treffern auch der erfolgreichste Torschütze der Saison. In den höheren Vereinsetagen hielt sich der Abschiedsschmerz in Grenzen, auch wegen der willkommenen Ablösesumme von über acht Millionen Mark: „Ich habe es bei Lothar Matthäus nicht mit einer ausgereiften Persönlichkeit zu tun", bemerkte Uli Hoeneß, und der immer noch äußerst öffentlichkeitswirksame Paul Breitner stellte dem mit großen Hoffnungen geholten Nationalspieler ein schwaches Abgangszeugnis aus: „Matthäus stagniert seit vier Jahren in seiner Leistung. Es ist das Beste, sich zu trennen." Für Matthäus war es das auf jeden Fall, er reifte in Mailand zum Weltstar. Andreas Brehme folgte ihm, für ihn überwiesen die Italiener zwei Millionen Mark Ablöse. Auch er ging nach zwei Jahren eher erleichtert, es seien zu viele Linkmichel in der Mannschaft, hatte er sich beklagt. Und mit Jean-Marie Pfaff schließlich kehrte ein weiterer Publikumsliebling dem Verein den Rücken: „Ich verlasse die Bayern mit weinendem Herzen. Es tut weh, gehen zu müssen", betonte Pfaff mit einer Prise Melodramatik, dass sein Abgang alles andere als freiwillig war: „Uli Hoeneß wollte, dass ich gehe."

Was der Manager vor allem wollte, war Ruhe zwischen den Pfosten, denn mit dem Wechsel von Pfaff zurück in die Heimat zu Lierse SK endete auch der jahrelange „Torwartkrieg" zwischen dem Belgier und Raimond Aumann.

Die „Vierer-Opposition", so der „Spiegel", war damit komplett verkauft, die alte Hackordnung wieder fest installiert. Mit dem Kapitän an der Spitze: „Klaus Augenthaler lebt nun als ‚letzter Bayer' vor, was die Münchner einst zu einem Ausnahmeteam in Europa machte", bemerkte das Hamburger Nachrichtenmagazin. „Jene Mischung aus lässigem, fast schon arrogantem Selbstbewusstsein und unnachgiebiger Professionalität in Denken und Handeln." Jupp Heynckes, so heißt es weiter, habe erst spät begriffen, dass es bei der Frage, wer denn der bessere Libero sei, Nachtweih oder Augenthaler, nicht allein um die spielerische Linie ging: „Allesamt der Ansicht, dass die Selbstdarstellung wesentlicher Teil des Berufes ist, wollten sie den Mann loswerden, den sie angesichts seiner Forderung nach profihaftem Denken, Einsatzbereitschaft und Leistung schon in der Rolle des Arbeitgebers sahen."

„Ich war ja kein fußballerisches Naturtalent, habe aber trotzdem viel erreicht, weil ich es mir erarbeitet habe", blickt Augenthaler auf diese für ihn fordernde Saison zurück und bestätigt die Bestandsaufnahme des „Spiegels". „Um mich herum waren viele Spieler, die mit deutlich mehr Talent ausgestattet waren, aber zu wenig daraus machten. Mich ärgerte es immer, wenn man auf dem Platz von ihrem Talent nichts sah. Und die Frage, woran das lag, war für mich in den meisten

Fällen einfach zu beantworten: an der Einstellung! Das habe ich auch offen gesagt, hielt es sogar für meine Pflicht als Kapitän, auch wenn ich deshalb angefeindet wurde. Ich hatte dieses Amt ja nicht angenommen, um meine persönliche Beliebtheit zu steigern. Aber ich wollte nie jemanden in die Pfanne hauen. Es ging mir immer um die Sache."

10

„Die größte Persönlichkeit der Bundesliga“ 1988–1989

Augenthaler und Heynckes finden gemeinsam zurück in die Erfolgsspur / „Endlich ist wieder Zug in der Truppe“ / Denkwürdige Spiele in Mailand und Köln / Nur mit der Nationalmannschaft will es nicht klappen

Kurz bevor er das Trainingsgelände an der Säbener Straße erreicht hatte, zog Klaus Augenthaler noch einmal an seiner Zigarette, atmete tief ein, schloss für einen winzigen Moment die Augen, pustete den Rauch aus und schnippte die Kippe aus dem Fenster. So etwas wie ein morgendliches Ritual, das erste Training des Tages konnte beginnen. Augenthaler parkte seinen Wagen, stieg aus, öffnete den Kofferraum, griff nach seiner Tasche, machte die Klappe wieder zu und wollte gerade Richtung Kabine gehen, als er bemerkte, dass jemand neben ihm stand: Sein Trainer! Er war ihm gar nicht aufgefallen. Jupp Heynckes kam gleich zur Sache: „Wolltest du nicht mit dem Rauchen aufhören?“, fragte er mit väterlich-vorwurfsvollem Ton in der Stimme. Nicht zu fassen, dachte sich der ertappte Kapitän. Hatte der seine Augen wirklich überall? Oder war es sein feines Näschen? Oder gar ein Informant? Augenthaler befand sich in der Defensive und bevor sich dieses Gespräch zu einem Verhör ausweitete, entschied er sich für den Gegenangriff: „Hab ich ja auch“, antwortete er trotzig und fand nicht einmal, besonders dreist gelogen zu haben. Seinen Konsum hatte er in letzter Zeit deutlich reduziert, den guten Willen musste er sich von niemandem absprechen lassen, auch nicht von seinem Trainer.

Heynckes ließ das erst einmal so stehen, sagte gar nichts, musterte ihn nur mit einem ganz leicht angedeuteten, aber Überlegenheit ausstrahlenden Lächeln. Wie ein Kartenspieler, der sein Blatt noch längst nicht ausgereizt hatte: „Und was war das da gerade eben auf der

Straße?", setzte er den Bohrer nun schon etwas tiefer an. Vor ein paar Minuten war Heynckes direkt hinter ihm gefahren, hatte alles ganz genau beobachtet, auch die aus dem Fenster geschnippte Zigarette war ihm nicht entgangen. Er wollte sein Gegenüber nicht bloßstellen, aber ihn ein kleines bisschen zappeln zu lassen, den Spaß durfte er sich schon gönnen, fand Heynckes. Er war gespannt, welche Erklärungen sein Kapitän noch so auf Lager hatte und wie er sich aus dieser für ihn unangenehmen Lage befreien würde. „Das war der Moment, in dem ich aufgehört habe", grinste Augenthaler zurück, rundum zufrieden, dass ihm die passende Antwort nicht drei Tage später, sondern im richtigen Moment eingefallen war. Diese Runde ging an ihn, das musste auch Heynckes anerkennen und stellte seine Ermittlungen erst einmal ein. Er würde zwar nie begreifen, warum Hochleistungssportler qualmten, hielt es aber auch für zwecklos, zum wiederholten Mal aus seinem Tugendkatalog zu zitieren. Oft genug hatte er die schädlichen Wirkungen des Nikotins angesprochen. In der Sache waren sich die beiden immer schnell einig gewesen, dass Zigaretten keine leistungsfördernde Wirkung nachgesagt wurde, wusste auch Augenthaler. Aber etwas zu wissen, hieß nicht zwingend, sich entsprechend zu verhalten. Er war nun schon fast 32 Jahre alt und glaubte nicht, seiner Karriere mit einer rauchfreien Fortsetzung noch einmal einen Schub verleihen zu können.

„Im zweiten Jahr kam ich wunderbar mit Heynckes klar", erzählt Augenthaler. „Wir haben uns gegenseitig vertraut. Als Trainer musst du schnell wissen, wer in der Mannschaft das Sagen hat. Und als Spieler fragst du dich, kannst du deinem Trainer glauben? Oder erzählt der nur irgendein Zeug, von wegen, wir können jeden schlagen und so weiter. Alles, was Heynckes sagte, hatte Substanz. Er war nicht mehr so verbissen wie am Anfang und wusste, dass er sich auf Leute wie mich verlassen konnte. Auch wenn ich nicht in allen Belangen seinem Bild vom mustergültigen Profi entsprach."

Heynckes zügelte auch seinen Ehrgeiz, alles im Griff haben und kontrollieren zu wollen. Die Mannschaft funktionierte insgesamt, fährt Augenthaler fort, es habe gar nicht so viel verändert werden müssen: „Trotzdem blieb er penibel. Er wollte keine Fehler machen. Anfang der Saison spielten wir bei einem Turnier im Wembley-Stadion, am Tag vor dem Abflug lud ich Heynckes ein, wir hatten uns schon länger vorgenommen, auch mal privat etwas zu unternehmen. Wir trafen uns bei einem Freund von mir, der hatte ein großes Grundstück mit Tennisplatz. Heynckes sagte zu, wollte aber wegen des Turniers nicht, dass wir Tennis spielen. Ich überredete ihn schließlich zu einer kleinen Partie, um fünf Uhr tranken wir das erste Bier, dann noch eins und vielleicht sogar ein drittes, aber es blieb alles im Rahmen. In Wembley vergeigten wir allerdings, verloren zunächst gegen Arsenal, dann gegen Milan und wurden damit Letzter. Auf dem Rückflug setzte er sich neben mich und wurde ernst: ‚Klaus, das war nicht gut, dass wir bei deinem Freund waren.' Ich sagte nur: ‚Trainer, Sie standen doch in London nicht auf dem Platz! Wir waren auch nicht betrunken, sondern haben uns nur ein paar Bier gegönnt und ein bisschen Tennis gespielt. Deswegen haben wir doch das Turnier nicht verloren.' Er sah das anders. Trotzdem war es mit ihm ab dem zweiten Jahr sehr viel entspannter."

Dafür machte Uli Hoeneß mal wieder Dampf und kündigte eine härtere Gangart an: „Bei uns wird über zu wenig Freizeit gejammert. Wenn der FC Bayern in der Woche mal zu einem Privatspiel ins Ausland fliegt, ist gleich von Überbeanspruchung die Rede. Ich verspreche hier: Wir werden künftig noch häufiger solche Einladungen annehmen, vor allem aus England. Erst wenn unsere Spieler durch dieses Fegefeuer gegangen sind, können wir wieder nach den Sternen greifen." Vor allem die auf dem Papier wenig dramatische 0:1-Niederlage gegen den AC Mailand hatte dem Bayern-Manager vor Augen geführt, dass die Sterne gerade woanders leuchteten. In Mailand zauberten die niederländischen Europameister Gullit, Rijkaard und van Basten, auch Spieler wie Baresi, Maldini, Donadoni oder Ancelotti verkörperten internationale Klasse. Milan war Ende der 80er im europäischen Fußball tonangebend, gewann zweimal den Pokal der Landesmeister: „Sie waren uns spielerisch, taktisch und im Zweikampfverhalten hoch überlegen. Diesen Klassenunterschied hätte ich nicht erwartet", beschrieb Hoeneß in gewohnter Offenheit die Kräfteverhältnisse. Dass er sich mit der Analyse nicht allzu weit von der Realität entfernt hatte, bestätigte ihm Milans Trainer Arrigo Sacchi: „Ich mag den deutschen Stil nicht, und die Bayern sind ein Spiegelbild. Nur kämpfen und rennen und kein bisschen Phantasie."

Zur Wahrheit gehörte aber auch, dass Sacchis zweifellos moderne Ideen vom Fußball in einem Umfeld gediehen, in dem Geld keine große Rolle spielte. Es war einfach da: „Wenn Silvio Berlusconi mit seinem Fernseh-Imperium nicht vorher pleite geht, kann Mailand 20 Jahre lang die Nummer eins sein. Wir haben in London akzeptiert, dass wir nur die zweite Geige spielen und uns wieder hochdienen müssen", dämpfte Hoeneß die Hoffnungen auf eine baldige Rückkehr auf Europas Fußball-Thron. Erst wenn es möglich sei, bei einem Europapokalspiel gegen Real Madrid fünf Millionen Mark zu verdienen, sei es auch möglich, einen Star wie Marco van Basten zu verpflichten.

Von solchen Erträgen waren die Bayern und die Bundesliga insgesamt aber noch weit entfernt, obwohl mit Beginn der Saison 1988/89 etwas Bewegung in den Fernsehmarkt kam. Der DFB hatte mit den Vereinen der ersten und zweiten Liga die Übertragungsrechte für die nächsten drei Jahre an die UFA verkauft und kassierte nun 45 Millionen Mark pro Saison statt wie bisher 18 Millionen von ARD und ZDF. Die Bundesliga lief dafür jetzt am Samstag nicht nur in der Sportschau, sondern mehr oder weniger parallel auch auf RTL. „Anpfiff" hieß die arg in die Länge gezogene Fußball-Show mit den Gastgebern Uli Potofski und Günter Netzer, die erste Ausgabe dauerte drei Stunden und wurde wenig überraschend von der Kritik zerrissen. Die „Süddeutsche Zeitung" etwa schrieb von einem „grotesken Versuch einer Fernsehsendung", Ausgabe Nummer zwei war dann schon eine Stunde kürzer, ohne die Kritiker so richtig zufrieden zu stellen. Durch die höheren Erlöse erhielt nun jeder Klub der beiden Profiligen einen Garantiebetrag von 1,2 Millionen Mark pro Saison.

Das war zwar deutlich mehr als zuvor, im Vergleich zu anderen großen europäischen Ligen aber immer noch lächerlich wenig.

Auch wenn damit kein Marco van Basten nach München zu locken war, für den heimischen Markt reichten die Mittel allemal, um sich im oberen Preissegment zu bewegen: Für Olaf Thon, Roland Grahammer und Stefan Reuter legten die Bayern insgesamt über zehn Millionen Mark auf den Tisch, dazu noch einmal zwei Millionen für den Schweden Johnny Ekström, der Stürmer kam vom italienischen Erstligisten FC Empoli. So viel investierte kein anderer Bundesligaklub, die Bayern hatten vor allem durch den Wechsel von Lothar Matthäus zu Inter Mailand den nötigen finanziellen Spielraum. Und auch wenn keiner vorhersagen konnte, wie schnell sich die Neuen in München integrieren würden, musste man das von Präsident Scherer ausgegebene Saisonziel, „mindestens einen Platz im UEFA-Cup", nicht weiter ernst nehmen. Im Tiefstapeln waren andere glaubwürdiger. Den Kapitän jedenfalls reizte es nicht, um Platz drei oder vier zu spielen: „Wir wollen Meister werden", erklärte Klaus Augenthaler und schätzte damit die Möglichkeiten seiner Mannschaft und die Ansprüche des erfolgsverwöhnten Anhangs ziemlich realistisch ein.

*****

Die Saison begann mit einer Hitzeschlacht. Fast überall in Deutschland herrschten am 23. Juli 1988 Temperaturen von deutlich über 30 Grad, auch im Olympiastadion. Auf dem Rasen und den nicht überdachten Rängen war es sogar noch deutlich wärmer. Eine Viertelstunde blieb den Gastgebern noch, um gegen Eintracht Frankfurt das erste Tor des Tages zu erzielen, aber unter diesen Bedingungen war eine Schlussoffensive mit erlösendem Siegtreffer nicht sehr wahrscheinlich. Die Bayern schoben sich den Ball in der gegnerischen Hälfte zu, ohne großartig Raum zu gewinnen. Die Eintracht beschränkte sich nur noch aufs Verteidigen und konnte sich an diesem Nachmittag auf ihren Torwart verlassen, Uli Stein hatte bisher alles gehalten, was auf seinen Kasten kam, und das war vor allem in der ersten Halbzeit nicht wenig gewesen. Jetzt aber waren alle 22 Akteure platt. Jeder Schritt tat weh, von den wenigen Sprints gar nicht zu reden.

Wie so oft musste ein Standard helfen. Die Bayern bekamen einen Freistoß zugesprochen, Norbert Nachtweih flankte in den Strafraum, Klaus Augenthaler sprang am höchsten und köpfte den Ball an Uli Stein vorbei zur Münchner Führung. Wer noch Kraft zum Jubeln hatte, jubelte, die meisten aber trabten erleichtert zurück in die eigene Hälfte. Nur der Frankfurter Torhüter war restlos bedient. So viele Chancen hatte er in diesem Spiel zunichte gemacht, und dann pennten seine Vorderleute bei einem Freistoß. Als die Bayern sich wieder in ihrer eigenen Hälfte aufgestellt hatten und auf den Anstoß warteten, merkten sie, dass irgendetwas nicht stimmte. Warum ließen sich die Gäste so viel Zeit? Sie lagen doch 0:1 hinten! Der Grund für die Verzögerung hieß Uli Stein. Er hatte seinen Arbeitsplatz verlassen und auf einer Werbebande Platz genommen. Er saß da mit verschränkten Armen und machte nicht den Eindruck, als würde es ihn noch einmal zurück auf den Rasen ziehen. Immer wieder schüttelte er seinen Kopf und wollte einfach nicht begreifen, was ihm da soeben widerfahren war. Von der Mittellinie machte Schiedsrichter Wittke bereits auffordernde Gesten, Stein möge seinen Platz unverzüglich wieder einnehmen, damit das Spiel fortgesetzt werden könne. Aber der schien den Unparteiischen gar nicht wahrzunehmen und war mit seinen Gedanken immer noch bei dem soeben kassierten Gegentreffer.

Dann wurde es dem Unparteiischen zu blöd. Wittke lief vom Anstoßkreis Richtung Frankfurter Tor, als Stein seinen Sitzstreik beendete und sich wieder auf den Weg zurück in seinen Kasten machte. Nun hätte es weiter gehen können, aber da der Schiedsrichter nun schon mal den ganzen Weg zurückgelegt hatte, musste er noch zeigen, wer hier Chef im Ring war und zückte wegen unsportlichen Verhaltens die Gelbe Karte. Stein schüttelte erneut seinen Kopf, variierte seinen Protest aber ein wenig und klatschte Beifall. Daraufhin variierte auch Wittke das Strafmaß und zog die Rote Karte. Nach anfänglicher Weigerung, den Platz zu verlassen, verbrachte Stein die letzten Minuten des Spiels auf der Frankfurter Bank – kopfschüttelnd.

Gegen zehn Mann gewannen die Bayern am Ende klar mit 3:0, Augenthaler gelang sogar noch ein zweiter Treffer: „Wir standen hinten im Gegensatz zur letzten Saison endlich mal wieder kompakt", blickte der Mannschaftskapitän auf die wenig erfreuliche Vorsaison zurück, die ihm offenbar noch immer in den Klamotten steckte. „Und mit diesem Bewusstsein kann ich als Libero auch wieder nach vorne marschieren und versuchen, selbst ein Tor zu machen." Uli Stein kam übrigens glimpflich davon. Der DFB verzichtete auf eine Sperre, verurteilte den Frankfurter Torhüter aber zu einer Geldstrafe in Höhe von 5.000 Mark.

*****

Mochte es für Uli Hoeneß noch ein weiter Weg zurück in die europäische Spitze sein, in der Bundesliga gab der Rekordmeister sofort wieder den Ton an, auch weil ihre Schlüsselfigur zu alter Stärke zurückgefunden hatte. Nach einem 5:1 gegen den 1. FC Kaiserslautern hob der „kicker" hervor, der „herausragende Augenthaler" müsse bei den Bayern als die „Persönlichkeit schlechthin" angesehen werden. Zwei Wochen später, als es beim Titelverteidiger Werder Bremen trotz eines 0:2-Rückstandes noch zu einem 2:2 reichte, hieß es: „Von Augenthaler angetrieben, rollte plötzlich eine Angriffsmaschine, die an große Münchner Fußball-Zeiten erinnerte." „Endlich ist wieder Zug in der Truppe", gab „Auge" das Lob erneut mit Blick auf die jüngere Vergangenheit weiter. „Jeder rennt für den anderen. In der vergangenen Saison verfolgten viele private Interessen und wollten sich profilieren. Ich habe vergeblich versucht, das zu verhindern. Die Mannschaft fiel aber peu à peu auseinander."

Dass er sich damit kein allzu günstiges Zeugnis ausstellte, war ihm bewusst. Sein auf Offenheit, Ehrlichkeit, Geradlinigkeit, kurz: auf gegenseitigen Respekt beruhender Führungsstil, der auf flache Hierarchien setzte und damit seiner Zeit weit voraus war, hatte im Vorjahr nicht mehr funktioniert oder war zumindest an seine Grenzen gestoßen. Augenthaler hatte die offene Konfrontation mit denen vermieden, die, so sah es sein Trainer, „gegen ihn spielten". Allerdings hatte er auch gute Gründe, sich mit Machtdemonstrationen zurückzuhalten. Ganz abgesehen davon, dass sie nicht zu seinem Charakter passten: Nach seiner langen Verletzungspause verstand sich sein sportlicher Wert für die Mannschaft plötzlich nicht mehr von selbst. Er war angreifbar geworden, seine Position deutlich geschwächt. Das Risiko war groß, aus internen Machtkämpfen als Verlierer oder doch zumindest beschädigt hervorzugehen. Augenthaler war kein Unantastbarer wie vor ihm Paul Breitner, den die anderen nicht unbedingt mögen mussten, um ihn als Leitwolf zu akzeptieren. Zu wissen, dass sie ohne ihn und Karl-Heinz Rummenigge nur einer unter vielen Bundesligaklubs sein würden, reichte vollkommen aus, um sich unter- oder mindestens einzuordnen. So eindeutig lagen die Dinge bei Augenthaler nicht. Zwar stand auch er wie Breitner für unermüdlichen Einsatz, auch er konnte eine an sich zweifelnde Mannschaft mitreißen, auch er war bereit, für den maximalen Erfolg Schmerzgrenzen zu ignorieren – aber sein Vorgänger hätte es nie geduldet, wenn andere neben ihm Führungsansprüche gestellt hätten.

„Er muss keine Positionskämpfe mehr bestreiten, er muss sich gegen keine Oppositionsgruppe mehr behaupten", begründete denn auch Jupp Heynckes die erstaunliche sportliche Wiederauferstehung Augenthalers. „Nach seiner Rückenverletzung merkte er, wer seine wahren Freunde sind. Mit seinem eisernen Willen hat er es wieder gepackt." Heynckes selbst zählte sich zu diesen wahren Freunden, der Trainer und sein Kapitän fanden auch deshalb zusammen, weil sie in der abgelaufenen Saison so etwas wie eine Schicksalsgemeinschaft gebildet hatten. Es war nicht nur die in München besonders angriffslustige Boulevard-Presse, die sich auf den Trainer eingeschossen hatte, auch innerhalb der Mannschaft wurde Stimmung gegen ihn gemacht. Lothar Matthäus, so Heynckes damals in einem Interview mit dem „Spiegel", habe da keine gute Rolle gespielt: „Ich hatte ihn als jungen Spieler in Mönchengladbach, habe ihn gefördert, wo ich nur konnte. Dafür habe ich keine Dankbarkeit erwartet, aber Loyalität." Nun schien sich die Mannschaft wieder zu einer Einheit zu finden, mit Augenthaler als „idealem Kapitän", wie Uli Hoeneß betonte: „Wir hatten beim FC Bayern selten einen besseren. Er setzt sich für alle ein, geht immer voran."

Und auch der Deutsche Fußball-Bund ließ mal wieder von sich hören: Nach der verpassten Europameisterschaft im eigenen Land bezeichnete Berti Vogts, Co-Trainer von Teamchef Franz Beckenbauer, den Mann, den er zwei Jahre zuvor bei der WM noch zum Straftraining gebeten hatte, nun als die „größte Persönlichkeit in der Bundesliga".

*****

Die Geister der abgelaufenen Saison kehrten aber noch einmal zurück, als es in der dritten Runde des UEFA-Pokals zum Duell mit Inter Mailand kam. „Wir haben endlich den Kopf unserer Mannschaft gefunden", freute sich deren Trainer Giovanni Trappatoni schon kurz nach Saisonbeginn und meinte Lothar Matthäus, der keinerlei Anpassungsschwierigkeiten erkennen ließ und dessen führende Rolle bei Inter im Trikot mit der Nummer zehn sichtbar wurde. Andreas Brehme hatte ebenfalls einen guten Start bei seinem neuen Verein. Da er neben seiner außergewöhnlich guten Technik auch die als „typisch deutsch" geschätzten Tugenden wie Zuverlässigkeit und Kampfkraft im Angebot hatte, nannten ihn die Fans bereits den „Panzer". „Das ist das vorweggenommene Finale", urteilte Trapattoni, sein Kollege Jupp Heynckes sprach von einem „Traumlos", dem größten Duell, das man sich derzeit in Europa vorstellen könne. Und als früherer Schatzmeister des Vereins dachte Präsident Fritz Scherer auch an die Kasse: Das Wiedersehen mit Matthäus und Brehme würde bestimmt für ein volles Olympiastadion sorgen.

Bevor es zu diesem Wiedersehen kam, wurden aber noch einmal alte Rechnungen beglichen. Klaus Augenthaler hatte erneut darauf hingewiesen, dass es bei den Bayern deshalb so gut laufe, weil im Mittelfeld nicht mehr so viele für die Galerie spielten. Namen nannte er nicht, es durfte auch so jedem klar gewesen sein, an wen er dachte. Andi Brehme fühlte sich jedenfalls angesprochen und blieb eine Antwort nicht schuldig: „Der Augenthaler hat's gerade nötig. Unsere besten Spiele haben wir im vergangenen Jahr gemacht, als der ‚Auge' auf der Bank saß und Norbert Nachtweih Libero spielte. Nachtweih war der klar bessere Mann auf diesem Posten. Nur hat sich damals keiner getraut, das laut zu sagen."

Nach dem Hinspiel durften sich Matthäus und Brehme bestätigt fühlen. Uli Hoeneß übrigens auch. Der hatte ja einen weiten Weg zurück an die europäische Spitze vorhergesagt, wie weit, das wurde nicht nur dem Manager an diesem Europapokalabend bewusst: Inter ließ kaum Torchancen zu, war bei den wenigen eigenen Möglichkeiten gnadenlos effizient und gewann 2:0. „Die Bayern wurden gedemütigt", trug die „Gazetta dello Sport" vielleicht ein klein bisschen zu dick auf, aber die meisten der 70.000 Zuschauer im Olympiastadion gingen mit der bitteren Erkenntnis nach Hause, dass die Italiener wohl eine Nummer zu groß waren: „Ich bin mir noch nie so hilflos vorgekommen", klagte ein völlig frustrierter Olaf Thon hinterher. „Wir sind blind angerannt. Die Mailänder standen immer zwei gegen eins." Man habe noch nicht die Erfahrung, um gegen so abgeklärte Gegner zu bestehen, erkannte Uli Hoeneß und der „kicker" fasste die triste Lage mit der Überschrift „Hilflos, ratlos und hoffnungslos" treffend zusammen. Den Verweis aufs Rückspiel verkniffen sich die Verlierer, es war auch so schlimm genug: „Wenn sie weiterkommen, wäre das eine Sensation. Eigentlich ist der Fall für mich erledigt", stimmte auch Karl-Heinz Rummenigge in den Abgesang ein. Er spielte inzwischen bei Servette Genf in der Schweiz, konnte aber nicht nur wegen seiner drei Jahre bei Inter eine gewisse Expertise für sich beanspruchen.

„Jupp Heynckes galt ja eher als ein Mann der leisen Töne, aber nach dem Hinspiel gegen Mailand lernten wir ihn von einer anderen Seite kennen“, beschreibt Klaus Augenthaler die plötzliche Wandlung seines Trainers. „Die meisten hatten uns schon abgeschrieben, nur er nicht. Er glaubte weiter an unsere Chance und predigte immer wieder, dass Inter noch nicht durch sei. Fast so wie zu Latteks Zeiten, als wir Werder Bremen am letzten Spieltag abfingen. Mit dem Unterschied, dass Heynckes nach außen zurückhaltend blieb. Aber intern redete er uns stark und zeigte uns die Schwachpunkte der Italiener auf. Für ihn war Inter noch lange nicht durch.“

Als ungeschlagener Herbstmeister reisten die Bayern zum Rückspiel nach Mailand, mit vielen guten Wünschen und ebenso guten Ratschlägen im Gepäck. Experten empfahlen dem Tabellenführer der Bundesliga ein frühes 1:0, dann sei noch alles möglich. Kein schlechter Plan, wenn man einmal davon absah, dass gegen die nahezu perfekt eingespielte Abwehr der Italiener selbst ein spätes 1:0 nur schwer zu erzielen war. Auch Inter führte die heimische Liga an und hatte bis dahin erst drei Gegentreffer kassiert. Genau diese drei Treffer mussten es aber schon sein, um sich mit dem Weiterkommen zu beschäftigen.

„Dieses Spiel werde ich nie vergessen!“, sprudelt es aus Hansi Dorfner heraus. „Es war schon vorher brutal. Die ließen uns nicht auf den Platz zum Aufwärmen, es hatte geregnet und deshalb durften wir vor dem Anpfiff nicht auf den Rasen. Lächerlich! Wir mussten uns dann in einer kleinen Halle warm machen, so eine Art Gymnastikraum. Eine Katastrophe! Wir haben uns dort so etwas von unwohl gefühlt.“

„Mich wollten sie auch nicht ins Stadion lassen“, bestätigt Raimond Aumann. „Ich bin trotzdem raus gegangen, und was soll ich sagen? Es war wirklich die Hölle! Aber genau diese Atmosphäre brauchte ich, deswegen bin ich ja Profi bei Bayern München geworden. Da flogen Bengalos in den Strafraum, auch während des Spiels. Sie landeten sogar direkt neben mir. Aber je aufgeheizter die Stimmung, desto ruhiger wurde ich. Klingt vielleicht merkwürdig, aber ich kann wirklich sagen, dass ich jede Sekunde genossen habe.“

Ähnliche Gefühle stellten sich beim Rest der Mannschaft nach einer guten halben Stunde ein, als Wohlfahrt die Bayern zwar nicht gerade früh, aber auf jeden Fall früh genug in Führung brachte. Nur vier Minuten später erinnerte Klaus Augenthaler daran, warum man ihn einst als Stürmer nach München geholt hatte: Nach einer Flanke von Hansi Pflügler drang er mit ein paar energischen Schritten in den Strafraum ein, stieg hoch und wuchtete den Ball mit dem Kopf zum 2:0 ins Netz. Ein Tor, wie man es von ausgewiesenen Kopfballspezialisten wie Horst Hrubesch oder Dieter Hoeneß kannte. Dass der vor allem für seine Distanzschüsse gefürchtete Augenthaler auch solche Nummern in seinem Angebot führte, hatte zumindest für die Mailänder einen gewissen Neuigkeitswert. Die Bayern blieben in ihrem Vier-Minuten-Rhythmus und erhöhten durch Jürgen Wegmann sogar auf 3:0: „Damit hatte keiner von uns gerechnet, das war wirklich eine Sensation", erinnert sich Norbert Nachtweih vor allem noch an das Entsetzen auf den vollbesetzten Rängen des Giuseppe-Meazza-Stadions. „Es war so etwas von still, fast schon gespenstisch. Vielleicht war das auch gar nicht so gut für uns, denn wir fühlten uns plötzlich eine Idee zu sicher und kassierten kurz vor der Halbzeit noch einen Gegentreffer."

Aldo Serena hatte den Mailändern wieder etwas Hoffnung gemacht, trotzdem hätte auch dieses Ergebnis für den Einzug in die nächste Runde gereicht. Während Jupp Heynckes in seiner Pausenansprache die Mannschaft beschwor, das späte Gegentor einfach aus den Köpfen zu streichen und so weiter zu spielen, als führten sie 3:0, machten sich ein paar Türen weiter Uli Hoeneß und Pressesprecher Markus Hörwick auf ihre Weise um die Ergebnissicherung verdient: „Wir liefen nach dem Halbzeitpfiff sofort in die Katakomben und stellten uns vor der Schiedsrichterkabine auf, dass da bloß nichts passiert", erzählt Hörwick. „In den 80er-Jahren war es im Europapokal durchaus üblich, dass die Schiris in der Halbzeit bearbeitet wurden. Das wollten wir unbedingt vermeiden, denn in diesem Spiel war wirklich Feuer drin."

Dabei hatten die Italiener bis dahin keinen Grund gehabt, sich über die Leistung von Bruno Galler zu beschweren. Der Schweizer Unparteiische hatte eine klare Tätlichkeit von Giuseppe Bergomi übersehen, als er Roland Wohlfahrt mit dem Ellenbogen ein Veilchen verpasste, das erst in den Tagen danach zu voller Blüte kam. Und sein ebenfalls nicht gerade verdeckt angesetzter Faustschlag gegen Augenthaler in der 2. Halbzeit blieb genauso ungeahndet. Schieds- und Linienrichter griffen zwar ein, aber nicht etwa, um Bergomi vom Platz zu stellen, sondern um den Italiener von seinem aufgebrachten Gegenspieler zu trennen. Augenthaler hatte knapp zwei Jahre zuvor wegen eines vergleichsweise harmlosen Vergehens in Madrid die Rote Karte gesehen und wünschte sich in diesem Moment nichts mehr als eine konsequente Regelauslegung. Es ging jedoch auf beiden Seiten vollzählig weiter und als Galler nach großzügigen sieben Minuten Nachspielzeit die Partie endlich abpfiff, durften die Bayern ihr „Wunder von Mailand“ feiern. Zunächst allerdings mit ungebetenen Gästen: „Das war ein Spießrutenlauf für uns. Die sind uns nachgelaufen, hatten es auf eine Schlägerei abgesehen. Die waren sich so sicher gewesen, dass sie weiterkommen. Sie hatten schon eine gute Truppe, aber mit linken Typen wie Bergomi oder Ferri. Einige wollten sogar in unsere Kabine, unser Busfahrer Rudi Egerer hatte sich zum Glück vor der Tür aufgestellt und ließ niemanden durch. Da war richtig Hass drin.“ Augenthaler macht eine kurze Pause, lächelt ein wenig in sich hinein, und fährt fast schon genießerisch fort: „Aber um ehrlich zu sein, waren das die schönsten Spiele! Wenn wir den anderen zeigen konnten: Nicht mit uns!“

„Da haben wir wirklich etwas mitgemacht“, sind auch bei Norbert Nachtweih die Tumulte nach dem Abpfiff noch abrufbar: „Man hält es ja eigentlich nicht für möglich, aber die wollten sich wirklich mit uns prügeln. So etwas bleibt immer in Erinnerung. Es war wie im Jahr davor in Madrid: Wenn es gegen uns geht, wollen sie uns sterben sehen.“ Wie in Madrid wurde auch in Mailand der Bus bei der Abfahrt mit Steinen beworfen. Und als die Bayern ihre Unterkunft erreicht hatten, teilte ihnen die Hotelleitung mit, dass sie nichts mehr zu essen oder trinken bekommen würden. „Die können halt nicht verlieren", macht Nachtweih einen Haken unter dieses unerfreuliche Nachspiel.

*****

Am 24. Spieltag war es dann doch soweit: Die Bayern kassierten in der Bundesliga beim 1:2 in Mönchengladbach ihre erste Saisonniederlage: „Jetzt sind wir bis auf einen Punkt an ihnen dran", jubelte Christoph Daum, der mit seinen Kölnern beim HSV 1:0 gewonnen hatte. Wer auf die Tabelle blickte, stellte zwar schnell fest, dass der Rückstand nicht einen, sondern drei Zähler betrug, aber in der Rechnung des FC-Trainers war der Sieg gegen den Tabellenführer im noch ausstehenden direkten Duell bereits eingepreist. Die alte Lattek-Schule, Daum hatte seine Lektion gelernt. Und wie Lattek war auch Daum der Ansicht, dass der Titelkampf vor allem in den Köpfen entschieden wurde. Also lobte er nicht nur seine Mannschaft in den höchsten Tönen, sondern ließ keine Gelegenheit aus, den Gegner mit dessen angeblichen Schwächen zu konfrontieren. Und der größte von ihm ausgemachte Schwachpunkt saß bei den Bayern auf der Bank: Mit Jupp Heynckes könne man gar nicht Meister werden, er sei jemand, dem das Unglück geradezu hinterherlaufe, hatte Daum festgestellt. Der Wahrheitsgehalt dieser Aussage war dabei nicht so wichtig, Hauptsache, die Botschaft setzte sich in den Köpfen der Spieler fest – der in Köln und in München: „Wir hielten Daum für ein Schaumschläger", sagt Klaus Augenthaler. „Weil er als Spieler nichts vorzuweisen hatte. Damals war es ja überwiegend so, dass Trainer vorher in der ersten oder mindestens zweiten Liga gespielt hatten. Und bei den anderen fragte man sich, was will denn der überhaupt? Aber wir kannten auch Daums Stärken und wussten, dass er eine Mannschaft pushen kann."

Der Kölner arbeitete zu jener Zeit aber nicht nur mit halbwegs legitimen Psychotricks, bei Bedarf konnte er auch grob bis verletzend werden: „Nach dem Spiel gegen Inter Mailand ging es Heynckes besser. Da war eine Gehirnwindung mehr durchblutet als sonst“, zitierte ihn die „Welt am Sonntag“. Daum komme ihm vor wie einer, der bei einem Internisten auf dem Laufband steht, das man nicht abschalten kann, entgegnete Hoeneß. Tatsächlich haftete den ständigen Attacken des Kölner Trainers etwas Zwanghaftes an. Er wirkte wie ein Gefangener seiner Strategie der maximalen Konfrontation und Provokation, sodass es fast schon eine Frage der persönlichen Glaubwürdigkeit zu sein schien, diesen rhetorischen Feldzug gegen die Bayern bis zu einem glücklichen oder eben auch bitteren Ende durchzuziehen. Später sprach er davon, es sei ihm ein Anliegen gewesen, nicht vor der Münchner Übermacht einzuknicken. Dass sei er seinem Verein, seinen Spielern und den Fans des 1. FC Köln schuldig gewesen.

Dass die Bayern den „Cassius vom Rhein“, wie Daum auch genannt wurde, nicht so ignorierten, wie es vermutlich angemessen gewesen wäre, lag vor allem an Hoeneß. Abgesehen davon, dass der Manager ohnehin keinem Streit auswich: Für ihn richteten sich die permanenten Attacken aus Köln nicht nur gegen Heynckes, was schon schlimm genug gewesen wäre; in dieser Angelegenheit ging es vor allem gegen den FC Bayern, und damit war sein Beschützerinstinkt geweckt: „Unser Fehler war, dass wir dem Daum zu lange freien Raum gegeben haben“, kündigte er einen baldigen Strategiewechsel an. „Leute wie ihn müssen wir in Zukunft schon im Keim ersticken. Derzeit haben wir leider noch nicht die Mannschaft, die den Daum zum Clown machen könnte.“

Stattdessen machten sich die Bayern selber zum Gespött. Am 29. Spieltag, zwei Wochen vor dem Show-Down im Müngersdorfer Stadion, verloren sie bei den Stuttgarter Kickers mit 0:2. Der Neuling war von der Konkurrenz kühl bis abweisend empfangen worden. Ein weiterer Verein, der die Ränge leer spielt, befürchtete nicht nur Uli Hoeneß. Aber nur er stellte den eigenen Fans vor dem Hinspiel im Olympiastadion eine „Geld-zurück-Garantie“ in Aussicht, falls man diesen Gegner nicht mit mindestens drei Toren Differenz nach Hause

schicke. Nach einem 3:0 konnte Hoeneß sein Geld zwar behalten, das gängige Bild von den arroganten Bayern hatte sich jedoch einmal mehr bestätigt. Schon deshalb freuten sich nicht nur die Kölner mit den Stuttgarter Kickers. Sie hatten den Tabellenführer nun in Schlagdistanz, ein Sieg gegen die Bayern, und der FC würde Platz eins übernehmen. So wie es Christoph Daum seit Wochen vorhergesagt hatte.
Bevor die Frage nach der besten deutschen Fußballmannschaft auf dem Platz geklärt wurde, versicherten sich Daum und Hoeneß im „Aktuellen Sportstudio" noch einmal ihre gegenseitige Abneigung. „Der blanke Hass stand den Kontrahenten vom kommenden Donnerstag schon am vergangenen Samstag ins Gesicht geschrieben", notierte der „kicker". „Nie zuvor ist ein Spiel so angeheizt worden. Nicht von den Medien, sondern von den Trainern, insbesondere von Daum." Hoeneß warf dem Kölner Trainer Schläge unter die Gürtellinie vor und drohte mit juristischen Schritten. Daum wiederum bestätigte, dass er die Wetterkarte interessanter fand als ein Gespräch mit Heynckes, verbat sich allerdings Belehrungen darüber, wo die Gürtellinie begann und erinnerte Hoeneß an dessen Attacken gegen Willi Lemke. Auch das mit den Gehirnwindungen wollte er so nicht gesagt haben, woraufhin der bestens präparierte Hoeneß einen Brief des zitierenden Journalisten vorlas, der die Wortwahl bestätigte und auch zu einer eidesstattlichen Erklärung bereit war.
Bei solchen Geschützen mussten sich Udo Lattek und Jupp Heynckes mit Nebenrollen begnügen, ohne dass ihre vergleichsweise moderaten Beiträge deswegen langweilig gewesen wären: „Meine Mannschaft lässt sich überhaupt nicht von Christoph Daum beeindrucken, im Gegenteil. Wir sind so heiß, dass wir am Donnerstag einen FC Bayern sehen werden wie nie zuvor", wagte sich Heynckes aus der Deckung. Daum empfahl den angeblich heißen Bayern, sich warm anzuziehen, er und seine Mannschaft würden alles unternehmen, um das Spiel zu gewinnen. Heynckes versprach, man werde auch Pelzmäntel einpacken. Anschließend lobte sich Daum noch dafür, den Fußball und die Meisterschaft wieder interessant gemacht zu haben, ehe Hoeneß und

Lattek um 10.000 Mark wetteten, wer denn nun deutscher Meister werde. Beide versprachen in vorbildlich deeskalierender Absicht, das Geld für einen guten Zweck zu spenden. Wer sich, wie der Moderator Bernd Heller, davon beeindrucken ließ und von einem versöhnlichen Ende dieser Redeschlacht sprach, musste schon über ein sehr ausgeprägtes Harmoniebedürfnis verfügen.

*****

Ihre letzte Niederlage hatten die Kölner im Hinspiel einstecken müssen, eine beherzte Treterei, die die Bayern 2:0 für sich entschieden: „Nichts gegen gesunde Härte“, beschwerte sich Hansi Dorfner hinterher über Jürgen Kohler, „aber der spielt ja nur unfair und mit vorsätzlichen Fouls.“ Kölns Andreas Gielchen hatte sich nach einem Foul von Hansi Pflügler eine Fleischwunde am Oberschenkel zugezogen, die noch in der Kabine genäht werden musste, und Olaf Thon gab eine angebliche Drohung Pierre Littbarskis zum Besten, man würde ihm im Rückspiel die Knochen eintreten.

Auch ohne den Auftritt von Daum und Hoeneß im Sportstudio wäre also reichlich Feuer unterm Dach gewesen, jetzt drohte die Lage auch abseits des Rasens außer Kontrolle zu geraten: „Das saloppe Geschwätz der Trainer und Manager führt zur Emotionalisierung der Fans. Dieses Aufpeitschen ist eine Schweinerei. Das müssen wir ausbaden“, befürchtete der Einsatzleiter der Kölner Polizei. Doch abgesehen von ein paar Eierwürfen auf den Bus der Gäste hatten sich am Abend im Müngersdorfer Stadion alle Beteiligten gut im Griff.

Die Bayern gewannen 3:1 und feierten ihren dreifachen Torschützen Roland Wohlfahrt, der zuvor sechs Wochen lang nicht getroffen hatte. Uli Hoeneß wollte nicht schadenfroh sein, stellte aber mit tiefer Genugtuung fest, es habe sich gezeigt, dass der FC Bayern die mit großem Abstand beste Mannschaft in Deutschland sei und Jupp Heynckes bedankte sich bei Christoph Daum für die zusätzliche Motivation seiner Spieler. Die Meisterschaft war drei Spieltage vor Saisonende praktisch entschieden: „Für mich eine der schönsten", sagt Ludwig Kögl noch heute und nennt auch gleich den Grund: „Wegen Daum! Je näher das Spiel rückte, desto mehr versuchte er, Heynckes und damit uns zu verunsichern. Aber wir sagten uns nur, dem zeigen wir es jetzt. Die ganze Mannschaft spielte für den Trainer und ich bin mir sicher, seine Karriere hätte einen anderen Verlauf genommen, wenn wir damals nicht Meister geworden wären. Im ersten Jahr hatte er mit uns nichts gewonnen, im zweiten schieden wir früh im DFB-Pokal aus, im UEFA-Cup kamen wir zwar bis ins Halbfinale, aber da war gegen Neapel Endstation. Also musste die Meisterschaft her. Der Druck war wahnsinnig groß, für die Mannschaft, aber vor allem für Jupp Heynckes."

„Daum hat damals das Gegenteil von dem erreicht, was er eigentlich wollte", ist sich auch Olaf Thon sicher. „Ich fand zwar, dass sich Heynckes ihm gegenüber zu defensiv verhalten hatte, sich etwas mehr hätte

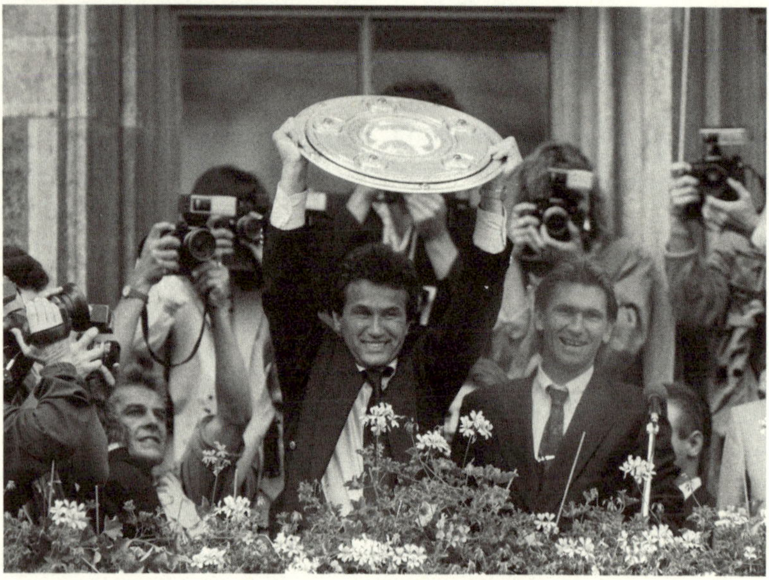

Erster Titel mit den Bayern. Jupp Heynckes präsentiert die Schale. (Foto: IMAGO/Sven Simon)

wehren können, aber seine Autorität stand bei uns nie in Frage. Wir sind für ihn durchs Feuer gegangen und wollten für ihn gewinnen."

„Dass wir den Titel holten, hat mich vor allem für ihn gefreut", betont schließlich Norbert Nachtweih. „Für mich war Heynckes ein sehr fairer Sportsmann, gar keine Frage. Am Anfang hatte die Presse versucht, uns gegeneinander auszuspielen, obwohl wir gar keine Probleme mit ihm hatten. Als wir in seinem ersten Jahr die Meisterschaft verpassten, tat mir das richtig leid für ihn."

Er würde immer wieder so handeln, versicherte Christoph Daum nach dem Spiel, gab aber auch zu, mit seinem Auftritt im „Sportstudio" keine Glanzpunkte gesetzt zu haben. Auch war er Sportsmann genug, den Bayern zur verdienten Meisterschaft zu gratulieren. Daum hatte sich in der Form vergaloppiert, dass er in der Sache so falsch nicht lag, war offensichtlich. Die Bundesliga hatte gegen Ende der 80er-Jahre viel von ihrer einstigen Popularität eingebüßt, das Interesse spürbar nachgelassen – auch in München. Als die Bayern am folgenden Spieltag durch ein 5:0 gegen Uerdingen auch die letzten rechnerischen Zweifel am Titelgewinn beseitigten, verloren sich gerade einmal 18.000 Zuschauer im Olympiastadion. Woanders sah es noch sehr viel trister aus: 4.000 in Hannover, 6.000 in Gladbach, 8.000 beim HSV – den 32. Spieltag verfolgten nur 110.000 Fans in den Stadien. Mit insgesamt 5,3 Millionen Zuschauern bilanzierte die Liga die zweitniedrigste Besucherzahl seit ihrem Bestehen. Weniger kamen nur in der Saison 72/73 als Folge des Bestechungsskandals. Gründe für den seit Jahren anhaltenden Rückgang fanden sich laut Experten reichlich: Die fehlende spielerische Klasse, die Abwanderung vieler Nationalspieler vor allem nach Italien, marode Stadien, randalierende Fans oder schlechte Vermarktung. Manchen lief zu viel Fußball im Fernsehen, anderen zu wenig. Hinzu kam, dass ab Mitte der 80er-Jahre die Aufmerksamkeit zum Tennis wanderte: Boris Becker und etwas später Steffi Graf verströmten die Frische und Unbekümmertheit, die dem Fußball in dieser Zeit abging. Eine Reformkommission sollte der Liga zu neuem Glanz verhelfen. Ihr dringlichster Vorschlag, beide

Profiligen auf je 16 Mannschaften zu reduzieren, um die Qualität der Spiele zu heben, landete wie andere auch jedoch schnell wieder im Papierkorb. Dort waren sie gut aufgehoben, denn die Bundesliga kam schneller als erwartet wieder auf die Beine. Und das hatte vor allem mit dem Erfolg der Nationalmannschaft ein Jahr später zu tun. Aber wer konnte das im Sommer 1989 schon ahnen?

*****

So erfreulich die Saison für Klaus Augenthaler beim FC Bayern verlief, über seiner Karriere in der DFB-Auswahl hing, wie er selbst langsam resignierend feststellte, ein Fluch. Nach der Weltmeisterschaft in Mexiko schien seine Zeit in der Nationalmannschaft abgelaufen zu sein, doch seine konstant starken Leistungen in der zurückliegenden Spielzeit beeindruckten auch Franz Beckenbauer. Er traue ihm zu, die Mannschaft zur WM nach Italien zu führen, sagte der Teamchef. Aber mal wieder kam eine Verletzung dazwischen: Augenthaler fiel im April für das auch atmosphärisch wichtige Qualifikationsspiel gegen Holland ebenso aus wie anschließend gegen Wales. Erst im August feierte er in einem Freundschaftsspiel gegen Irland nach drei Jahren sein Comeback in der Nationalelf. Mittlerweile 32 Jahre alt, war Augenthaler mit seinem Verein sechsmal Deutscher Meister geworden, hatte dreimal den DFB-Pokal gewonnen und sich in unzähligen Europapokalspielen bewährt. Weit weniger eindrucksvoll las sich seine Länderspielbilanz: 15 Einsätze waren für einen Mann seines Alters und seiner Klasse viel zu wenig: „Er bewies, dass er einmal der Kopf dieser Mannschaft werden kann“, hob der „kicker“ nach dem Spiel gegen die Iren hervor und bestätigte damit Franz Beckenbauer. Bis er es auch wirklich wurde, hatte Augenthaler aber noch ein paar schmerzensreiche Momente zu überstehen. Nichts Neues für ihn.

11

„Was haben wir da nur geschafft?“ 1989–1990

Glückliches Ende einer komplizierten Beziehung: Augenthaler wird Weltmeister / Vor dem „Italienischen Sommer“ muss der Physiotherapeut aber noch Sonderschichten einlegen / Deal mit dem Dopingkontrolleur / Und der Teamchef schießt die Eisboxen durch die Gegend

Klaus Augenthaler saß da und wartete. Aber es kam nichts, abgesehen von ein paar kümmerlichen Tropfen. Viel zu wenig, um diese alberne Prozedur endlich zu beenden. Damit könne er nichts anfangen, schüttelte der Offizielle der FIFA den Kopf, und reichte ihm den Becher zurück. Ein bisschen mehr müsse es schon sein. Die Arme unter laufendes Wasser halten, hatte er ihm noch geraten, das helfe eigentlich immer. Eigentlich mochte ja stimmen. Aber nicht immer. Nicht bei Augenthaler. Der wollte auf ein bewährtes Hausmittel zurückgreifen, fragte nach einem Bier, gerne ein Weizen. Das würde seinen Harndrang bestimmt stimulieren, war er überzeugt, und verdient hatte er es sich auch. Schließlich war er jetzt Weltmeister! Er hatte den Pokal gar nicht mehr aus den Händen geben wollen, als er bei der Siegerehrung endlich an der Reihe gewesen war. Neben ihm stand Thomas Häßler und drängelte, aber Augenthaler ließ ihn ein bisschen warten, versuchte, diesen Augenblick ganz in sich aufzunehmen, ihn am liebsten für immer zu behalten, auch wenn er wusste, dass das nicht möglich war. Das war's dann also, dachte er in diesem Moment versonnen, der Schlusspunkt in der Nationalmannschaft. Und jetzt? Jetzt dachte er daran, diesen blödsinnigen Becher zu füllen. Wie schnell einen der Alltag mit seinen lästigen Pflichten doch wieder einholen konnte. Auch wenn er wusste, dass sich sein Leben nach dem Finale nicht sonderlich von dem davor unterscheiden würde – ein bisschen mehr Glamour hätte es schon sein können. Oder wenigstens ein offenes Ohr für seine Getränkewünsche. Aber es gab kein Bier. Nur Wasser.

Vor zwei Stunden kreisten noch die Champagnerflaschen in der Kabine, fast jeder hatte eine in der Hand gehalten, einige sogar daraus getrunken. Die meisten schütteten sich den Inhalt aber über die Köpfe oder spritzten ihn wild um sich. Die Stimmung schwankte zwischen ausgelassen und albern, sie hatten sich wirklich wie die Kinder gefreut, gesungen, getanzt, geklatscht, gebrüllt. Pierre Littbarski stand in Klamotten unter der Dusche und seifte sich ein, der nackte Lothar Matthäus erlebte einen kurzen Rückfall in seine phallische Phase. Breitbeinig hielt er sich die knapp 37 Zentimeter große WM-Statue mit der prallen Weltkugel vor üblicherweise verdeckte Körperregionen, damit auch jeder sehen konnte, wer hier gerade den Größten hatte. Aber wen interessierten schon Stilfragen? Jetzt war der Moment, um die Sau mal so richtig herauszulassen. Und als Mannschaftskapitän wollte sich Matthäus nicht zweimal bitten lassen. Er ging vorbildlich voran, wie bei vielen Spielen dieser Weltmeisterschaft.

Klaus Augenthaler ließ es etwas ruhiger angehen. Auch nach dem größten Triumph seiner Karriere trug er seine Freude nicht so nach außen wie die meisten seiner Mitspieler, was nicht hieß, dass er weniger glücklich war, aber für überschwängliche Jubelposen hatte er noch nie viel übrig gehabt. Er genoss den Trubel in der Kabine, auch ohne sich großartig daran zu beteiligen, fühlte eine tiefe Zufriedenheit und hätte noch stundenlang auf dieser Bank hocken können, als plötzlich drei Herren in der Tür standen. Den einen kannte er, das war der Bundeskanzler. Helmut Kohl war zum Gratulieren gekommen, ließ sich gleich den Champagner in einen Plastikbecher gießen. Die beiden anderen Herren waren von der FIFA und nannten die Namen der beiden Spieler, die zur Dopingprobe ausgelost worden waren und ihnen folgen sollten: Raimond Aumann und Klaus Augenthaler. Schon wieder ich, hatte sich der Libero der DFB-Auswahl geärgert. Auch in der Vorrunde nach dem Spiel gegen die Vereinigten Arabischen Emirate war das Los auf ihn gefallen, mit dem Unterschied, dass damals alles reibungslos klappte. Ein paar Minuten später war er wieder bei der Mannschaft gewesen.

Es tat sich weiter nichts. Augenthaler kippte einen Becher Wasser nach dem anderen in sich hinein, ohne dass die Getränkezufuhr die geringste Wirkung zeigte. Nicht einmal rauchen durfte er. Raimond Aumann war längst wieder zurück in der Kabine, aber der hatte ja auch nicht gespielt und dabei drei oder vier Liter Flüssigkeit verloren. Die beiden Argentinier hatten ihre Becher inzwischen ebenfalls abgegeben, nur er saß noch da, umgeben von allerlei wichtigen Personen. Dass ihn die Doping-Kontrolleure bei seinen verzweifelten Bemühungen auch noch beobachteten, machte alles nur komplizierter. Er stand auf, hielt seine Arme erneut unter laufendes, lauwarmes Wasser, setzte sich wieder hin, stand wieder auf, ging ein paar Meter hin und her, füllte den nächsten Becher, trank ihn in einem Zug aus, setzte sich erneut auf seinen Stuhl und versuchte zur Abwechslung mal, an gar nichts zu denken. Aber auch das half nicht weiter. Augenthaler verlor langsam die Hoffnung, dass sich an diesem Zustand in allernächster Zeit etwas änderte. Sich duschen, umziehen und fertig machen für eine rauschende Nacht – mehr wollte er doch gar nicht. Stattdessen hockte er in den Katakomben des „Stadio Olimpico“ und wartete auf den erlösenden Strahl.

Vor zwei Monaten hätte er die Brocken am liebsten hingeworfen. Die Hüfte, das Knie, die Achillessehne: Gründe, um das Turnier abzusagen, gab es viele. Dass er überhaupt wieder den Weg zurück in die DFB-Auswahl fand, grenzte schon an ein mittleres Wunder. Nur die wenigsten hatten es ihm zugetraut. Nicht einmal der Teamchef setzte noch auf ihn: Augenthaler habe keine Perspektive mehr, hatte Beckenbauer ihn nach der Europameisterschaft praktisch abgeschrieben, um ihn dann doch wieder zu berufen. So sehr er sich über die Nominierung und auf Italien gefreut hatte, in Gedanken war er wenige Wochen vor Turnierbeginn schon einen Schritt weiter und beschäftigte sich mit der Zeit danach, mit dem Start in die neue

Bundesligasaison. Würde es ihm noch einmal gelingen, seinen Platz gegen die junge Konkurrenz im eigenen Team zu behaupten? Dass er nach einem so großen Turnier in ein Loch fallen würde, war ihm klar und er fand das auch nicht weiter schlimm. Anderen erging es ähnlich. Die Frage war nur, wie lange es diesmal dauerte, um aus diesem Loch herauszufinden? Was nicht nur hieß, körperlich wieder halbwegs in Schwung zu kommen, sondern auch mit der nötigen Freude, Hingabe und Überzeugung auf den Platz zu gehen, um eine Mannschaft zu führen. So wie es immer von ihm erwartet wurde und wie er es auch von sich selbst erwartete. Der FC Bayern stand für ihn an erster Stelle, noch vor der Nationalmannschaft. Augenthaler gruselte es bei der Vorstellung, nach fast 15 Jahren bei diesem Verein, bei seinem Verein, als Ersatzspieler zu enden. Wäre es da nicht besser, auf die Weltmeisterschaft zu verzichten, sich zu erholen, um nach der Sommerpause noch einmal mit frischen Kräften anzugreifen? Vielleicht ein letztes Mal? Aber dann meldete sich sein alter Freund Klaus Eder, der Physiotherapeut der Nationalmannschaft. Dich kriegen wir schon wieder hin, hatte er mit seinem ansteckenden Optimismus versichert, bis Augenthaler eigentlich gar keine Wahl mehr blieb. Auch wenn er wusste, dass ihm wie schon so oft in seiner Karriere schmerzhafte Behandlungen bevorstanden – die Versuchung oder der Ehrgeiz waren einfach zu groß, er wollte es noch einmal wissen. Und hieß es nicht immer, Schmerzen würden vergehen, der Stolz über das Erreichte aber bleiben?

Diesen Becher musste er allerdings ohne fremde Hilfe füllen, da half ihm kein Physiotherapeut, kein Masseur, kein Mannschaftsarzt. Da half nur der Kontrolleur von der FIFA, der auch langsam mal Feierabend machen wollte: „Darf ich Ihr Trikot haben?“, fragte er plötzlich mit leiser Stimme und fast schon verschwörerischem Blick, den Augenthaler kaum missverstehen konnte: „Aber nur, wenn ich dann fertig bin“, nannte er seine Bedingungen und fragte sich, warum er nicht selber auf diesen Deal gekommen war. Er zog sein Trikot aus und machte sich in kurzer Hose und Badelatschen auf den Weg zurück in die ziemlich verwüstete, aber mittlerweile menschenleere Kabine. Die Feier konnte jetzt auch für ihn beginnen.

*****

Wegen der bevorstehenden Weltmeisterschaft in Italien war Klaus Augenthalers Terminkalender noch praller gefüllt also sonst. In den gut vier Monaten zwischen Saisonstart und dem Beginn der Winterpause lagen nicht weniger als 30 Begegnungen: Bundesliga, DFB-Pokal, Europapokal, Länderspiele – die ganze Palette, Pausen waren so gut wie keine vorgesehen. Ein auch für jüngere Kollegen anspruchsvolles Pensum, für Profis in seinem Alter und mit entsprechender Verletzungshistorie fast schon mörderisch. Von sich aus freiwillig auf die eine oder andere, vermeintlich weniger bedeutsame Partie zu verzichten, kam jedoch nicht in Frage: Immer zu spielen, wenn es irgend geht – mit dieser Forderung an sich selbst hatte Augenthaler vor fünf Jahren sein Kapitänsamt angetreten, und sie galt nach wie vor: „Ich identifiziere mich voll und ganz mit meinem Verein. Das muss man, um Leistung bringen zu können", sagte er während dieser Zeit in einem Interview mit dem „kicker" auf die Frage, woher er die Energie für sein Spiel nehme. Augenthaler fuhr fort: „Das Wappen, das man auf der Brust trägt, darf einem nicht egal sein. Ich glaube, das haben die Leute gemerkt. Früher galt ich als Klopper, als Buhmann hoch drei. Heute bin ich zwar immer noch eine Reizfigur, aber wegen meiner Leistung."

Anders als noch zu Udo Latteks Zeiten, als der Kader des FC Bayern kleiner und er nahezu unverzichtbar war, fühlte er sich aber nicht nur der Mannschaft und dem Verein gegenüber verpflichtet. Er dachte ebenso an sich, an seinen Platz in diesem auch qualitativ immer größer werdenden Ensemble. Wie schnell man draußen sein konnte, hatte er inzwischen erfahren, und deutlich jüngere Spieler wie Stefan Reuter mussten nicht einmal öffentlich formulieren, dass sie scharf auf seinen Posten waren. Augenthaler wusste es auch so und nahm es ihnen nicht einmal übel. So war das Geschäft. Hätte er sich anders verhalten? Die aufmüpfige Konkurrenz, davon war er überzeugt, hielt man nur durch Leistung auf Distanz und nicht durch Ruhepausen auf der Bank, mochte der Körper auch etwas anderes fordern.

Die Saison fing auch ganz vielversprechend an, für ihn und den FC Bayern. Am ersten Spieltag jubelten die Fans über die Neuzugänge Alan McInally und Radmilo Mihajlovic, die für die Tore beim 3:2 gegen den 1. FC Nürnberg zuständig waren. Das neue Sturmduo „Mic&Mac" war geboren, auf der Tribüne lobte Franz Beckenbauer den von Dinamo Zagreb geholten Bosnier gar als „Weltklassemann". In der Folgezeit zeigte Mihajlovic sein Können allerdings nur noch in so großen Abständen, dass es irgendwann ganz in Vergessenheit geriet und er nach 18 Monaten wieder verkauft wurde. Zur allgemeinen Überraschung fand sich mit Schalke 04 ein Abnehmer, der von seinem Potenzial überzeugt war und auch wusste, dass Qualität ihren Preis hat: Die drei Millionen Mark Ablöse, die der damalige Zweitligist nach München überwies, lösten nicht nur bei den Bayern Heiterkeit aus, dort allerdings ganz besonders. Der Schotte Alan McInally hielt sich etwas länger, ohne aber den manchmal etwas phlegmatisch wirkenden Roland Wohlfarth verdrängen zu können. Im Gegenteil: Wohlfarth zeigte sich von der neuen Konkurrenz unbeeindruckt, und nachdem sich die erste Aufregung um „Mic&Mac" wieder gelegt hatte, traf er zuverlässig wie eh und je.

Augenthaler setzte seinen ersten Glanzpunkt der Saison in dem bereits eingangs gewürdigten Pokalspiel in Frankfurt. Sein „Tor des Jahrzehnts" aus rund 50 Metern versetzte Uli Hoeneß derart in Jubelstimmung, dass er nach dem Schlusspfiff ankündigte, nun werden in ein paar Tagen die Kölner abgefieselt. „Das hat er bestimmt nicht so gemeint", wollte sich Christoph Daum nicht schon am Anfang der Saison aus der Reserve locken lassen. Die Bayern nahmen ihren Manager jedoch beim Wort und zerlegten den Rivalen aus dem Rheinland mit 5:1. Solche Vorstellungen blieben die Ausnahme, der Titelverteidiger fand sich zwar sofort und wenig überraschend in der Spitzengruppe der Liga ein, ohne aber mit seinen Auftritten die Konkurrenz einzuschüchtern: „Bayern hat keine Stars mehr", ließ sich Udo Lattek die Gelegenheit nicht entgehen, seinem früheren Verein einen mitzugeben. „Wenn die in Zivilkleidung auf die Straße gehen, würden die Leute doch nur Klaus Augenthaler erkennen." Der Libero mochte zwar über den höchsten Bekanntheitsgrad innerhalb der Mannschaft verfügen, seiner ausgezeichneten Form aus der Vorsaison lief er aber noch hinterher. Wenn von laufen überhaupt die Rede sein konnte. Eher schleppte sich Augenthaler mit Knieproblemen von Spiel zu Spiel. Ihm wurden „solide Leistungen" bescheinigt, was unter den gegebenen Bedingungen schon eine ganze Menge war.

Je länger die Hinrunde dauerte, desto schmuckloser wurden die Vorstellungen des Meisters, und nach einem 1:1 gegen einen weiteren alten Rivalen, den SV Werder, hieß es: „Die Bayern waren platt!" Es sei allerhöchste Zeit, Selbstkritik zu üben, kehrte Uli Hoeneß nach dem glücklichen Unentschieden vor der eigenen Haustür. Ein paar Tage später folgte beim 0:3 in Stuttgart das „Aus" im DFB-Pokal. Niemand habe mehr Angst vor uns, stellte Klaus Augenthaler fest, und Jupp Heynckes litt nicht nur am Spiel seiner Mannschaft: „Statt Angst schlägt uns jetzt der blanke Hass entgegen. So schlimm wie in dieser Saison war es noch nie. Auch in Stuttgart wurden wir wieder mit Bier übergossen. Auf Dauer macht das Fußball-Geschäft keinen Spaß. Ewig mache ich das nicht mit." Heynckes bezog sich auf die Ereignisse am Hamburger Millerntor, dort hatten die Bayern ähnliche Erfahrungen gemacht. Kurz vor dem Spiel war der Verkauf des Stadionmagazins gerichtlich verboten worden, von „Klassenkampf" war darin die Rede, Uli Hoeneß empörte sich, sprach von einer Hetzkampagne gegen ihn und den Verein. Am Spieltag reagierten die St. Pauli-Fans auf ihre Weise und empfingen die Gäste mit einer ausgiebigen Bierdusche.

Für Klaus Augenthaler ging das Fußballjahr 1989 vorzeitig zu Ende. Beim 2:1 gegen Wales, mit dem sich Deutschland für die Weltmeisterschaft qualifizierte, musste er zur Halbzeit wegen einer Kapselverletzung im Knie ausgewechselt werden, die Schmerzen konnte selbst er nicht mehr ignorieren: „Der Bayern-Libero wirkte bis dahin etwas langsam und unsicher, von ihm kamen kaum Impulse nach vorn“, urteilte der „kicker“. So hatte das alles keinen Sinn mehr. Augenthaler begab sich in Behandlung, legte die dringend benötigte Pause ein, seine Bayern fanden auch ohne ihren Kapitän den Weg zurück an die Spitze und gingen als Tabellenführer in die Winterpause.

*****

„Ich kann mich noch an den Abend erinnern, als seine Frau bei mir anrief und sagte, du musst dir unbedingt den Klaus anschauen, der will nicht zur WM, weil ihm die Hüfte so weh tut“, beginnt Klaus Eder seine Geschichte über Augenthalers rechtzeitige Genesung zur Weltmeisterschaft in Italien. Wir sitzen in einem Büro seiner Klinik für Rehabilitation und Physiotherapie in Donaustauf, an der Wand hängen jede Menge Fotos von Prominenten, die sich seinen heilenden Händen anvertrauten: Usain Bolt, Boris Becker oder Franz Beckenbauer, der ihn 1988 auch zur Nationalmannschaft holte, nachdem Eder zuvor schon bei diversen Olympischen Spielen im Einsatz war, vor allem für die Fechter. Aber nicht nur Sportler zeigen auf den signierten Fotos ihre Dankbarkeit. Bono von U2 ist unter ihnen oder Larry Mullan, der Schlagzeuger der irischen Band: „Bei ihm musste ich an das Bindegewebe gehen, an die Faszien. Normalerweise versuche ich, unterhalb der Schmerzgrenze zu arbeiten, aber dort kann es schon mal weh tun. Irgendwann wurde es Larry zu viel und er fauchte mich an: ‚Klaus, you fucking Hitler!‘ Ich wusste das einzuordnen.“

Von Augenthaler waren Vergleiche in dieser Größenordnung nicht zu erwarten, er war für Eder auch nicht irgendein Patient. Beide verband damals schon eine längere Freundschaft, die ihre Familien einbezog: „Zwischen uns stimmte einfach die Chemie. Es fing schon damit an, dass wir beide große Eishockeyfans waren. Dass wir gerne Marlboro rauchten und Weißbier tranken, war eine weitere Gemeinsamkeit. Alles in Maßen, versteht sich. Abgesehen von diesen kleinen Sünden war ‚Auges' Einstellung zum Sport vorbildlich. Wir passten einfach gut zusammen und deshalb war es für mich eine Selbstverständlichkeit, Augenthaler vor und während der WM zu behandeln, wann immer es möglich war. Also auch nachts um halb eins oder halb zwei."

Nach dem Telefonat mit Monika Augenthaler setzte sich Eder sofort in seinen Wagen, fuhr die rund 200 Kilometer von Donaustauf nach Vaterstetten und ließ sich dort von ihrem Mann noch einmal detailliert schildern, wo es überall schmerzte. Dem sehr umfangreichen Bericht entnahm Eder nicht viel Neues oder Überraschendes, er war mit den körperlichen Defiziten seines Freundes spätestens nach dessen Operation an der Bandscheibe zwei Jahre zuvor recht gut vertraut. Damals hatte er ihn häufiger zur Behandlung an der Säbener Straße aufgesucht. Er bat Augenthaler, sich auf den Holztisch zu legen, an dem sie bis dahin gesessen hatten, und begann mit seiner Untersuchung: „Als ich fertig war, erläuterte ich ihm, welche Stellen defizitär waren, ohne irgendetwas zu beschönigen oder kleinzureden. Aber selbst wenn ich das gewollt hätte: Dem Klaus konnte ich gar nichts vormachen! Der kannte seinen Körper, wusste, wie es um ihn stand, und wusste auch, was er wollte. Nachdem die Probleme benannt waren, machte ich Lösungsvorschläge und sagte ihm, dass ich schon Möglichkeiten sehe, ihn wieder hinzubekommen. Er hörte sich alles an und entschied, es auf jeden Fall zu probieren. Auf mich wirkte er nicht wie jemand, der am Boden zerstört war, aber er ging in diesen Tagen und Wochen auch nicht mit einem Lächeln durch die Welt. Kein Wunder, wenn einem der ganze Körper weh tut."

*****

Nach einer kurzen Weihnachtspause flogen die Bayern in die USA und von dort weiter nach Japan. Die finanziellen Verlockungen gaben den Ausschlag für diese Reise, allein der Abstecher nach Tokio brachte 250.000 Dollar, damals eine Summe, für die auch ein Verein wie Bayern München seinen Angestellten einige Strapazen zumutete. Bei einem Angebot in dieser Größenordnung würde er die Mannschaft jederzeit wieder ins Flugzeug setzen, wehrte Uli Hoeneß jede Kritik ab. Dieses Argument leuchtete den Spielern ein, als Vorbereitung auf den Rest der Rückrunde hielten viele den Trip für fragwürdig: „Tokio war eine einzige Katastrophe", beschwerte sich Hansi Dorfner. „Vier Tage im Hotel und ein Trainingsplatz, auf dem nur der Strafraum vom Schnee geräumt war. Aber lieber Tokio als fünf Hallenturniere", gab der Mittelfeldspieler zu, dass auch die Alternativen nicht sonderlich attraktiv klangen. Über Klaus Augenthaler, der ebenfalls mit an Bord war, ließ sein Trainer die Öffentlichkeit wissen, er habe beschwerdefrei trainiert, brauche aber noch zwei oder drei Wochen, um wieder ganz der alte zu sein. Um den Prozess zu beschleunigen, legte er nach der Rückkehr ein paar Sonderschichten ein und absolvierte mit dem Co-Trainer Egon Coordes die gefürchteten Laufeinheiten im Perlacher Forst. Im Training zog Augenthaler sich dann noch eine leichte Oberschenkelzerrung zu, stand aber trotzdem beim 1:1 in Köln auf dem Platz. Es war das erste Spiel nach der Winterpause.

Die Frage, ob er tatsächlich schon wieder im Vollbesitz seiner Kräfte war, wurde vier Tage später, am 28. Februar, in Montpellier eindrucksvoll beantwortet. Er war es nicht! Die DFB-Auswahl hatte gegen Frankreich 1:2 verloren und der „kicker" erklärte ihn daraufhin zum „großen Verlierer" dieses ersten Tests im Jahr der Weltmeisterschaft. Weder habe er es geschafft, seine Abwehr zu organisieren, noch irgendwelche Impulse für die Offensive zu geben, lautete das wenig schmeichelhafte Fazit. Außerdem seien ihm viele leichte Ballverluste unterlaufen. „Das Spiel gegen Frankreich kam zu früh für mich", meinte auch Augenthaler ein paar Wochen später, als die Diskussionen, ob er als Libero zur Weltmeisterschaft fahren sollte, wieder an Fahrt aufgenommen hatten. Die Bundesligatrainer stellten sich in einer Umfrage noch mehrheitlich hinter ihn, verbunden mit der Einschränkung, „nur wenn er auch wirklich fit ist". Aber für wen galt dieser Zusatz nicht? „Jetzt darf ihm nichts mehr passieren, jetzt muss er die Bundesligasaison ohne Unterbrechung durchspielen", forderte der Teamchef, zeigte sich aber optimistisch, dass Augenthaler sich die nötige Praxis schon holen werde. Beckenbauer setzte dabei vor allem auf die bevorstehenden Europapokalspiele im Halbfinale gegen den AC Mailand. In denen fand Augenthaler tatsächlich zu gewohnter Form, selbst wenn die Bayern am italienischen Meister knapp scheiterten.

In der Bundesliga waren sie der Konkurrenz längst enteilt. Drei Tage nach dem Rückspiel gegen Milan reichte ein 0:0 bei Fortuna Düsseldorf, um Raimond Aumann die Aussage zu entlocken, dass die Meisterschaft gelaufen sei. Vier Spieltage vor Abschluss hatte der Titelverteidiger fünf Zähler Vorsprung und die klar bessere Tordifferenz gegenüber dem punktgleichen Trio Eintracht Frankfurt, Bayer Leverkusen und dem 1. FC Köln. Wer wollte Aumann da noch widersprechen? Auf das große Saisonfinale mussten die Fans diesmal verzichten. Klaus Augenthaler hatte ganz andere Sorgen: In Düsseldorf wurde er nach einer Stunde wegen eines Muskelfaserrisses ausgewechselt, für das am Mittwoch darauf folgende Länderspiel gegen Uruguay musste er wie schon so häufig absagen. Es war ihm also doch noch etwas passiert, die Frage war, wie Franz Beckenbauer darauf reagieren würde. Vom „Dauerthema Augenthaler" war in den Medien bereits die Rede, der Teamchef hatte aber noch nicht vor, ohne den Bayern-Profi zu planen: „Vielleicht spielen wir gegen Uruguay mit Libero, vielleicht ohne" – mehr ließ er sich zu dieser langsam heikel werdenden Personalie nicht entlocken. Augenthaler selbst versuchte, der erneuten Verletzung auch etwas Positives abzugewinnen: „Ich kann jetzt endlich meine ganzen Wehwehchen auskurieren, damit ich in Italien auch wirklich fit bin. Denn nach dieser WM ist für mich international Schluss."

*****

Nun begann der Wettlauf mit der Zeit: nach drei Spielen Pause in der Bundesliga gehörte Klaus Augenthaler zum Saisonfinale gegen Borussia Dortmund zwar wieder zur Startelf, ob es auch für Italien reichen würde, wollte er nicht garantieren. Er gehe davon aus, rechtzeitig fit zu werden, blieb „Auge“ zurückhaltend und kündigte an, sich nun medizinisch, spielerisch und konditionell gezielt auf das Turnier vorzubereiten. Zweieinhalb Wochen blieben ihm und Klaus Eder noch, um die erhoffte WM-Tauglichkeit zu erreichen: eine Woche zu Hause, anschließend das zehntätige Trainingslager der DFB-Auswahl in den Sportschulen Malente und Kaiserau. Spätestens dann musste eine Entscheidung gefallen sein. Eder rief Franz Beckenbauer an, schilderte dem Teamchef seinen Behandlungsplan und sagte ihm auch, dass er ganz optimistisch sei: „Es könnte klappen.“ Falls nicht, hatte Beckenbauer mit Paul Steiner schon einen Plan B in der Tasche. Obwohl noch ohne Länderspiel, hielt er den Kölner für am ehesten geeignet, als Libero einzuspringen: „Ich kenne meine Rolle genau“, kündigte Steiner an, sich auch mit der Reservistenrolle anzufreunden, sollte Augenthaler rechtzeitig fit werden.

„Wir legten den Fokus nicht nur auf die verletzte Hüfte, sondern den gesamten Körper“, schildert Klaus Eder die nun folgenden Behandlungen. Mal besuchte er Augenthaler in Vaterstetten, mal fuhr der Bayern-Libero zu ihm nach Donaustauf. „Wir nahmen uns täglich einen anderen Bereich vor. Vom Kopf über die Wirbelsäule zur Hüfte bis hinunter zum kleinen Zeh. Als Spieler musst du für eine solche Behandlung auch bereit sein und dem Physiotherapeuten vertrauen: Wenn er mich hier oder da anfasst, geht es mir anschließend besser.“

„Er musste mich an bestimmten Stellen, vor allem an der Achillessehne, nur berühren, da bin schon hochgegangen“, weiß Augenthaler noch, dass sein Vertrauen gelegentlich auf die Probe gestellt wurde. Die Gefahr, es zu verlieren, bestand aber nicht. „Es war schmerzhaft, aber nicht so brutal, wie ich befürchtet hatte. Vielleicht auch, weil ich dieses große Ziel vor Augen hatte. Ich wollte die WM nicht verpassen. Und wenn es einmal so richtig weh tat, dass ich aufjaulte, beruhigte er mich gleich: ‚Keine Angst, wir kriegen das schon hin.‘“

„Was ihm in dieser Zeit am meisten geholfen hat, war seine mentale Stärke“, ist Klaus Eder überzeugt. „Dieser Wille, sich nicht unterkriegen zu lassen. Der war durch nichts zu ersetzen. So wie sich ‚Auge‘

beim FC Bayern durchgesetzt hat, so war er auch zu sich selber. Er ist nicht jedes Risiko eingegangen, aber manche Schmerzen hat er einfach weggesteckt, sie ignoriert. Und auf dem Platz ist er ja ohnehin keinem Zweikampf aus dem Weg gegangen."

In Malente legte Eder Sonderschichten ein. Zusammen mit den beiden anderen Masseuren Adi Katzenmaier und Hans Montag teilten sie die Spieler unter sich auf, Augenthaler stand selbstredend auf Eders Liste, seine Gesundheit hatte Priorität: „Ich richtete mich immer nach ihm, es ging nicht darum, ob ich gerade Zeit hatte, sondern wann es ihm passte. Die Behandlungen der anderen versuchte ich so gut es ging, mit diesen Terminen zu vereinbaren. Das musste natürlich auffallen und löste nicht nur Begeisterung aus. Der Klaus hat seinen eigenen Masseur, beschwerten sich einige, aber da hörte ich einfach weg. Ich war bestimmt 15 Stunden am Tag im Einsatz, auch als wir schon in Italien waren. Es war Schwerstarbeit. Trotzdem hat es unglaublich viel Spaß gemacht: Ich war bei sieben Welt- und acht Europameisterschaften am Start, alle habe ich als mehr oder weniger harmonisch in Erinnerung. Wenn mich jemand nach dem schönsten Turnier fragt, kommt das in Italien auf jeden Fall unter die ersten Drei, vielleicht sogar nach ganz oben. An diese WM und die Wochen davor erinnere mich auch deshalb noch so gerne, weil sie die letzte ohne Handy war."

Was für Eder aber keinen großen Unterschied machte, er war ohnehin fast rund um die Uhr erreichbar. Und nach den beiden Testspielen vor der Abreise gegen die CSFR und Dänemark stand fest: Der Einsatz hatte sich gelohnt! Obwohl er mehrfach die Brocken hinwerfen wollte, war Augenthaler mit an Bord, als sich die deutsche Nationalmannschaft Richtung Italien verabschiedete.

*****

„1990 hatten wir einen ganz anderen Zusammenhalt als in Mexiko", nennt Klaus Augenthaler einen der ganz wesentlichen Gründe für den Titelgewinn. „Ich kann mich an keine Gruppenbildung erinnern, an keine Eifersüchteleien, keine linken Touren. Mit Andi Brehme und Lothar Matthäus verbrachte ich bei den Bayern ja nicht nur schöne Zeiten, auch davon war nichts mehr zu spüren. Brehme und ich freundeten uns in diesen Wochen an, wir hatten bis zu seinem Tod engen Kontakt. Und Lothar merkte man an, dass er durch seinen Wechsel nach Italien erwachsener geworden war. Wir hatten beide keine Lust mehr auf diese im Grunde überflüssigen Machtkämpfe früherer Tage. Dafür hatten wir jetzt ein gemeinsames Ziel. Und beim 4:1 gegen Jugoslawien zeigte Matthäus, dass er ein Weltklassemann ist. Ich habe ihn nie besser gesehen."

Dieses 4:1, so Augenthaler, sei der Auftakt eines fast schon unwirklich harmonischen Turniers gewesen. Nur einmal drohte die Idylle nachhaltig gestört zu werden, nach dem 1:0 gegen die CSFR. Die DFB-Auswahl hatte damit das Halbfinale erreicht, sich in diesem Spiel das Leben aber unnötig schwer gemacht und in Überzahl einen deutlich höheren Sieg verpasst. Kurz vor dem Abpfiff hätte sie fast noch den Ausgleichstreffer kassiert: „Beckenbauer wird ja immer mit dem Zitat ‚Geht's raus und spielt's Fußball' in Verbindung gebracht. Diesen Satz hat er tatsächlich gesagt, aber er ist nur ein kleiner Teil der Wahrheit. Er war absolut akribisch, mehr als jeder andere Trainer, den ich gehabt habe. Vergleichbar mit Dettmar Cramer, dem Fußball-Professor. Und wenn es nicht lief, wenn wir Fehler machten, wurde er fast cholerisch. Wie im Spiel gegen die Tschechen. Wir waren weiter, aber der Franz rastete aus. Wir verdrückten uns ins Warmwasserbecken, um uns seine Predigt nicht länger anhören zu müssen, dachten, er wird uns schon nicht hinterherkommen, weil es da so stickig war und er ja auch einen Anzug trug. Aber er kam uns nach, hat jeden von uns angeschrien und angeschissen: ‚Ihr Blinden!'. Dann schoss er die Eisboxen durch die Gegend. So konnte der Franz auch sein. Sepp Maier hat ihn dann beruhigt."

*****

„Ich habe noch den Moment vor Augen, als ich mit Hansi Pflügler auf dem Rasen des Olympiastadions stand und ihn fragte: ‚Was haben wir da nur geschafft?'", versucht Augenthaler seine Erinnerungen an die Minuten nach dem WM-Finale gegen Argentinien zu ordnen. „Und ich kann mich erinnern, dass ich bei all der Freude auch in einer melancholischen Stimmung war. Die Tage und Wochen danach übrigens auch. In mir lief ein Film ab, ich war mit meinen Gedanken plötzlich wieder am Anfang meiner Karriere. Der schüchterne 18-Jährige, der sich kaum traute, mit all den Weltmeistern zu trainieren. Und jetzt stand ich selber ganz oben."

„Als er dann Weltmeister war", hebt Klaus Eder den für ihn wichtigsten Moment dieses Turnier hervor, „ging er vom Platz runter, Rolf Töpperwien vom ZDF gratulierte und hielt ihm das Mikrophon vor die Nase. Und dann sagte der ‚Auge' doch tatsächlich, ohne meinen Freund Klaus Eder hätte ich es nicht geschafft. Es heißt ja immer, für den Künstler ist der Applaus mehr wert als das Geld. Und in diesem Moment wusste ich, was damit gemeint war. Diese Worte haben mich vor Ehrfurcht fast in den Boden versinken lassen, so sehr haben sie mich berührt. Im größten Moment seiner Karriere dachte er zunächst an diejenigen, die ihm geholfen hatten. Diese Worte sagen viel aus über den Menschen Klaus Augenthaler."

12

„Das war's für mich!“ 1990–1992

Augenthaler fremdelt mit seiner Mannschaft / Eine letzte Krisensitzung im Partykeller. Diesmal eine mit Folgen / Ein Slapstick-Tor beendet den Traum vom Europapokal / Der FC Bayern startet mit dem „besten Team, was er je hatte“ – wird aber trotzdem nur Zweiter

Aufhören, wenn es am schönsten war. Auch Klaus Augenthaler hatte sich vorgenommen, den Zeitpunkt seines Abschieds selbst zu bestimmen, bevor ihm andere diese Entscheidung abnahmen. Weh tun würde es auf jeden Fall, warum also den Schmerz unnötig vergrößern? Das klang alles so lebensklug wie einleuchtend, hatte bei näherer Betrachtung allerdings einen kleinen, nicht unerheblichen Haken: Wann war es am schönsten? Auf diese Frage fehlte Augenthaler noch eine überzeugende Antwort.

Dramaturgisch, das wusste er auch, hätte sich kaum ein besserer Zeitpunkt angeboten, als nach dem Finale von Rom nicht nur seine Karriere in der Nationalmannschaft zu beenden, sondern auch die beim FC Bayern. Der „Hinterwäldler aus Niederbayern“, wie sie ihn am Anfang verspotteten, hatte es allen gezeigt. Er war Weltmeister und selbst wenn er nie Fußball spielte, um irgendwem was auch immer zu beweisen – er musste es nun tatsächlich nicht mehr, sich selbst am allerwenigsten. Was sollte jetzt noch kommen? Für welches Ziel war er bereit, seinen langsam müde werdenden Körper, der nach 15 Jahren Profisport mehr als nur die handelsüblichen Gebrauchsspuren aufwies, weiter auf Wettkampfniveau zu halten? Wollte er sich nach seinem Urlaub wirklich noch einmal durch eine dieser elendigen Vorbereitungen quälen? Sich noch ein Jahr diesem vertrauten, aber irgendwie auch eintönigen Rhythmus aus Training, Spiel und Reisen unterwerfen, aus dem jede Saison bestand. Rede und Antwort stehen, wenn Krisen ausgerufen wurden, nur weil ein anderer Verein auf Platz eins stand? Lohnte sich der ganze Aufwand, um am Ende vielleicht noch ein weiteres Mal den Fans auf dem Marienplatz die Schale zu präsentieren? Das waren wunderbare Momente, gar keine Frage, aber Augenthaler hatte bereits sieben Meisterschaften mit den Bayern gewonnen, mehr als jeder andere Bundesligaspieler. Welchen Reiz sollte ein weiterer Titel ausüben? Machte es irgendeinen Unterschied, ob da noch die Nummer acht oder neun obendrauf kam?

Die 80er-Jahre waren mit der Weltmeisterschaft in Italien auch im nach Spielzeiten geordneten Fußball-Kalender endgültig Geschichte, und es gab keinen Zweifel daran, dass Augenthaler dieses Jahrzehnt geprägt hatte wie kaum ein Zweiter. Über die gesamte Dekade gesehen war er der erfolgreichste deutsche Fußballer gewesen. Und auch das Fußball-Volk hatte mit großer Mehrheit entschieden, dass die 80er für immer mit ihm verbunden sein würden, als es seinen Schuss aus 50 Metern gegen Uli Stein zum „Tor des Jahrzehnts" wählte. Dass er den Europapokal der Landesmeister nie in den Händen hielt, schrumpfte angesichts dieser Bilanz fast schon zu einer Randnotiz. Wie er es auch drehte: Nahm er den sportlichen Erfolg zum Maßstab, war es jetzt am schönsten, war jetzt der Zeitpunkt für den Abschied gekommen.

„Ja, ich hätte vorher aufhören sollen", sagt Klaus Augenthaler, wenn er an seine letzte Saison beim FC Bayern denkt, um dann doch ein wenig einzuschränken: „Es sprach zumindest einiges dafür. Ich war damals knapp 33 Jahre alt und nicht mehr richtig fit, dachte aber, ich würde das mit meiner Erfahrung schon ausgleichen. Ein bisschen Selbstbetrug war auch dabei, denn ich merkte natürlich, dass mir vor allem auf den ersten Metern die Schnelligkeit fehlte und ich bestimmte Pässe nicht mehr spielen konnte, weil ich die Räume nicht sah. Aber ob ich es wahrhaben wollte oder nicht: Entscheidend war, dass es die anderen sahen. Denen entging nichts, dem Trainer nicht, den Spielern nicht. Und dann wirst du angegriffen, oder vielmehr deine Position. Was aber auch nicht immer so einfach zu trennen ist."

Die Lust am Fußball gab den Ausschlag. Sie sei einfach noch viel zu groß gewesen, nennt Augenthaler den entscheidenden, eher emotionalen Grund, seine Karriere entgegen mancher Bedenken um noch mindestens ein weiteres Jahr fortzusetzen. Mochte er auch nicht mehr auf der Höhe seiner Schaffenskraft sein, als wesentliche Stütze seiner Mannschaft sah er sich nach wie vor. Die Lust am Fußball hatte ihn bis dahin aber auch daran gehindert, sich ernsthaft mit der Zeit danach zu beschäftigen. Es gab keinen ausgereiften Plan B, und deshalb stand er wie in all den Jahren davor auf dem Trainingsplatz an der Säbener Straße, als am Ende des „italienischen Sommers" die Vorbereitung auf die neue Saison begann.

*****

„Der FC Bayern verfügt über das beste Team, das er je hatte. Es ist noch stärker als zu den Zeiten von Beckenbauer, Müller, Breitner und Co." Für solche Aussagen liebten die Medien Uli Hoeneß, denn es war meistens nur eine Frage der Zeit, wann man sie ihm mit unverhohlener Freude um die Ohren hauen konnte. 13 Millionen hatte der Titelverteidiger investiert und mit Stefan Effenberg, Brian Laudrup und Michael Sternkopf Spieler nach München gelockt, die trotz ihres fast noch jugendlichen Alters schon bewiesen hatten, dass sie für ganz große Aufgaben und Ziele in Frage kamen. Und um die ging es für die Bayern mal wieder in dieser Saison. Hatte nicht sogar der sonst so besonnene Jupp Heynckes bei der zurückliegenden Meisterfeier auf dem Marienplatz den Europapokal versprochen? Im ersten halbwegs ernsthaften Test vor Saisonbeginn deutete der Titelverteidiger auch gleich mal an, was mit dem neuen Personal so alles möglich war, und nahm den Pokalsieger 1. FC Kaiserslautern im Spiel um den Supercup gnadenlos auseinander. Zwischenzeitlich drohte den völlig überforderten Pfälzern sogar eine Niederlage im zweistelligen Bereich, aber nach einem 4:0 zur Halbzeit ließen die Bayern im zweiten Durchgang Milde walten und den Gegner ein wenig mitspielen. Trotzdem war nach diesem mühelosen 4:1-Erfolg von einem „Schock für die Bundesliga“ die Rede, verbunden mit der so häufig gestellten Frage: Wer bitteschön soll diese Mannschaft auf ihrem Weg zur nächsten Meisterschaft bremsen?

Die Antwort ließ nicht lange auf sich warten, und war mindestens ebenso vertraut: Es waren die Bayern selber, die sich alles versauen konnten! Sie mussten nur ihre Gegner so wenig ernst nehmen wie den badischen Oberligisten FV 09 Weinheim, der den Rekordmeister in der ersten Hauptrunde des DFB-Pokals mit 1:0 aus dem Wettbewerb warf. Auch vom Auftakt in die neue Bundesligasaison hatte man sich mehr versprochen als nur die beiden Unentschieden gegen Leverkusen und beim FC St. Pauli, danach aber schien sich die Mannschaft wieder gesammelt zu haben und gewann ihre nächsten vier Spiele: „Liga frustriert – Bayern marschiert“, lautete eine Schlagzeile im „kicker“.

Doch nur wenige Wochen später kippte die Stimmung wieder ins andere Extrem. Nach einem 0:4 beim 1. FC Köln war die Rede von der ersten Krise der Saison. Das angeblich beste Team, das der FC Bayern jemals hatte, schien noch lange keine Einheit zu sein: „Einige von uns tragen die Nase oben, weil sie das Bayern-Wappen auf der Brust haben. Aber darunter fehlt das Herz.“ Gemeint hatte Klaus Augenthaler vor allem die Neuzugänge Brian Laudrup und Stefan Effenberg. Beide waren bis dahin zum Teil deutlich unter ihren Möglichkeiten geblieben. „Laudrup spielt nur gegen Wattenscheid gut, aber nicht auf internationaler Ebene“, bemerkte Jupp Heynckes giftig. Und Effenberg war beim Pokal-Aus in Weinheim eine „indiskutable Leistung“ bescheinigt worden.

Das Selbstbewusstsein des früheren Gladbachers nahm trotz aller Kritik an seinen wenn überhaupt durchschnittlichen Auftritten keinen Schaden: „Wer Meister wird, ist für mich überhaupt keine Frage. Von den anderen Vereinen kommt doch nichts, die sind einfach zu dumm, um den Titel zu holen“, ließ der gerade einmal 22 Jahre alte Effenberg erkennen, dass ihm der Unterschied zwischen gesundem Selbstbewusstsein und bloßer Sprücheklopferei noch nicht so vertraut war. Und ein weiterer Wesenszug der beiden Neulinge musste einen Spieler wie Augenthaler provozieren: Während es für ihn keine größere Auszeichnung gab als für einen Verein wie den FC Bayern München spielen zu dürfen, betrachteten ihn Brian Laudrup und Stefan Effenberg lediglich als Durchgangsstation auf dem Weg nach Italien, dem damals gelobten Fußball-Land: „Solange ich am Samstag im Spiel gut aussehe, ist es völlig egal, ob ich nun ein Jahr für Bayern München spiele oder 17 Jahre", machte der gebürtige Hamburger kein Geheimnis daraus, dass für ihn der persönliche Erfolg über dem Wohlergehen des Vereins stand. Effenberg stand beispielhaft für den sich allmählich durchsetzenden Typus Profi, dem Vereinstreue kein Wert an sich mehr war. Schon während seines ersten Jahres in München kokettierte er mit einem Wechsel über die Alpen, Brian Laudrup ebenso. Nach ihrem zweiten Jahr, dem grausamsten, das die Bayern ihren Fans je zugemutet hatten, gingen beide zum AC Florenz, ohne irgendeinen Titel geholt zu haben. Effenberg sollte das einige Jahre später nachholen.

*****

Das durchwachsene Betriebsklima verschlechterte sich in der Rückrunde zusehends. Sportlich gelang der Start ins neue Jahr halbwegs passabel, sah man einmal von einer 0:1-Heimniederlage gegen den späteren Absteiger FC St. Pauli ab. Über die redete aber schon eine Woche später niemand mehr, stattdessen schwärmte Jupp Heynckes nach einem 3:0-Erfolg in Stuttgart von „Fußball wie aus dem Lehrbuch": „Wir haben in den drei Jahren nie besser gespielt", war der Trainer nach langer Zeit mal wieder rundum zufrieden. Auch im Europapokal der Landesmeister hatte sich seine Mannschaft gegen den FC Porto durchgesetzt und stand nun in der Runde der letzten Vier. Doch dann folgten in der Bundesliga zwei Niederlagen, von denen sich die Bayern bis zum Saisonende nicht mehr erholten. Zunächst verlor der Titelverteidiger beim 1:2 in Kaiserslautern die Tabellenführung an den späteren Meister, eine Woche darauf leisteten sich die Münchner beim 0:1 gegen Fortuna Düsseldorf eine weitere Niederlage im Olympiastadion: „Langsam bekommen wir einen Heimkomplex“, befürchtete Klaus Augenthaler und konnte sich nicht erinnern, mit seinem Verein schon einmal so viele Punkte zu Hause abgegeben zu haben wie in dieser Saison.

Gegen die Fortuna stand er nach mehrwöchiger Verletzungspause erstmals wieder auf dem Platz. Und einmal mehr war seine Abwesenheit Auslöser für Personaldiskussionen: „Wer ist der bessere Libero – Reuter oder Augenthaler?“, lautete die auch in der Öffentlichkeit ausgiebig debattierte Frage vor den beiden Halbfinalspielen gegen Roter Stern Belgrad. Die Tendenz ging klar Richtung Reuter, nicht nur weil ihm als deutlich jüngerem Spieler ohnehin die Zukunft gehörte, dem 24-Jährigen war zudem beim 2:0 im Viertelfinal-Rückspiel beim FC Porto eine Weltklasseleistung bescheinigt worden. Hinzu kam, dass auch Reuter längst Angebote aus Italien auf dem Tisch liegen hatte. Um ihn zu halten, musste der Verein schon etwas bieten – zum Beispiel seine Lieblingsposition. Augenthaler wehrte sich: „Jeder hat gesehen, dass die Niederlagen gegen St. Pauli und Düsseldorf an unserer Einstellung lagen und nicht an einem Libero, der angeblich zu alt ist.“

Nach dem Hinspiel gegen Roter Stern durfte sich Stefan Reuter bestätigt fühlen. Die Bayern hatten mit Augenthaler als Libero 1:2 verloren, der „kicker“ attestierte der Mannschaft von Jupp Heynckes zwar ein gefälliges Angriffsspiel, stellte aber auch fest, dass die Abwehrarbeit sträflich vernachlässigt wurde: „Der FC Bayern im April 1991 – eine Mannschaft voller Selbstzweifel und Angst“, brachte das Fachmagazin die Stimmung auf den Punkt.

„Ich kann mich noch erinnern, als Uli Hoeneß in die Kabine kam, mich zur Seite nahm und fragte, ob ich die Mannschaft nicht mal wieder in meinen Partykeller einladen könne“, erzählt Augenthaler. „Wir hatten gerade 2:2 in Köln gespielt, der Rückstand auf Kaiserslautern betrug schon vier Punkte und es folgte das Rückspiel in Belgrad. Wir saßen dann bei mir zusammen, es gab wie immer vorher etwas zu essen und zu trinken, dann diskutierten wir offen über unsere Probleme.

Auch Jürgen Kohler war dabei. Ich sagte ihm, dass ich das Gefühl habe, er spiele gegen mich. Er verneinte das, druckste aber auch ein wenig herum. Ich hakte nach, bis er schließlich damit rausrückte, dass er Stefan Reuter für den besseren Libero halte, weil er schneller sei. Andere sahen das auch so. Da wusste ich, um das zu kitten, muss viel passieren. Vielleicht war es auch ein wenig der Respekt vor mir, meinem Namen und meinen Verdiensten, dass einige nicht offen ansprechen wollten, sie hielten mich für einen Teil unserer Probleme. Aber dadurch wurde es nicht besser. Es war zumindest nicht meine Art. Ich habe immer versucht, geradeaus zu sein, auch wenn ich damit manchmal den Leuten vor den Kopf stieß."

In Belgrad spielte Stefan Reuter dann tatsächlich Libero, Heynckes begründete seine Entscheidung mit den schnellen Stürmern der Serben und stellte Augenthaler im Mittelfeld auf. Fast hätte er mit dieser Variante richtig gelegen. Wie vor zwei Jahren, als die Bayern nach dem 0:2 zu Hause gegen Inter für die meisten schon ausgeschieden waren, traute ihnen auch diesmal kaum noch einer den Einzug ins Finale zu. Doch die Geschichte von Mailand schien sich zu wiederholen. Augenthaler durfte zwar nicht auf seiner gewohnten Position spielen, war aber weiterhin für Freistöße aus größeren Distanzen zuständig. Einen davon versenkte er unter Mithilfe des Belgrader Torwarts nach gut einer Stunde zum 1:1-Ausgleich, und als Manfred Bender den deutschen Meister fünf Minuten später sogar in Führung brachte, war das Ergebnis vom Hinspiel nicht nur egalisiert, die Bayern hatten ihren Gegner plötzlich im Griff und waren einem weiteren Treffer sehr viel näher als die Gastgeber dem Ausgleich.

Und ein Tor erzielten die Bayern auch noch. In der letzten Minute eines von beiden Mannschaften mit unglaublicher Intensität und Leidenschaft geführten Spiels. Es war der Moment, in dem Klaus Augenthalers Traum, einmal den berühmten Henkelpott in den Händen zu halten, endgültig platzte. Einen weiteren Versuch würde es nicht geben. Wie oft hatte er in diesem Wettbewerb kurz vor dem Gipfel gestanden, wie oft schien der Pokal zum Greifen nah gewesen zu sein, bis ihn sich am Ende doch andere schnappten und damit ihre Ehrenrunden drehten, während es für den FC Bayern und seinen Mannschaftskapitän hieß: neuer Versuch im nächsten Jahr. Damit war jetzt Schluss! Dieser eine Triumph blieb ihm verwehrt, und es ergab fast schon einen Sinn, dass diese in der Summe unglückliche Beziehung auf so tragikomische Weise in die Brüche ging: Nach einem Querschläger Augenthalers im eigenen Strafraum flog der Ball in hohem Bogen auf das Tor zu und Raimond Aumann lenkte die zwar unbeabsichtigte, aber insgesamt harmlose Rückgabe nicht über den Querbalken, sondern ins eigene Netz. Wer die Bayern nicht mochte, bekam sich vor Lachen gar nicht mehr ein: „Ich habe das Tor zunächst auf meine Kappe genommen, aber als ich hinterher die Fernsehbilder sah, dachte ich mir, den hätte er auch halten können. Es war schon sehr unglücklich", will Augenthaler seinen Anteil an diesem kuriosen Eigentor zumindest nicht überbewerten. Dass er seinem Freund diesen Fehlgriff nicht übel nahm, verstand sich ohnehin von selbst: „Es war mein Fehler. Und nur meiner", betont Raimond Aumann: „Das habe ich auch noch auf dem Bankett gesagt, aber dieses krumme Ding ging dann als unser Eigentor in die Geschichte ein. Heute lachen wir darüber, wenn wir es als Teamleistung verkaufen können, und ich finde es eigentlich auch ganz schön, dass der ‚Auge' und ich auf diese Weise immer verbunden sein werden. Damals war das weniger witzig für mich. Es folgte eine schwerere Phase meines Lebens, aber auch die gehören dazu. Wenn Roland Wohlfarth kurz vorher nicht den Pfosten getroffen und das 3:1 gemacht hätte, hätte mich dieses Gegentor nicht weiter gejuckt, so hätte ich mich am liebsten eingegraben. Wir alle wollten diesen großen Pott holen und ich hatte es verbockt! Das ist kein schönes Gefühl, auch wenn es keine Vorwürfe aus der Mannschaft gab. Die Nacht nach dem Spiel war anstrengend, ich habe keine Minute geschlafen. Die folgenden Nächte auch nicht. Aber dann kam das nächste Bundesligaspiel, und ich musste wieder funktionieren."

Am Wochenende nach Belgrad war Länderspielpause. Die Bayern nutzten sie, um sich bei einem Freundschaftsspiel in Ingolstadt ihren

Fans zu zeigen, sich ein wenig von ihnen trösten zu lassen und dabei auch noch etwas Geld zu verdienen. Kurz vor dem Anpfiff war für Klaus Augenthaler der Moment gekommen, in dem er beschloss, nicht mehr funktionieren zu wollen. Wie lange hatte er mit dieser Frage schon gerungen, die Antwort aber vor sich hergeschoben, sich vor ihr gedrückt? Vielleicht hatte er insgeheim auch auf diesen einen Moment gewartet, in dem sich alle Grübeleien auflösten und ihm plötzlich völlig klar war, dass es nur eine Entscheidung geben konnte: „Nachdem Uli Hoeneß mich gefragt hatte, ob ich die Mannschaft noch einmal zusammentrommeln könne, hatte ich zunächst Zweifel, ob das überhaupt noch etwas bringt. Aber ich ließ mich von ihm überzeugen, es wenigstens zu versuchen. Und dann bekam Jupp Heynckes Wind von dem Treffen. Vor dem Spiel in Ingolstadt, wir waren noch in der Kabine, stauchte er mich vor versammelter Truppe zusammen, sprach von Vertrauensbruch, dass ich eigenmächtig gehandelt hätte und so weiter. Ich wollte mich erst noch verteidigen und sagen, dass die Idee nicht auf meinem Mist gewachsen war. Aber ich ließ es bleiben, zog stattdessen meine Schuhe aus, schmiss sie in die Ecke und sagte: ‚Das war's für mich!' Die meisten bezogen das wohl auf das Spiel gegen Ingolstadt, nur ich wusste, dass es vorbei war. Ich wollte nicht mehr. Heynckes hätte mich unter vier Augen kritisieren können, aber dass er mich vor der Mannschaft zur Sau zu machte, war zu viel."

*****

Im folgenden Bundesligaspiel beim HSV kehrte Klaus Augenthaler noch einmal auf den Libero-Posten zurück, die Bayern gewannen 3:2, der Rückstand auf den Tabellenführer Kaiserslautern betrug aber weiterhin vier Punkte. Von den noch ausstehenden sechs Partien verpasste Augenthaler fünf, musste sich sogar die Frage stellen lassen, ob er tatsächlich verletzt sei oder einfach nur keine Lust mehr habe. Zum Saisonfinale stand er wieder auf dem Platz. Für ihn auch ein persönliches Finale, denn obwohl immer noch darüber diskutiert wurde, ob der Mannschaftskapitän ein Jahr dranhängen würde, und Augenthaler selbst sich in dieser Frage zumindest öffentlich nicht eindeutig geäußert hatte, stand seine Entscheidung fest. Das Spiel gegen Bayer Uerdingen würde sein letztes sein.

Trotz des wenig attraktiven Gegners stimmte der Rahmen, das Olympiastadion war ausverkauft. Die Meisterschaft war nach dem vorletzten Spieltag gegen alle Erwartungen noch einmal spannend geworden. Kaiserslautern hatte durch eine Heimniederlage gegen Borussia Mönchengladbach die vorzeitige Entscheidung verpasst, die Bayern waren auf zwei Punkte an den Tabellenführer herangekommen und wiesen die bessere Tordifferenz auf. Eine Niederlage der Pfälzer in Köln bei einem gleichzeitigen Sieg gegen die bereits abgestiegenen Uerdinger hätte die erfolgreiche Titelverteidigung bedeutet. Doch der FCK zeigte sich als würdiger Meister und führte zur Halbzeit im Müngersdorfer Stadion bereits mit 4:1. Die Münchner nahmen dieses Zwischenergebnis zum Anlass, ihre Bemühungen um einen versöhnlichen Saisonausklang einzustellen und erteilten den 70.000 Zuschauern stattdessen eine Lektion in Sachen Sommerfußball. Der „kicker“ zählte genau vier Minuten, in denen die Bayern „aufs Gaspedal traten“, sprach von einer „blamablen Vorstellung“ und einer „Frechheit gegenüber den zahlenden Kunden“. Die hätten ihren „Auge“ gerne so gefeiert, wie es bei all seinen Verdiensten angemessen gewesen wäre. Aber da er sich ja zumindest in der Öffentlichkeit noch ein Hintertürchen offengelassen hatte, nahmen die Zuschauer seine Auswechslung in der 65. Minute gar nicht als endgültigen Abschied vom Fußballspieler Klaus Augenthaler wahr: „Ich werde das alles im Urlaub entscheiden, wenn ich ein bisschen Abstand habe. Jetzt wäre es vielleicht aus der Emotion heraus“, sagte er hinterher im „Aktuellen Sportstudio“. So endete nach 15 Jahren eine der ganz großen, mit zehn nationalen Titeln und dem Gewinn der Weltmeisterschaft reichlich dekorierten Spielerkarrieren des FC Bayern München fast schon unbemerkt mit einem 2:2 gegen Bayer Uerdingen. Aber auch dieses Ende war irgendwie passend, denn der Verein und die Mannschaft standen für ihn immer über dem einzelnen Spieler, egal wie dieser Spieler auch heißen mochte. Klaus Augenthaler hatte es mit den Jahren zu akzeptieren gelernt, dass er als Mannschaftskapitän bei einem Klub dieser Größenordnung zwangsläufig im Mittelpunkt stehen musste, gebraucht hatte er den Rummel um seine Person nicht. Nicht nach seinen zahlreichen Triumphen, nicht nach den wenigen, aber schmerzhaften Niederlagen, und auch nicht im Moment des Abschieds.

Gut ein Jahr später bot sich den Bayern-Fans die Gelegenheit, das unfreiwillig Versäumte bei seinem offiziellen Abschiedsspiel nachzuholen. Anders als bei solchen Anlässen oft üblich wurde auch sportlich einiges geboten. Juventus Turin war kurz vor Beginn der neuen Saison mit voller Kapelle nach München gekommen und gewann mit 4:1. Stars wie Baggio und Vialli standen ebenso auf dem Platz wie Jürgen Kohler oder der dreifache Torschütze Andi Möller. Augenthaler wurde nach 50 Minuten ausgewechselt, stieg anschließend in einen oben offenen Wagen des Hauptsponsors, und drehte mit Weißbier und Zigarette eine letzte Runde durchs Olympiastadion: „Ich muss mit den Tränen kämpfen“, gestand er dem SAT1-Reporter Uli Köhler, „es tut weh. Ich wäre gerne zehn Jahre jünger.“ Sagte es und winkte seinen Fans in der Südkurve noch einmal zu. „Lieber Auge“, hatten sich die Bayern-Fanclubs in einem kurzen Brief im Stadionheft zu Wort gemeldet, „wir danken Dir für Deinen vorbildlichen Einsatz während Deiner aktiven Laufbahn, für die vielen unvergesslichen Momente und wünschen Dir jetzt viel Glück für Deine Karriere als Trainer. Du warst immer unser großes Idol und hast Dich auch nicht von den Millionen aus dem Ausland weglocken lassen. Das rechnen wir Dir ganz hoch an und ziehen alle den Hut vor Dir. Du wirst für uns immer ein Teil des FC Bayern bleiben.“

„Klaus Augenthaler ist für mich in erster Linie ein richtig guter Mensch“, unterstreicht Raimond Aumann, nach ihm selbst drei Jahre lang Mannschaftsführer beim FC Bayern. „In zweiter Linie war er ein sehr guter Kapitän und er war ein unglaublich guter Fußballer.“ Als wir am Ende unseres Gesprächs sind, kommt Aumann noch einmal auf den Fußballer Augenthaler zurück. „Das ist mir wirklich wichtig, da lege ich großen Wert drauf“, betont er. „Klaus Augenthaler war damals einer der Besten in der Bundesliga, auch technisch. Mir fällt niemand ein, der ein Spiel so antizipieren konnte wie er. ‚Auge‘ war seiner Zeit voraus.“

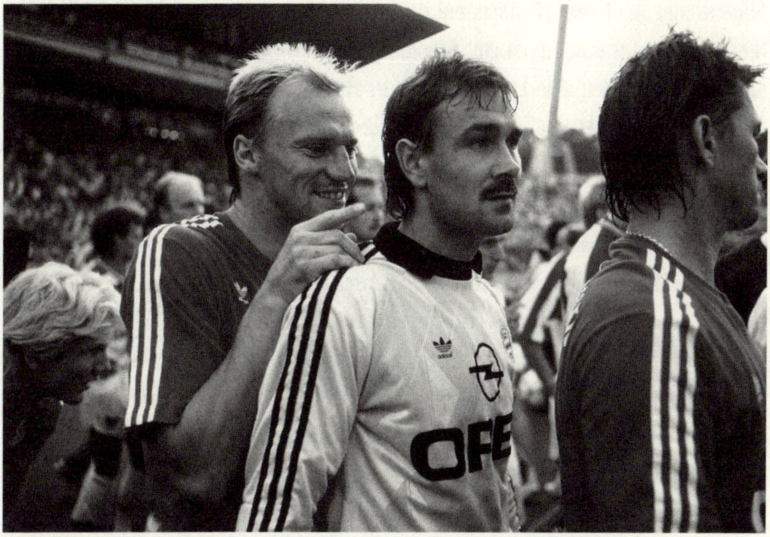

Drei Bayern im Trikot des Rekordmeisters, lang ist’s her. Ob sich Hansi Pflügler über Raimond Aumann oder Klaus Augenthaler lustig macht, ließ sich nicht mehr ermitteln. (Foto: IMAGO/WEREK)

13

„Ich habe nie daran gedacht, Chef-Trainer beim FC Bayern zu werden"

Augenthaler fühlt sich als Assistent ganz wohl, dann muss er gehen / Krachende Niederlage unter den Augen von Arnold Schwarzenegger / Tapferkeitsmedaille nach der Entlassung / In Leverkusen Sternstunden gegen die Bayern und Real Madrid. Aber für den großen Wurf fehlt die Konstanz

Während seiner Zeit als Profi hatte Klaus Augenthaler nie ernsthaft mit dem Gedanken gespielt, später einmal Trainer zu werden. Nicht etwa, weil er sich diesen Job nicht zutraute, aber alle zwei, drei Jahre oder noch häufiger den Arbeitsplatz und damit auch den Wohnort zu wechseln – dieses unstete Leben, abhängig vom Tabellenstand und den oft unergründlichen Eingebungen irgendwelcher Entscheidungsträger, wollte er seiner Familie und sich nicht zumuten. Dass er zudem als Trainer bereit sein musste, Angebote auch außerhalb der bayerischen Landesgrenzen anzunehmen oder sie zumindest in Betracht zu ziehen, kam für einen so heimatverbundenen Menschen wie ihn noch erschwerend hinzu.

Es gab also gewichtige Gründe, sich mit einem Vorschlag von Uli Hoeneß etwas intensiver auseinanderzusetzen. Was seine Zukunft anging, sagt er, sei ihm der Manager damals um mindestens einen Schritt voraus gewesen. Und es verstand sich für Hoeneß bei einem so verdienstvollen Spieler wie Augenthaler von selbst, dass er ihn in einer halbwegs sinnvollen und dazu noch solide bezahlten Beschäftigung unterzubringen gedachte. Ob es für ihn denkbar sei, als Repräsentant bei Opel oder Adidas zu arbeiten, wollte er wissen. Augenthaler zögerte. Er konnte sich nicht so recht ausmalen, welche Aufgaben dort auf ihn warteten. Klar war ihm nur, dass sich Unternehmen dieser Kategorie wohl auch ohne einen Weltmeister und mehrfachen deutschen Meister über Wasser halten würden. So unersetzlich wie in all den Jahren beim FC Bayern wäre er ganz bestimmt nicht. Aber es deswegen nicht wenigstens einmal zu versuchen? Immerhin war es keine Toto-Lotto-Annahmestelle, die ihm da angeboten wurde und er kannte die Geschichten all jener Profis, die nach ihrer Karriere in ein tiefes Loch fielen und nur schwer wieder den Weg heraus fanden. Eigentlich könne er sich doch glücklich schätzen, dass ihm dieses Los erspart blieb, fand Augenthaler. Und den Wohnort wechseln musste er auch nicht.

Als er mit seiner damaligen Frau darüber sprach, hörte sie sich alles in Ruhe an und sagte anschließend, was sie davon hielt. Viel war es nicht: „Was willst du da? Das ist doch nicht deine Welt!" Punkt für die Ehefrau. „Wo ist deine Welt?", setzte sie nach. „Auf dem Platz", antwortete Augenthaler. Wo auch sonst. Nach einem weiteren Gespräch bot ihm Uli Hoeneß den Posten des Co-Trainers an, zudem sollte er die A-Jugend des Vereins übernehmen. Besser hätte es kaum laufen

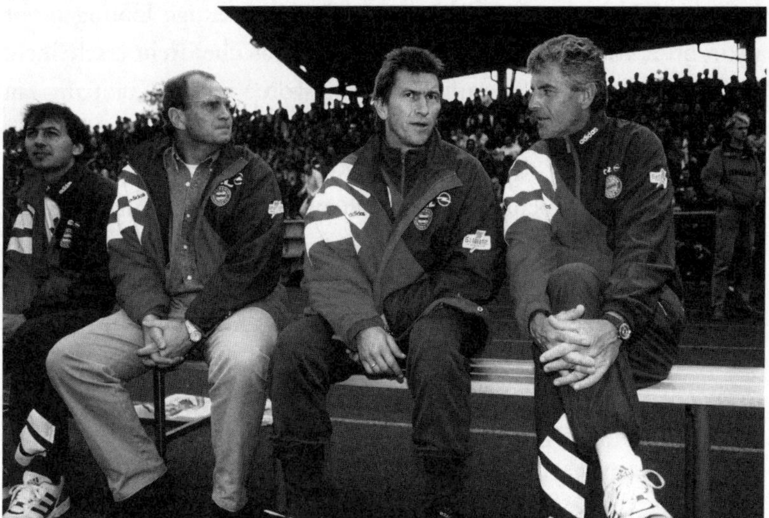

„Ein unglaublich feiner Mensch". Augenthaler als Co-Trainer über seinen Chef Erich Ribbeck. (Foto: IMAGO/Sven Simon)

können: Der „ewige Spieler“ blieb dem Fußball und dem FC Bayern erhalten, konnte weiter rot-weiß denken und die Aussagen des Präsidenten Fritz Scherer deuteten darauf hin, dass es in seiner neuen Funktion auch Aufstiegsmöglichkeiten gab: „Klaus, wir wollen dich so heranführen, dass du die Mannschaft irgendwann einmal übernimmst“, hat Augenthaler die Worte Scherers noch gut im Ohr: „Ich war fünf Jahre Co-Trainer, habe aber nie daran gedacht, wann wirst du endlich Chef bei den Bayern. Nie! Ich habe mit Erich Ribbeck zusammengearbeitet, ein unglaublich feiner Mensch, zu dem ich auch privat einen guten Draht hatte. Ebenso mit Giovanni Trapattoni, der mir noch mal eine ganz andere Sicht auf den Fußball eröffnete. Mit Rehhagel war es schwieriger, der entschied alles allein, unter ihm war ich der klassische Assistent. Aber trotzdem war es eine wertvolle Erfahrung für mich.“

„Fünf Jahre Co-Trainer“, wiederholt Augenthaler nachdenklich. „Wie schnell diese Zeit vergangen ist, unglaublich! Am liebsten würde ich diese Arbeit heute noch machen. Oder vielleicht doch nicht, weil es mir zu kompliziert geworden ist. So viele Hütchen könnte ich gar nicht aufstellen“, spottet er und deutet an, dass ihm einige Übungen vor allem im taktischen Bereich inzwischen etwas überdreht erscheinen. „Neulich war ich beim Auftakttraining von Vincent Kompany am Tegernsee. Mein erster Eindruck: Auf dem Platz waren fast mehr Trainer als Spieler. Und Hütchen ohne Ende. Wer blickt da noch durch?“ Er jedenfalls nicht mehr oder nur noch mit Mühe, so die unausgesprochene Antwort auf diese Frage.

Die fünf Jahre als Assistent bei den Bayern seien für ihn die schönsten seiner Trainerlaufbahn gewesen, fährt Augenthaler fort. Er konnte gestalten, ohne fürs große Ganze verantwortlich zu sein. Als Franz Beckenbauer 1994 die Mannschaft zum ersten Mal übernahm, überreichte der „Kaiser“ ihm einen Stapel Trainingspläne, die er aus seiner Zeit beim HSV aufbewahrt hatte. Damals saß Branco Zebec noch in Hamburg auf der Bank. Vielleicht findest du ja etwas, was wir übernehmen können, hatte Beckenbauer gehofft. Nach ein paar Tagen intensiver Lektüre riet Augenthaler dringend ab: „Wenn wir mit diesen Plänen trainieren, sind unsere Leute in kürzester Zeit kaputt!", war er überzeugt. „Dann schmeiß sie weg", antwortete sein Chef in der ihm eigenen Lässigkeit.

„Mit Franz Beckenbauer hat die Arbeit einfach nur Spaß gemacht. Es gab noch keine Wochenpläne, zumindest nicht bei uns. Wir haben die Inhalte immer am Tag vorher besprochen, und wenn wir zweimal trainierten, oft auch in der Mittagspause. Dann bestellte der Franz etwas zu essen und wir diskutierten in seiner Kabine über das nächste Training, den nächsten Gegner oder einzelne Spieler aus unserer Mannschaft. Eine großartige Zeit, dieses Jahr mit ihm, für das ich nur dankbar sein kann. Aber auch damals habe ich mir nie Gedanken darüber gemacht, wie es wohl wäre, einmal selbst zu übernehmen."

Franz Beckenbauer war es auch, der seinen früheren Assistenten nach Ablauf dieser fünf Jahre daran erinnerte, dass es nicht nur den FC Bayern gab: „Du musst mal raus in die Welt!" Das klang freundschaftlich und war wohl auch so gemeint, aber die eigentliche Botschaft, dass seine Zeit in München auslief und er als Chef-Trainer nicht mehr in Frage kam, konnte Augenthaler nicht ignorieren. Das Präsidium unter Fritz Scherer war inzwischen Geschichte, das neue mit Beckenbauer und Karl-Heinz Rummenigge an der Spitze fühlte sich an die Zusage ihres Vorgängers nicht mehr gebunden und verfolgte eigene Pläne. Sein zum 30.6.1997 auslaufender Vertrag wurde nicht verlängert. „Es war wie ein Schlag ins Gesicht", kommentierte Augenthaler diese Entscheidung in einem Gespräch mit Carlo Wild vom „kicker". Wie in seiner letzten Saison als Spieler war es weniger der Inhalt, sondern die Form, die ihm bitter aufstieß: „Man hätte es auf eine andere Art lösen können. Schließlich habe ich einiges getan für diesen Verein. Für mich war der FC Bayern immer alles, da kann man jetzt nicht so einfach die Tür zu machen."

Nach 22 Jahren als Spieler und Trainer hatte der deutsche Rekordmeister keine Verwendung mehr für ihn. Damit musste Augenthaler erst einmal klar kommen, aber nach der ersten Enttäuschung gab er Beckenbauer sogar recht: Er musste tatsächlich mal etwas anderes sehen als das Trainingsgelände an der Säbener Straße und Verantwortung übernehmen. Aus dem „ewigen Spieler" sollte schließlich nicht der „ewige Co-Trainer" werden.

*****

Der Hollywood-Star hatte es sich nicht nehmen lassen, der alten Heimat einen Besuch abzustatten. Bei der feierlichen Eröffnung der nach ihm benannten Arena wollte er schon dabei sein. Aber das komplett renovierte „Arnold-Schwarzenegger-Stadion" wäre vermutlich auch ohne „Big Arnie" mit 15.400 Zuschauern ausverkauft gewesen, denn im ersten Spiel nach dem Umbau standen sich der Grazer AK und Sturm Graz gegenüber. Klaus Augenthaler befand sich auch unter den Premierengästen, allerdings aus beruflichen Gründen: Er hatte beim GAK unterschrieben und stand vor seinem ersten Spiel beim österreichischen Bundesligisten aus der Steiermark. Acht Jahre lang hatte sein neuer Klub das Grazer Stadtderby nicht mehr verloren, an diesem Tag setzte es jedoch fürchterlich Prügel – 0:4 hieß es nach 90 recht einseitigen Minuten. Augenthalers Einstand als Chef-Trainer im Profifußball hätte nicht gründlicher misslingen können: „Die waren in den Verhandlungen sehr hartnäckig und wollten ohne meine Unterschrift nicht fahren. Am Ende hatten sie mich soweit, obwohl ich kein so gutes Gefühl hatte, da mir nur 12 Tage Vorbereitungszeit auf die neue Saison blieben. Und dann diese Pleite im Derby, wirklich sehr unangenehm. In Graz war an diesem Tag zu allem Überfluss auch noch Stadtfest, wir waren zu einer Feier in einem Lokal eingeladen, aber ich wäre am liebsten zu Hause geblieben. Plötzlich stand ein Mann bei mir am Tisch und fragte, sie sind doch der Augenthaler? Stimmt, sagte ich. Sie sind doch der neue GAK-Trainer? Konnte ich auch bestätigen. Dann wollte er wissen, ob ich den Uhrturm schon gesehen hätte, ein Wahrzeichen der Stadt. Hatte ich noch nicht. Er fragte nach anderen Sehenswürdigkeiten, dem Dom, dem Landeszeughaus und dem Schloss. Hatte ich alles noch nicht gesehen, gab ich zu, ich sei ja auch erst zwei Wochen hier. Dann sollten Sie sich aber beeilen, riet er mir, beim GAK werden die Trainer schnell entlassen."

Nicht nur wegen des Humors seiner Bewohner hielt sich Augenthaler deutlich länger in Graz, als es der fürsorgliche Fremdenführer vermutete. In seinen ersten beiden Jahren landete er mit seiner Mannschaft jeweils auf einem dritten Platz und erreichte den UEFA-Pokal, in der darauf folgenden Saison war nach einer weniger überzeugenden Hinrunde Schluss. Auf eigenen Wunsch allerdings, denn in Deutschland hatte sein Werdegang Interesse geweckt. Beim damaligen Zweitligisten Borussia Mönchengladbach war Augenthaler im Gespräch, das Rennen machte aber der 1. FC Nürnberg: „Graz wollte meinen Vertrag verlängern, ich hatte aber die Zusage, bei einem Angebot aus Deutschland wechseln zu dürfen. Der GAK-Manager redete noch auf mich ein, ich solle unbedingt bleiben, sonst würde der Hauptsponsor abspringen. Dann habe ich auch das noch geregelt und dafür gesorgt, dass der Sponsor bleibt. Anschließend packte ich meine Sachen und fuhr nach München zu meiner Familie. Einen Tag später stand ich in Nürnberg auf dem Platz."

Der Empfang im Frankenland war für ihn als früheren Spieler des FC Bayern herzlicher als erwartet. Der „Club" war gerade mal wieder abgestiegen und die erhoffte sofortige Rückkehr in die Bundesliga erwies sich bei so starker Konkurrenz wie dem 1. FC Köln, Borussia Mönchengladbach oder dem VfL Bochum als sehr ambitioniertes Ziel. Als Augenthaler den Verein im März 2000 übernahm und Friedel Rausch als Trainer ablöste, standen die Nürnberger auf Platz vier und blieben dort auch bis zum Ende der Saison. Im nächsten Jahr klappte es dafür als Meister mit dem Aufstieg. Augenthaler gelang trotz sehr überschaubaren Budgets der Klassenerhalt, dem „Club" war in erster Instanz sogar die Lizenz verweigert worden.

In der Sommerpause tingelte der Trainer deshalb mehrere Wochen durch den Balkan, auf der Suche nach neuen, und vor allem billigen Spielern. Dass es unter diesen Bedingungen weiter nur ums Überleben gehen würde, war abzusehen. Nach einer ordentlichen Hinrunde mit

Platz 12 und fünf Punkten Vorsprung auf einen Abstiegsplatz, ging es dann bergab. Am 24. Spieltag war der „Club" Vorletzter, die Kritik am Trainer nahm zu. Sie kam vor allem vom Präsidenten Michael A. Roth: „Es stimmt nichts mehr, alles ist nur auf Zufall aufgebaut", zog er nach einem 0:5 in Kaiserslautern vom Leder. Unterstützung erhielt Augenthaler vom Mannschaftskapitän David Jarolim: „Der Trainer ist der wichtigste Mann im Verein. Ist schon vergessen, was er alles geleistet hat?" Aber auch einige Spieler begehrten auf, Martin Driller hielt seinem Trainer öffentlich taktische Fehler vor und musste dafür 5.000 Euro Strafe zahlen: „Es scheint eine Modeerscheinung zu sein, die Taktik des Trainers zu kritisieren", rechtfertigte Augenthaler diese Maßnahme und erinnerte daran, wer Koch und wer Kellner war: „Alles, was ein Profi einhalten muss, sind zwei Dinge: Disziplin und Pünktlichkeit. Wer die Taktik bestimmen will, soll zum Tennis gehen. Da kann er alles selbst entscheiden."

Richtig gefährlich wurde es für Augenthaler, als ihm der Präsident kurz darauf den Rücken stärkte: „Notfalls steigen wir mit ihm ab, er wird seinen Vertrag bis 2004 auf jeden Fall erfüllen", versicherte Michael A. Roth, er habe den Trainer ohnehin nie in Frage gestellt und sei nur falsch interpretiert worden. Einen Monat später wollte Roth wieder alles überdenken, sprach nach einem 0:4 in Hamburg von einer „enttäuschenden Bilanz" und entließ Augenthaler kurz darauf: „Ich bin damals fast jeden Tag zwischen München und Nürnberg gependelt und war mal wieder auf dem Weg zum Training, als mich der Manager Edgar Geenen anrief und mitteilte, sie hätten mich gefeuert. Ich sollte am besten gar nicht erst zum Vereinsgelände kommen, mein Nachfolger würde bereits mit der Mannschaft auf dem Platz stehen, außerdem wären viele Journalisten da. Ich fragte Geenen, warum er mir das nicht früher sagen konnte. Aber er hatte schon keinen Einfluss mehr, wurde wenig später selbst entlassen. Ich bin trotzdem hingefahren, packte meine Sachen und als mich auf dem Weg zurück ein Reporter fragte, wohin es jetzt gehe, antwortete ich: ‚Ins Führerhauptquartier zu Herrn Roth. Dort hole ich mir meine Tapferkeitsmedaille ab!'"

Eine für Ausdauer und Leidensfähigkeit war allemal fällig. Über drei Jahre hatte sich Augenthaler auf einem der heißesten Trainerstühle im deutschen Profifußball gehalten. Seit Gründung der Bundesliga war beim „Club" vor ihm nur Heinz Höher in den 80er-Jahren länger im Amt gewesen. Und nach seiner Entlassung am 28.4.2003 konnte sich keiner seiner zahlreichen Nachfolger über einen so langen Zeitraum behaupten.

Doch die Saison war noch nicht vorbei, auch nicht für den entlassenen Klaus Augenthaler. Zwei Spieltage vor dem Ende, der „Club" besaß nur noch theoretische Chancen auf den Klassenerhalt, meldete sich Reiner Calmund bei ihm. Beide hatten bereits einige Wochen zuvor Kontakt aufgenommen und über eine mögliche Zusammenarbeit zur neuen Spielzeit geredet, falls es in Nürnberg nicht klappen sollte. Konkret wurden die Gespräche aber erst nach seinem Rausschmiss. Doch dann verschärfte sich die Lage beim Werksklub, Augenthaler sollte nicht erst zur neuen Saison, sondern sofort kommen. Ein Jahr nach dem nur knapp verlorenen Finale in der Champions-League gegen Real Madrid stand Leverkusen ebenfalls auf einem Abstiegsplatz. Anders als in Nürnberg war die Lage bei zwei Punkten Rückstand auf Platz 15 zwar sehr ernst, aber nicht komplett aussichtslos. Augenthaler sollte die Mannschaft in den noch verbleibenden zwei Spielen ans rettende Ufer führen: Das erste unter seiner Regie gegen 1860 München endete mit einem klaren 3:0. Blieb noch das zweite, und das führte seinen neuen Verein zu seinem alten, dem 1. FC Nürnberg. Da war sie wieder, eine dieser Geschichten, die nur der Fußball schreibt.

Im Frankenland waren die Beliebtheitswerte des Ex-Trainers mittlerweile in den Keller gesackt. Vielen galt er als „Verräter", eben einer vom FC Bayern, man hätte es ja gleich wissen können. Aber der letzte Spieltag bot dem Absteiger noch einmal die Chance, den früheren Trainer gleich mit in den Abgrund zu reißen. Bei einem Unentschieden gegen Leverkusen und einem gleichzeitigen Sieg von Arminia Bielefeld gegen Hannover 96 wären die Rheinländer in der kommenden Saison ebenfalls nur noch zweitklassig gewesen. Doch Augenthaler gewann auch das zweite Spiel mit seinem neuen Verein. Als der entscheidende Treffer durch Yildiray Bastürk fiel, sprang alles, was auf der Leverkusener Bank saß, jubelnd auf. Nur einer blieb stoisch auf seinem Platz und zog seine Krawatte zurecht – der Trainer: „Ich habe nach außen angeblich immer so kalt gewirkt, obwohl ich mich selbst als sehr nahbaren Trainer bezeichnen würde. In meiner Leverkusener Zeit sagte mir dann mal jemand, ich könne doch nicht nur einfach auf der Bank sitzen, müsste auch mal an die Seitenlinie, um die Spieler anzufeuern oder sie anzubrüllen. Dem habe ich gesagt, wenn das Spiel angepfiffen ist, habe ich alle meine Aufgaben nach bestem Wissen und Gewissen erfüllt und die Leute auf dem Platz wissen, was sie zu tun haben. Und bei dem Lärm in den Stadien verstehen sie sowieso nur die Hälfte."

Die emotionalen Ausbrüche nach dem Sieg in Nürnberg kamen deshalb auch von einem Mann, der dafür sehr viel besser geeignet war: „Als alles vorbei war, sah ich Reiner Calmund zum ersten Mal weinen. Von ihm fiel ein ungeheurer Druck ab. Also, das hatte mich damals schon berührt. Heute bräuchte ich solche Situationen ganz bestimmt nicht mehr."

*****

Doch schon vor dem Klassenerhalt war Calmund den Tränen recht nahe gewesen. Zu den Vertragsverhandlungen nach Leverkusen erschien Augenthaler zum ersten Mal in seiner Karriere in Beisein eines Juristen, der sich auch im Profifußball ganz gut auskannte. So etwas wie ein Berater, bis dahin war er ganz gut ohne ausgekommen. Als Spieler und Co-Trainer beim FC Bayern sowieso, aber auch den Wechsel von Graz nach Nürnberg machte Augenthaler alleine klar. Seine Ansprüche lasen sich vergleichsweise bescheiden: Er wollte unbedingt wieder in Deutschland arbeiten, gerne nicht so weit weg von München und auf keinen Fall weniger verdienen als in Graz, was ohnehin kaum möglich war. Finanziell spielte Bayer Leverkusen in einer ganz anderen Liga als seine bisherigen Vereine, entsprechend offensiv ging der Berater in die Gespräche: „Er rief Summen ab, für die ich mich geschämt habe. Calmund schüttelte auch gleich den Kopf, das sei viel zu hoch, das machen wir nicht. Gut, sagte mein Anwalt, dann fahren wir eben wieder. Calmund jammerte, so viel verdiene hier keiner. Aber am Ende stimmte er zu."

Der tiefe Griff ins Portemonnaie sollte sich lohnen, mit Augenthaler ging es wieder aufwärts. Eben noch knapp dem Abstieg entronnen, mischte Leverkusen sofort wieder an der Tabellenspitze mit, beendete die Saison auf Platz drei und qualifizierte sich für die Champions League. Auch in der folgenden Spielzeit machte die Mannschaft zunächst dort weiter, wo sie aufgehört hatte. Am dritten Spieltag kam der FC Bayern nach Leverkusen und wurde regelrecht vorgeführt: „So spielt man normalerweise in einem Endspiel der Champions-League", staunte Bayerns neuer Trainer Felix Magath. Leverkusens Geschäftsführer Wolfgang Holzhäuser sprach von einer „Sternstunde des Fußballs". Traurig stimmte ihn nur, dass es ein solches Spiel in der Bundesliga so schnell nicht mehr geben werde.

„Ich bin damals am nächsten Tag nach München zu meiner Familie geflogen", kann sich Augenthaler noch an eine ganz persönliche Note dieses Triumphs erinnern. „Und wer saß mit mir im Flugzeug? Der gesamte Vorstand vom FC Bayern. Ich traute mich kaum ‚Grüß Gott' zu sagen, schämte mich fast, dass wir so hoch gewonnen hatten. Es war schon ein merkwürdiges Gefühl, wir kannten uns alle und wussten doch nicht so recht, worüber wir sprechen sollten. Dass die Bayern mit dem 1:4 noch gut bedient waren, behielt ich lieber für mich."

Was die Bundesliga betraf, bestätigten sich die Befürchtungen Wolfgang Holzhäusers. Leverkusen verlor sein nächstes Spiel beim Aufsteiger Mainz 05 mit 0:2, auch danach kam die Mannschaft nicht so richtig in Schwung, Platz acht nach der Vorrunde war deutlich weniger als erwartet. Umso überzeugender die Auftritte in der Champions League. Gut zwei Wochen nach dem Sieg über die Bayern kam in der Gruppenphase der europäischen Königsklasse Real Madrid in

Leverkusen mit 0:3 unter die Räder. Das damals so genannte „Weiße Ballett" mit Stars wie Zidane, Ronaldo, Raul, Figo und Beckham erlebte eine seiner dunkelsten Stunden. „Zauberfußball" wurde nur der Mannschaft von Klaus Augenthaler attestiert, von einem „Offensiv-Feuerwerk" war die Rede.

Im Achtelfinale war dann zwar gegen den späteren Sieger FC Liverpool Endstation, aber Augenthaler hatte bewiesen, dass er auch als Trainer für Vereine mit großen Zielen in Frage kam: „Ich hoffe, dass meine Mannschaft nun weiß, wie gut sie Fußball spielen kann", sagte er nach dem Sieg gegen Madrid. Aber die von ihm bemängelte fehlende Konstanz ließ sich nicht so einfach abstellen. Die Hinrunde beendete Bayer auf Platz acht, und auch der sechste Platz nach Saisonschluss war weniger, als man sich in Leverkusen erwartet hatte: „Ich habe damals viel mit meinem Co-Trainer Peter Hermann gesprochen, wir beide wussten nicht so recht, warum wir in diese Mannschaft keine Stabilität bekamen. Ich selbst habe mich permanent hinterfragt: War es die falsche Aufstellung? Habe ich die falschen Worte gewählt? Waren es die Nerven? Zwei Spieler standen beispielhaft für die Möglichkeiten, die diese Truppe hatte: die Stürmer Franca und Berbatov. Franca war ein sensationeller Spieler, aber trainingsfaul ohne Ende. Und unnahbar. Es dauerte wirklich lange, bis wir uns vertrauten. Und Dimitar Berbatov war einer der besten Profis, die ich je trainierte. Der konnte alles. Aber auch ihn musste man bei Laune halten. Und von ihrer Leistung hing oft auch der Erfolg der gesamten Mannschaft ab."

„Herr Augenthaler passt zu uns. Aber er weiß, dass er als Trainer eine temporäre Größe ist", betonte Geschäftsführer Holzhäuser auch in Phasen, als die sprichwörtlichen „Bayer-Festspiele" fast schon Alltag waren. Wie temporär der Trainer war, zeigte sich zu Beginn der folgenden Saison. Mit großen Erwartungen gestartet, verpatzte die Mannschaft den Start, verlor auch das UEFA-Cup Hinspiel gegen ZSKA Sofia mit 0:1 und hinterließ dabei nicht den Eindruck, dass die Zusammenarbeit mit dem Trainer noch funktionieren würde. Selbst Augenthaler befürchtete, dass es ihm nun „an den Kragen" ginge.

Nach nur vier Spieltagen wurde er vor die Tür gesetzt, kurz vor seiner Entlassung hatten die Verantwortlichen noch versichert, dass der Trainer nicht in Frage stehe. Aber diesen Text kannte Augenthaler schon aus Nürnberg, den Rest konnte er sich selber denken: „Jede Entlassung hat mich berührt. Denn das heißt übersetzt nichts weiter als, die wollen mit dir nichts mehr zu tun haben, weil du nicht gut genug bist. Und so etwas muss man erst einmal wegstecken. Meistens waren es Trennungen ohne größere Emotionen. Ich hatte allerdings immer ein gutes Verhältnis zu den Platzwarten oder Zeugwarten, zu Leuten also, die nah an der Mannschaft waren und deren Arbeit kaum wahrgenommen wurde. Die waren traurig, dass ich gehen musste. Und einen Spieler muss ich an dieser Stelle erwähnen, den brasilianischen Verteidiger Juan. Als ich Trainer in Wolfsburg war, spielten wir gegen Leverkusen. Beide Mannschaften hatten sich schon aufgestellt, es war ganz kurz vor dem Anpfiff. Plötzlich rannte Juan quer über den Platz auf mich zu und umarmte mich. Er wollte sich bei mir bedanken. Dabei hatte ich mit ihm keine 15 Sätze gesprochen."

*****

„Leverkusen und Wolfsburg", schüttelt Augenthaler den Kopf. „Da habe ich mir wirklich zwei schöne Städte ausgesucht. Aber so schlimm war es nun auch nicht, und wenn der Erfolg da ist, hält man es überall aus. Dass meine Familie nicht mitkam, war schon schwieriger für mich, vor allem, weil ich nicht abschalten konnte. Ich dachte immer nur an Fußball. In Wolfsburg gab es zwei Lokale, dort saß ich oft mit meinem Co-Trainer Robert Roelofsen. Während des Essens ließen wir uns oft Stifte und Papier bringen, feilten an der Taktik, weil uns wieder was eingefallen war. Ob fürs nächste Training oder das Spiel am Samstag. Ich kam vom Fußball einfach nicht mehr los und führte ein ziemlich eintöniges Leben."

Nach seinem Rauswurf in Leverkusen unterschrieb Augenthaler am Ende der Hinrunde bei den Niedersachsen. Wieder ein Werksklub, der sehr viel mehr Geld als Flair hatte, wieder eine Stadt, zu der auch auf den zweiten Blick keine große Liebe entbrannte, und wieder ein Abstiegskampf, der sich bis zum letzten Spieltag hinzog. Zum Finale traf der VfL auf den direkt unter ihm stehenden Tabellensechzehnten 1. FC Kaiserslautern und brauchte noch einen Punkt für den Klassenerhalt. Es sprach nicht mehr sehr viel für den VfL. Personell waren sie zwar gut besetzt, aber es handelte sich eher um eine Ansammlung brauchbarer Einzelspieler als um eine Mannschaft, die den Anforderungen des Abstiegskampfs gewachsen war. Auch Augenthaler war es in der Rückrunde nicht gelungen, die schon seit längerem vor sich hin taumelnde Truppe wieder aufzurichten. Zur Halbzeit war Wolfsburg abgestiegen. Kaiserslautern führte 1:0 und machte den deutlich stabileren Eindruck. Nach einem Doppelschlag in der 66. und 69. Minute lagen die Gastgeber plötzlich vorne, kassierten kurz vor Schluss zwar noch den Ausgleichstreffer, retteten aber den so dringend benötigten Punkt ins Ziel: „Die Mannschaft hat mich wirklich sehr gequält in diesem Jahr“, zeigte sich Augenthaler nach dem Abpfiff erleichtert, in der neuen Saison und mit neuen Spielern sollte alles besser werden – wurde es aber nicht.

Dass sich der VfL ein Jahr später nicht am letzten, sondern am vorletzten Spieltag vor dem Abstieg rettete, ließ sich nur schwer als Fortschritt verkaufen. Erneut war eine mit viel Geld zusammengestellte Mannschaft unter ihren Möglichkeiten geblieben. Bleibenden Eindruck hinterließ nur der Trainer: Vor jenem 33. Spieltag, an dem der VfL durch ein 2:2 beim direkten Konkurrenten Alemannia Aachen den Ligaverbleib sicherte, gönnte sich der seit Wochen innerhalb des Vereins schwer angezählte Augenthaler den Spaß, die Gepflogenheiten dieser sich oft so wichtig nehmenden Branche einmal zu durchkreuzen und nach seinen eigenen Regeln zu spielen: „Guten Tag! Es gibt vier Fragen und vier Antworten. Die Fragen stelle ich, die Antworten gebe ich auch“, begrüßte er die anwesenden Journalisten vor dem Spiel in Aachen zur Pressekonferenz. Dann legte er los: „Erstens: Wie ist die Stimmung in der Mannschaft? Die Mannschaft hat hervorragend gearbeitet. Zur Taktik: Ein oder zwei Stürmer? Das liegt daran, wie die personelle Situation ist und welche Spieler verletzt sind. Zum Gegner: Aachen wird sicherlich Druck machen. Darauf müssen wir vorbereitet sein. Und ob die Mannschaft dem Druck standhält? Wir haben hervorragend gearbeitet, die Mannschaft wird die Antwort auf dem Platz geben. Dankeschön!"

In knappster Form hatte er damit alle ihm vor einem Spiel zur Verfügung stehenden Plattitüden abgefeuert: 41 weitgehend inhaltsleere und doch so aussagekräftige Sekunden, in denen Augenthaler die anwesenden Berichterstatter und die gesamte Branche mit der unangenehmen Wahrheit konfrontierte, dass der Fußball nicht nur von Liebe, sondern auch und vor allem von viel heißer Luft lebt. Ihm sei es hinterher besser gegangen, weil er sich wieder aufs Wesentliche konzentrieren konnte, sagte er. Innerhalb des Vereins blieb diese Solonummer nicht ohne Folgen: Vor dem letzten Heimspiel kam der damalige Chef des Aufsichtsrats, Lothar Sander, in seine Kabine und überreichte Augenthaler ein DIN-A4-Blatt mit einer vorgeschriebenen Presseerklärung. Einen weiteren inhaltlich nicht abgestimmten Auftritt des Trainers galt es unbedingt zu vermeiden. Augenthaler überflog sie und sah, dass von ihm verlangt wurde, seine eigene Entlassung vorzulesen. Anstandshalber blieb er noch im Stadion, verzichtete aber auf seinen angestammten Platz auf der Trainerbank und setzte sich mitten unter die Ersatzspieler.

*****

„Warum irgendwann keine Angebote mehr kamen? Keine Ahnung, diese Frage habe ich mir auch oft gestellt." Ein Jahr nach seinem Rauswurf in Wolfsburg sah Augenthaler die Lage noch ganz entspannt. Er freute sich, endlich einmal Zeit für die Familie zu haben und nicht andauernd auf Reisen zu sein oder in Restaurants Mannschaftsaufstellungen auf Servietten zu kritzeln. Ein paar Angebote aus dem Ausland hatte er bereits abgesagt, darunter auch eines aus Saudi-Arabien: „Da wollte ich nun wirklich nicht hin, auch wenn es um eine Menge Geld ging. Meine Familie wäre sowieso nicht mitgekommen, schon deswegen fiel das aus. Und mein Berater riet mir, die Füße still zu halten. Irgendwann würde bestimmt ein großer Verein auf mich zukommen." Es kam anders. Augenthalers Name fiel zwar häufig, wenn irgendwo ein Trainer gehen musste, richtig konkret wurde es aber nirgends. Schließlich nahm er ein Angebot der Spielvereinigung Unterhaching an, im März 2010. Fast drei Jahre nach seinem Ende in Wolfsburg: „Die spielten zwar nur in der dritten Liga, aber die Aufgabe reizte mich trotzdem, weil Unterhaching wieder hoch wollte. Ein weiterer Vorteil: Ich brauchte mit dem Auto nur eine halbe Stunde zum Training. Wenn man so will das ideale Angebot, um Beruf und Familie miteinander zu verbinden."

Bevor es nach oben gehen sollte, musste Augenthaler aber erst einmal den Abstieg der Hachinger verhindern. Alles wie gehabt also. Das gelang ihm zwar, aber im Jahr darauf war die Mannschaft nie ein ernsthafter Aufstiegskandidat. Augenthalers Vertrag wurde nicht verlängert, auch finanzielle Gründe spielten eine Rolle. Der Hauptsponsor hatte sich zurückgezogen, die Zeit großer Pläne war im Münchner Vorort damit erst einmal vorbei. Und die des Trainers Klaus Augenthaler im Profifußball ebenso: „Ich habe mir immer gewünscht, mal über einen längeren Zeitraum etwas bei einem Verein zu entwickeln. Zwei oder drei Jahre sind ja nicht gerade viel für jemanden, der als Spieler 14 Jahre bei einem Verein war. Vielleicht wie Christian Streich in Freiburg oder Thomas Schaaf in Bremen. Aber die beiden sind ganz große Ausnahmen, dazu ist dieses Geschäft zu sehr auf den kurzfristigen Erfolg ausgerichtet. Rückblickend war es wohl mein Fehler, dass ich mich bei meinen Vereinen eigentlich immer mit dem vorhandenen Personal zufrieden gegeben und eigene Wünsche zurückgestellt habe. Andere Trainer forderten mehr, ich bin meistens auch dann noch ruhig geblieben, wenn es besser gewesen wäre, an die Öffentlichkeit zu gehen."

Doch dorthin hatte es schon den Spieler Klaus Augenthaler nicht gedrängt. Und vielleicht verkörperte er ja auch als Trainer noch zu sehr den FC Bayern, um für andere Vereine in Frage zu kommen. Für die großen Traditionsklubs, bei denen ein ablehnendes oder zumindest gestörtes Verhältnis zum Rekordmeister fast schon identitätsstiftend ist. Dass er in Leverkusen und Wolfsburg, seinen einzigen Stationen in der Bundesliga, bei Vereinen landete, in denen über mehrere Generationen gewachsene Feindbilder keine besondere Rolle spielen, folgt da schon einer gewissen Logik. In Bremen oder Mönchengladbach, auf Schalke oder in Dortmund, Köln oder Kaiserslautern wäre einer wie er schon sehr viel schwerer zu vermitteln gewesen, auch wenn die Pfälzer ihn nach bestandener Trainerlizenz sogar verpflichten wollten. Augenthaler sah sich aber noch als Lehrling, und vor der Meisterprüfung kam für ihn erst das Gesellenstück. Er sagte dem FCK ebenso ab wie 1860 München: „Klaus, wir wollen dich unbedingt", hatte deren früherer und 2010 verstorbener Präsident Karl-Heinz Wildmoser keine Zweifel an der Ernsthaftigkeit seiner Absichten aufkommen lassen. „Ob das gut ist?", fragte der Umworbene eher rhetorisch, und nach diesen wenigen Worten leuchtete auch Wildmoser ein, es besser erst gar nicht zu versuchen: „Das wäre wirklich interessant gewesen", lacht Klaus Augenthaler. Aber anstatt „rot-weiß" plötzlich „weiß-blau" zu denken, hätte vermutlich nicht nur ihn überfordert.

Epilog

Ganz bedächtig öffnet sich das Tor mit dem großen, rot-weiß-blauen Rautenemblem und dem Schriftzug FC Bayern München, im Schritttempo fährt Klaus Augenthaler seinen Audi auf das Vereinsgelände an der Säbener Straße. Während sich das Tor hinter ihm schließt, hält er kurz an, senkt die Fensterscheibe und wechselt mit dem Mann in der Pförtnerloge ein paar Sätze. Die beiden kennen sich lange genug, um auch Privates miteinander auszutauschen. Der Pförtner erzählt von seiner kranken Tochter und ihrem komplizierten Heilungsprozess, Augenthaler hört aufmerksam zu, kann von einem ähnlichen Fall in seiner Familie erzählen, einen mit gutem Ausgang, wie er betont, lässt die besten Wünsche ausrichten, fährt langsam weiter und parkt seinen Wagen vor dem alten Hauptgebäude.

Die Heimat des FC Bayern im Süden der Landeshauptstadt ist in den letzten Jahren kontinuierlich gewachsen und die Profis führen auf dem Gelände mittlerweile ihr Eigenleben. Eines mit Tiefgarage, Sauna, Dampfbad, Schwimmbecken mit Unterwasserlaufbahn, Ganzkörperkälteanlage, Kino unter der Glaskuppel und so weiter. Was man so braucht, um sich im europäischen Spitzenfußball zu behaupten. Trainiert wird auf akkurat gepflegtem Hybridrasen, nach Bedarf können die Profis durch Sichtschutzwände vor der Öffentlichkeit abgeschirmt werden, wenn sie unter sich bleiben wollen. Und Öffentlichkeit ist hier eigentlich permanent, vor allem in den Schulferien, wenn Familien von wo auch immer anreisen, um ihren Stars ganz nah zu sein. Wie hatte doch Markus Hörwick zu Uli Hoeneß Anfang der 80er-Jahre gesagt? Ein Fußballklub ist wie ein Haus. Draußen stehen die Leute und wollen wissen, was in diesem Haus vor sich geht. Unsere Aufgabe sei es, so der damalige Pressesprecher, Fenster und Türen zu öffnen. Man müsse aber die Schlüssel behalten und irgendwann auch einmal sagen, jetzt machen wir die Hütte zu.

In gewisser Weise gilt das heute noch. Für einen Verein dieser Größenordnung, der sich längst als globale Marke sieht, ist der FC Bayern erstaunlich volksnah geblieben. Auf dem Trainingsgelände verströmt ein Biergarten bayerische Gemütlichkeit, und auch wenn sich die Fenster und Türen nicht mehr so selbstverständlich öffnen wie noch zu Hörwicks Zeiten – dass sich der Klub von seinem Anhang abnabelt, kann man nun wirklich nicht behaupten. Heute besteht die Kunst eher darin, die Wünsche der Öffentlichkeit so auszubalancieren, dass alle zufrieden sind: Spieler, Trainer und Fans. Der Familienfrieden soll schließlich gewahrt bleiben. Denn eine große Familie zu sein, beansprucht der FC Bayern nach wie vor für sich.

Zu dieser Familie gehört auch Schorsch. Er zieht auf einem Rollwagen zwei riesige Säcke mit Plastikflaschen hinter sich her, Leergutausbeute eines Trainingstages an der „Säbener“: „Schorschi, jetzt mach mal Feierabend“, ruft Augenthaler ihm zu, doch der winkt ab. Alles halb so wild, will er damit sagen. Er ist sichtbar stolz, bei diesem Verein ein zu Hause, eine Funktion zu haben. Schorsch ist geistig behindert, falls dieser Begriff noch gestattet ist, bei den Bayern fest angestellt und geht seiner Arbeit mit großem Ehrgeiz nach, wie die prall gefüllten Säcke zeigen. Ob er gestern das 2:2 bei Arsenal gesehen habe, fragt er Augenthaler: „Nein, hab’ ich nicht. Ich hab’ doch kein Amazon-Prime, kann ich mir gar nicht leisten!“ Schorsch lacht, so weit ist er mit den finanziellen Möglichkeiten auch ehemaliger Profis vertraut, um zu wissen, dass das nicht die ganze Wahrheit sein dürfte. Die beiden sprechen kurz über das Spiel in London und die Chancen aufs Halbfinale, dann zieht er mit seinem Leergutwagen weiter.

Für Augenthaler ist es gar keine Frage, auch denen ein paar Minuten seiner Zeit zu widmen, deren Arbeit kaum wahrgenommen wird und die trotzdem ihren Teil dazu beitragen, dass der Laden läuft. Er führt diese Gespräche ohne den leisesten Anflug von Gönnerhaftigkeit oder gar Dünkel, verstellt sich nicht, hört zu, mal grantelt er ein wenig, dann lacht er wieder, vor allem aber nimmt er die Menschen ernst. Und die sind dankbar für Nähe und Nahbarkeit.

Dann beginnt die Arbeit. Augenthaler trainiert mittlerweile das Team der „Global Academy“, in der sich Jugendliche aus aller Welt eine Saison lang auf dem Campus des FC Bayern weiter entwickeln können. Unter professionellen Bedingungen: „Ich bin zu Uli Hoeneß gegangen, ob es nicht irgendeinen Trainerjob für mich im Verein gebe. Er bot mir diese Auswahl an. Ich komme halt nicht vom Fußball los. Die Rente ist bereits eingereicht, langfristige Verträge brauche ich auch nicht mehr. So lange der Verein mit mir zufrieden ist und ich Spaß daran habe, so lange machen wir weiter."

Nachlassende Begeisterung kann Augenthaler bei sich noch nicht feststellen. Er ist Chef eines sechsköpfigen Trainerteams, darunter auch der frühere Bayern-Torwart Bernd Dreher und Lucas Scholl. Dem wurde einst eine ähnliche Karriere wie seinem Vater zugetraut, inzwischen spielt er bei Wacker Innsbruck in der 4. Liga Österreichs, was nun wirklich nicht seinen Möglichkeiten entspricht. Und so sieht auch Augenthaler neben der fast täglichen Arbeit auf dem Platz eine seiner wesentlichen Aufgaben darin, allzu hohe Erwartungen zu dämpfen. Die Eltern legen eine Menge Geld für die Ausbildung ihrer Kinder in der „Global Academy" auf den Tisch, damit der Traum vom Profifußball, der nicht selten ihr eigener ist, möglichst bald Wirklichkeit wird. Dass die meisten vom Talent ihres Nachwuchses überzeugt sind, macht die Arbeit für Augenthaler nicht leichter. Vor allem Väter rufen ihn schon mal an und beschweren sich, ihr Sohn komme nicht ausreichend zum Einsatz, spiele auf der falschen Position und sei von Haus aus eher ein Zehner als ein Sechser. Er ist weder das eine noch das andere, möchte Augenthaler den ganz hartnäckigen Anrufern in solchen Momenten gerne antworten, verkneift sich aber allzu bittere Wahrheiten.

Am Abend trifft die Auswahl der „Global Academy" auf die etwas ältere und daher körperlich überlegene U17 von 1860 München. In seiner Kabinenansprache versucht Augenthaler, den mehrheitlich aus den USA stammenden Jugendlichen die Bedeutung dieser Partie näher zu bringen. Er erzählt von hitzigen Derbys, in denen zwar 22 Spieler begannen, aber nach dem Schlusspfiff nur selten 22 Spieler den Platz verließen, weil es derart zur Sache ging. Seine Jungens hören ihm zu und trappeln mit ihren Schuhen auf dem Boden, ob die Worte in ihnen etwas auslösten, ist kaum festzustellen. Wenig später kann man ihnen das Bemühen keineswegs absprechen, trotzdem führen die 60er zur Halbzeit 4:0. Denen musste niemand erklären, was es bedeutet, auf dem Vereinsgelände des FC Bayern zu spielen. Rote Trikots lösen auch bei „Junglöwen" immer noch Beißreflexe aus. Augenthaler ist erleichtert, dass es am Ende mit 1:4 halbwegs im Rahmen bleibt, eine der wenigen Niederlagen seiner Mannschaft. Zweitrangig seien die Ergebnisse zwar nicht, aber hauptsächlich gehe es um die Entwicklung der Jugendlichen: „Wenn ich am Ende der gut neun Monate feststellen kann, dass sie wirklich etwas gelernt haben und den FC Bayern als natürlich nicht komplette, aber bessere Fußballer verlassen, dann freut mich das. In erster Linie für die Jungen, aber auch für mich und mein Team. Und die allermeisten entwickeln sich hier weiter, ob sie Profis werden, steht auf einem anderen Blatt. Was mich betrifft, muss ich zugeben, dass ich zwei Dinge wohl nie abstellen werde: Ich war vor dem Spiel nervös, fragte mich, ob die Mannschaft auch kapiert hat, was ich von ihr wollte. Und ich möchte nun einmal nicht verlieren. Schon gar nicht gegen 1860."

Seit fast 50 Jahren dreht sich sein Leben um den FC Bayern, der mit dem Verein, bei dem er 1975 seinen ersten Profivertrag unterschrieben hat, kaum noch etwas gemein hat: „Zwei völlig unterschiedliche Welten, die nur noch der Name eint", sagt Augenthaler, als wir wieder im Auto sitzen. „Ich sage das ohne Wehmut, das ist der Lauf der Dinge. Aber es gibt eben mit Ausnahme von Thomas Müller keine Bayern mehr. Der Verein hat sich internationalisiert und in der Kabine wird französisch gesprochen. Und da das Stadion andauernd ausverkauft ist, kann der Weg so falsch nicht sein. Ich würde mich trotzdem freuen, wenn es mal wieder ein Spieler aus München oder Umgebung zu den Profis schaffen würde."

Auf der Fahrt nach Hause läuft das Radio. Wie immer „Antenne Bayern", der Sender, bei dem seine Tochter Lisa moderiert: „So höre ich wenigstens ab und zu ihre Stimme", sagt Augenthaler. Die Trennung von seiner ersten Ehefrau Monika blieb nicht ohne Auswirkung auf das Verhältnis zu seinen Töchtern. Die ältere, Tina, arbeitet in München als Lehrerin: „Ich denke oft an die beiden, vor allem an die Zeit, als sie noch Kinder waren. Mit 23 Jahren bin ich zum ersten Mal Vater geworden, da war ich fast nur unterwegs, habe Vieles gar nicht mitbekommen, Vieles verpasst. Und das kommt leider nicht wieder."

Inzwischen ist Augenthaler wieder verheiratet, er und seine Frau Sandra haben einen gemeinsamen Sohn, 2020 kam Maximilian zur Welt. Und mit ihm verbringt Augenthaler so viel Zeit wie nur möglich, auch weil er inzwischen ein Alter erreicht hat, in dem diese Zeit mehr und mehr zum kostbaren Gut wird: „Ich nehme sie mir jetzt einfach, auch weil ich davon mehr als früher zur Verfügung habe. Und wenn ich mich manchmal frage, ob ich noch genügend Geduld für ein kleines Kind aufbringe und mir einrede, die hätte ich doch früher gehabt, dann lautet die Antwort: Du hattest die Geduld früher vor allem deshalb, weil du nicht zu Hause warst. Also puste ich durch und nehme es hin, wenn sich Maxi wie ein Kind verhält und erst nach der fünften Ermahnung ins Bett geht. Neulich zeigte ich ihm Fotos mit den drei Hunden, die früher zur Familie gehörten: Cindy, Paul und Anton. Maxi wollte wissen, welcher mein Lieblingshund war. Ich sagte, Anton – weil man dem alles nur einmal sagen musste. Er lachte und verstand sofort, was ich ihm damit sagen wollte."

*****

Drei Stunden sind es noch bis zum Anpfiff, aber Klaus Augenthaler ist bereits in der Allianz-Arena. Vereinslegenden haben auch ihre Verpflichtungen, Stadionrundgänge sind eine davon. „Meet the Legend" nennt sich dieses Angebot, kostet pro Person 150 Euro, Essen und gemeinsames Foto mit den Helden von früher sind im Preis inbegriffen. Als die Arena 2005 eröffnet wurde, lag Augenthalers aktive Zeit schon mehr als zehn Jahre zurück, aber solche Details spielen keine Rolle. Auf dem Weg zum Bayern-Museum, wo er gleich als Talk-Gast vorgesehen ist, bleibt er alle paar Meter stehen, schreibt Autogramme und macht für Selfies ein freundliches Gesicht. Mit großer Geduld erfüllt er alle Wünsche, ein Mitarbeiter führt ihn anschließend durch einen fast schon labyrinthischen Parcours, der am Hintereingang des Museums endet. Bevor er auf die Bühne gebeten wird, läuft zur Einstimmung ein kurzer Film mit Höhepunkten seiner Karriere: „Begrüßen wir jetzt mit einem großen Applaus unsere Vereinslegende Klaus Augenthaler", richtet sich der Moderator an das Publikum, aber das jubelt bereits. Der Film endet mit seinem „Tor des Jahrzehnts". Nach ein paar Fragen über das bevorstehende Spiel gegen den 1. FC Köln, die Chancen in der Champions League und den vermutlichen neuen Meister Bayer Leverkusen ruft erneut die Pflicht: Autogramme und Fotos, die Fans stehen Schlange, aber seine Geduld bleibt unerschöpflich.

Das Spiel schaut sich Augenthaler diesmal aus der Loge eines Freundes an. 106 dieser Edel-Reservate finden sich in der Allianz-Arena, sie kosten zwischen 90.000 und 240.000 Euro pro Saison, was der Nachfrage aber in keiner Weise schadet. Im Gegenteil, die Warteliste ist lang. Diese Logen seien der ideale Ort, um Geschäftskontakte zu pflegen und neue Partnerschaften zu knüpfen, heißt es in der Sprache des gehobenen Event-Managements. Augenthaler ist aber weder nach Pflegen noch nach Knüpfen zumute, er ordert trotz reichem erlebnisgastronomischen Angebots ein Weizen, plaudert mit seinem Freund und nimmt dann kurz vor dem Anpfiff einen gepolsterten Sitz direkt vor der Loge ein: „Ich bin bei fast jedem Heimspiel im Stadion, aber nur um Fußball zu sehen", betont er, als wolle er sich für seinen wenig volkstümlichen Standort entschuldigen. „Das ganze Drumherum geht an mir vorbei, egal wo ich sitze. Welcher Fanclub welche Choreo geplant hat, was sie sich sonst noch alles haben einfallen lassen – für mich ist das zweitrangig. Mich interessiert nur das Spiel."

Allerdings nur bis eine Viertelstunde vor dem Abpfiff. Dann verlässt Augenthaler grundsätzlich das Stadion, kaum etwas drückt sein Wohlbefinden so sehr wie im Stau zu stehen. Sinnlos verstrichene

Zeit, fast so schlimm wie Parkplatzsuche. Auch deshalb ist aus ihm nie ein Stadtmensch geworden. Aber der Verkehr auf der A96 Richtung Ammersee läuft fließend, vorbei am Sonderflughafen Oberpfaffenhofen, von dem die Bayern immer zu ihren Auswärtsspielen abheben, vorbei an Orten, die Mischenried, Weßling oder Wörthsee heißen, und wie die gesamte Region an einem freundlichen Frühlingstag wie diesem das Gefühl vermitteln, als seien die Probleme der Welt von hier aus ganz gut beherrschbar.

Zu Hause bittet Maxi seinen Vater noch um eine Partie Fußball. Gespielt wird im Wohnzimmer auf kleine Tore, wer zehnmal getroffen hat, bekommt die Goldmedaille aus dem WM-Finale von Rom 1990. Der Verlierer muss sich mit der Silbermedaille aus Mexiko vier Jahre zuvor begnügen. Bevor es losgeht, werden aber erst einmal alle gefährdeten Gegenstände aus dem Weg geräumt. Die Schusskraft des Kleinen ist inzwischen nicht mehr zu leugnen und rechtfertigt Sicherheitsmaßnahmen. Auch das Bayern-Trikot mit der Nummer fünf kann kein Zufall sein. Ein wesentlicher Unterschied zwischen Vater und Sohn darf aber nicht unerwähnt bleiben: Maxi ist Linksfuß.

Danksagung

Kommen wir zum wirklich abschließenden Teil dieses Buches, der all jenen gilt, die mich durch ihre Geduld und ihre Gespräche, durch Telefonnummern, Kontakte und Artikel, durch kritische, vor allem aber aufmunternde Worte unterstützt haben. Ein ganz großer Dank gilt Egon Zillinger, dem früheren Jugendtrainer des FC Vilshofen. Ein Ehrenamtlicher mit ganz viel Herz, wie ihn sich jeder Fußballverein nur wünschen kann. Und zudem ein guter Archivar: Egon Zillinger stellte mir einen prall gefüllten Ordner mit Spielberichten über den A-Jugendlichen Klaus Augenthaler zusammen. Vielen Dank an etliche Kollegen und Weggefährten des früheren Bayern-Kapitäns, die sich Zeit für Gespräche nahmen und in diesem Buch, so hoffe ich, auch ausreichend zu Wort kommen: Udo Horsmann, Walter Junghans, Ditmar Jakobs, Wolfgang Grobe, Jean-Marie Pfaff, Norbert Nachtweih, Ludwig Kögl, Hansi Dorfner, Raimond Aumann, Hansi Pflügler, Olaf Thon, Markus Hörwick und Klaus Eder.

Ein besonders aufmerksamer und interessierter Begleiter beim Verfassen dieses Buches war mein Schwiegervater Eckart Müller. Ein wirklicher Liebhaber des Fußballs, für den es kein Widerspruch war, mit seinem HSV durch alle Höhen und Tiefen zu gehen, an Europapokalabenden aber mit den Bayern zu fiebern. Er starb im April dieses Jahres. Eckart, das signierte Buch für Dich habe ich nicht vergessen!